管理学实验系列教材　总编　郭道扬

GUANLIXUE SHIYAN XILIE JIAOCAI

管理科学实验教程

GUANLIXUE SHIYAN XILIE JIAOCAI·管理学实验系列教材

王益松　主编

GUANLI KEXUE
SHIYAN JIAOCHENG

管理学实验系列教材·GUANLIXUE SHIYAN XILIE JIAOCAI
GUANLIXUE SHIYAN XILIE JIAOCAI·管理学实验系列教材
管理学实验系列教材·GUANLIXUE SHIYAN XILIE JIAOCAI

图书在版编目（CIP）数据

管理科学实验教程/王益松主编．—北京：经济科学出版社，2010.8
（管理学实验系列教材）
ISBN 978-7-5058-9488-4

Ⅰ.①管… Ⅱ.①王… Ⅲ.①管理学—教材
Ⅳ.①C93

中国版本图书馆 CIP 数据核字（2010）第 103823 号

责任编辑：赵　敏　马金玉
责任校对：王肖楠
版式设计：代小卫
技术编辑：邱　天

管理科学实验教程
王益松　主编
经济科学出版社出版、发行　新华书店经销
社址：北京市海淀区阜成路甲 28 号　邮编：100142
总编部电话：88191217　发行部电话：88191540
网址：www.esp.com.cn
电子邮件：esp@esp.com.cn
北京汉德鼎有限公司印刷
德利装订厂装订
787×1092　16 开　16.5 印张　300000 字
2010 年 8 月第 1 版　2010 年 8 月第 1 次印刷
印数：0001—3000 册
ISBN 978-7-5058-9488-4　定价：25.00 元
（图书出现印装问题，本社负责调换）

管理学实验系列教材编委会

总　　序

实验教学是高等教育的一个重要组成部分，是培养大学生实践能力的重要环节之一，它与理论教学共同构成了高校完整的人才培养体系。

我国经济管理实验教学起步于20世纪50年代，其发展过程可以分为三个阶段。

第一个阶段是20世纪90年代以前。从1953年开始，随着工业经济、商业经济、农业经济等传统部门经济学科的设立，我国一些高校就相继建立了工业技术实验室、农业技术实验室、商品学实验室和财务会计实验室。这些实验室拥有当时国内外比较先进的实验设备，为培养新中国经济管理人才发挥了重要作用。

1977年，国家恢复高考制度以后，我国高等教育进入了一个发展的新时期。随着各高校经济管理专业恢复招生，许多高校在充实和加强原有的实验室的基础上，随着商品养护、经济信息等新兴的交叉学科的建立，还相继建成了商品养护实验室、信息管理实验室等。

在这一阶段，我国的经济管理实验教学有两个特点。一是实验教学依附于理工科类课程。20世纪50年代以来，我国经济管理专业都不同程度地开设了理工类课程，如工业经济专业的冶金工业技术学、机械工业技术学、纺织工业技术学、电工学、电子学、机械制图；商业经济专业的商品学等，这些课程都有相应的实验教学内容。二是实验的目的主要不是培养学生从事经济管理的直接动手能力，而是提高学生对生产技术与流程的感性认识。学生从事经济管理实际工作能力的培养，主要是通过校内实习工厂、农场、商店、银行进行的。

20世纪90年代至2000年是我国经济管理实验教学发展的第二个阶段。这一阶段，电脑技术的普及带来了教育技术的革命性变化，为了在经济管理人才培养中广泛利用现代信息技术，我国高校在加强原有实验室建设的基础上，又先后建立了电算化会计实验室、电子商务、财政税务、银行证券、保险、宏观经济分析、ERP等实验室。

这时我国经济管理实验教学呈现出两个新的特点。一是实验教学不再局限于理工类课程，经济管理课内实验项目逐步建立起来，如企业薪酬制度设计、ERP、电子商务、财政税收、证券投资分析、项目评估、企业竞争模拟、电算化会计等方面的应用软件在教学中得到了广泛地应用。二是电脑成为了实验教学的主要工具。

进入21世纪以来是我国经济管理实验教学发展的第三个阶段。国家对创新型人才的需求凸现出来，胡锦涛总书记明确提出要把“建设创新型国家作为面向未来的重大战略”。这一战略给高校提出了培养创新型人才的要求。创新型人才不仅要有精深的理论知识，而且要有较强的实践能力。为此，教育部于2005年启动了“质量工程”建设，并把加强实验教学体系的建设列入了质量工程的一项重要内容。

在质量工程的推动下，我国高校的经济管理实验教学发生了巨大的变化。这时，实验教学的目的已不再局限于验证理论。强化学生对理论的感知，培养学生的实践能力和创新能力已成为实验教学的首要目的。同时，实验教学逐步摆脱对理论教学的依附，独立的实验课程逐步形成，并纳入了本科全程培养方案，独立的实验课程与理论课内实验相结合的实验教学体系逐步形成。

新的实验教学体系建设中，教材建设处于龙头地位，因为教材是体现教学内容和教学方法的知识载体，是教学的基本工具，也是深化教学改革，培养创新型人才的保证。中南财经政法大学经济管理实验教学中心于2007年获批国家级示范中心建设单位以后，一直把教材建设摆在重要位置。在教育部的领导和兄弟院校的帮助下，我们立足于传统的实验教学基础，秉承教育部“以学生为本、知识传授、能力培养、素质提高、协调发展的教育理念和以能力培养为核心的实验教学观念”，在实验教学队伍的建设、实验室的硬件与软件的建设、综合型、设计型、应用型实验项目的开发，多元化的实验教学模式、科学的实验教学管理体制的建设等方面又做了大量的探索，并取得了长足的进展，为我们面向社会推出高质量的实验教材奠定了坚实的基础。

经济学实验系列教材和管理学实验系列教材的推出，是我校经济管理实验教学体系建设中的一项重要成果。其中，经济学实验系列教材主要包括《经济学实验教程》、《政府采购实验教程》、《证券投资实验教程》、《财税实验教程》、《统计数据分析实验教程》等，管理学实验系列教材包括《人力资源管理实验教程》、《电子商务实验教程》、《企业资源计划实验教程》、《审计实验教程》、《管理科学实验教程》等。根据教育部确立的实验教学理念，我们编写这两套系列教材时，注重彰显三个特点：

第一，坚持传授知识、培养能力、提高素质协调发展教育理念，在内容选择和教学方法上，注重学生探索精神、科学思维、实践能力和创新能力的培养，形成与理论教学既有机结合，又相对独立的统筹协调的氛围。

第二，从人才培养体系整体出发，建立以能力培养为主线，分层次、多模块、相互衔接的科学系统的实验项目体系，实验项目的选择考虑基础与前沿、经典与现代的有机结合。注重提高综合性、设计性和创新性实验项目的比重。

第三，在倡导多种实验教学方法和手段的同时，注重引入、集成现代信息技术手段的应用；注重与实践的紧密结合；充分体现学生在学习中的中心地位。

现代意义上的实验教学在我国还是一个新生事物，一切还在探索之中。我们推出这两套系列教材，既是为了满足我校经济管理人才培养的需要，也是希望通过这两套教材与兄弟院校共享我们的教学资源，为推动我国高校经济管理实验教学的发展和人才培养质量的提升做出我们的一点贡献。在编写这两套系列教材的过程中，我们深感责任重大，学校和经济科学出版社给予了大力的支持和帮助，使这项工作得以顺利进行。最后希望使用本系列教材的广大师生能有所收获，并给教材的进一步完善提出宝贵的意见。

编委会

2010 年 4 月于中南财经政法大学

前　言

“管理科学实验”是管理类专业的主要课程之一，主要内容包括优化、模拟、预测、决策等方面的原理、模型、方法、技术、工具及其应用。科学技术是第一生产力，管理也是生产力。“工欲善其事，必先利其器”。管理科学化是社会经济发展的迫切要求和必然趋势。管理科学理论和方法在发达国家已得到了普遍应用，并取得了显著的经济效益，但这些原理和方法在我国的应用则还不尽如人意。其中的原因固然很多，但无疑与我国管理科学课程的教学思想、内容、方法上存在的问题密切相关。仅就教材而言，目前国内自主编写的管理科学教材多偏重于数学原理和计算方法，贴近实际的案例较少；而引进和翻译的教材内容过于庞杂，所选用案例与我国现实情况差距较大，在很大程度上影响了学生对管理科学原理、方法和技术的掌握与应用。有鉴于此，本教材以重视原理、突出实用、贴近现实为原则，力求突显以下特色：

(1) 强调模型方法应用，淡化纯粹数学分析。国内多数教材过于强调数学原理及公式推导，脱离实际的现象比较严重，加上课堂讲授时间有限，使得学生学习起来普遍感到比较困难。本教材的重点不是繁琐的数学推导与数值演算，而是注重于如何对复杂的现实系统进行正确描述与建模，并运用计算机求解，从而使管理科学理论和方法更加简明、直观，容易理解与应用。

(2) 彻底改变偏重数学演算的传统，全程采用电子表格建模及求解方法。电子表格建模与求解方法是在学生十分熟悉而管理人员比较适应的Excel电子表格软件系统环境下，将所需解决的问题进行描述与展开，然后建立电子表格模型，并利用Excel的内置工具及可加载软件强大的计算功能，进行预测、决策、模拟、优化等运算与分析的方法。采用这种方法有利于大幅度减少学生花费在人工计算以及了解和熟悉专用软件上的时间，从而更好地掌握管理科学模型方法及其应用技巧。

(3) 注重联系实际，强化实验教学。在精选内容，删繁就简的基础上，注重本课程与“管理系统工程”、“管理决策模型与方法”等相关课程之间的分工与衔接，重点介绍适用领域较为广泛的管理科学原理、模型、方法和技术，同时强化实验教学，尽可能采用贴近管理现实的例题和案例，让学生“在做中学”。在实验内容的安排上，注重由浅到深、由点到面地递次推进。

近年来，国内许多专家和学者在管理科学研究和教材翻译、编写等方面做了大量有益的工作，为管理科学方法的推广和应用做出了巨大贡献。本教材借鉴和吸收了其中许多研究成果。尽管编者已列出主要参考书目，但难免挂一漏万。在此，编者特向他们致以崇高的敬意和衷心的感谢。

编者要特别感谢中南财经政法大学历届选修“管理科学概论”课程的学生。他们对于管理科学的浓厚兴趣，坚定了编者编写本教材的决心；他们所提出的希望和建议，对编者确定本教材的体系和内容起到了至关重要的作用。

本教材的编写得到了中南财经政法大学经济管理实验教学中心的慷慨资助和大力支持，特此致谢。限于编者的水平，教材中缺点和错误在所难免。恳请读者批评指正，编者不胜感激。

编　者

2010 年 2 月于中南财经政法大学

目　　录

导　论

▷ 管理科学研究方法

管理科学研究方法

一、管理科学的本质

管理是人类社会一项基本的社会实践活动，是人类集体活动的产物。在现代社会化大生产的背景下，管理活动渗透于人类社会经济活动的各个领域。有效的管理是人类集体活动顺利进行并有效地达成目标的基本前提。国家的富强、企业的成长、组织的发展，都离不开有效的管理。科学技术是第一生产力，管理也是生产力。从广义上讲，管理科学是一门研究人类管理活动规律及其应用的综合性交叉科学，其基础是数学、经济学和行为科学。加强管理科学研究，实现管理科学化，是人类社会经济发展的客观需要，也是人类社会文明进步的重要标志。

美国学者弗雷德里克·S·希利尔等人对管理科学（Management Science，MS）所下的定义是："管理科学是对与定量因素（Quantitative Factors）有关的管理问题，通过应用科学的方法（Scientific Approach），进行辅助管理决策制定（Aid Managerial Decision Making）的一门学科（Discipline）。"这一定义从学科性质、研究对象、研究方法和研究目的等四个方面，阐明了管理科学的本质。

1. 管理是艺术和科学的统一。

管理是一项复杂的工作，是艺术和科学的统一。管理是艺术，因为管理决策过程中各种选择和判断最终都要由人来做出。决策的正确与否，不仅取决于决策者的理性思考，也取决于决策者的感性认知，并与决策者的个人素养、品质及经验等均有直接关系。管理艺术的研究对象就是管理者在管理实践中的创造性管理活动及其规律。

管理是科学，因为管理与决策分析涉及到概率统计、经济学、社会学、心理学、运筹学、计算技术等多个学科。管理者必须正确掌握管理科学的理论和方法，理性地选择和运用各种现代决策技术及辅助工具。管理科学是在管理实践基础上发展起来的，是建立在科学基础上的系统化和规范化的知识及技术体系，是指导管理实践的理论依据。实现管理科学化，就是要把科学的思想、理论、方法和技术运用于管理实践。

管理科学与管理艺术是辩证统一的。管理科学是管理艺术的理性精华，而管理艺术是管理科学的认识基础，又是管理科学的创造性运用。它们既有区别，又有联系，共同发展，且互相促进。

2. 管理科学研究的任务是辅助管理决策制定。

管理是科学，管理科学专家必须经过专门、严格训练，才能很好地掌握管理科学的知识和技术，并用于对现实的管理问题进行全面、深入地分析，并提出切实可行的解决问题的途径和行动方案。随着社会经济的不断发展，社会分工越来越细，专业化程度越来越高，在管理实践中，管理工作中的研究职能和决策制定及其执行职能出现了逐渐分离的趋势，涌现出了许多专门从事管理科学研究的管理科学专家和决策咨询机构，并与工作在管理实践活动中的决策者实现了角色和职能的分离。

管理科学专家和研究咨询机构通常并不是所研究的现实管理问题的实际决策制定者和决策执行者，他们只是运用所拥有的专业知识、技能和信息资源，从事管理科学研究任务，为管理者提供决策咨询服务。正是从这种意义上讲，管理科学研究的主要任务是辅助管理决策制定。

人类社会已进入知识经济时代，管理科学研究和决策咨询公司正不断涌现，已成为一个快速发展的新兴行业。

3. 管理科学主要研究定量因素。

管理不仅要顺利地达成组织或集体的目标，而且还要高效率地达成目标。要向管理要效率，就必须注重对现实管理问题所涉及的数量因素和数量关系进行定量研究。

任何事物都具有质的规定性和量的规定性。定性研究主要是研究客观事物和现象的本质属性及其相互之间的本质联系；而定量研究则主要是研究客观事物和现象的数量特性及其相互之间的数量关系。在管理决策过程中，定性研究和定量研究相辅相成，不可偏废。

定性研究主要是基于研究者的主观感觉、判断和经验，而定量研究则主要是基于客观数据、逻辑推理和计算结果。因此，定性研究更多地带有艺术性，而定量研究则更多地体现了科学性。从这种意义上讲，管理科学化离不开管理定量研究。只有有了成熟的管理定量研究方法和手段，管理才能够真正实现由艺术到科学的跨越。正如马克思所指出的那样：一种科学只有在它成功地运用数学时，才算达到了真正完善的地步。

4. 管理科学运用科学研究方法。

研究方法是解决问题的钥匙。科学研究必须运用科学的方法。每一门学科都有其特有的研究方法。管理科学具有特定的研究对象和研究目的，因此，也必须拥有独特的研究方法。

二、管理科学的产生与发展

1. 科学管理理论。

把科学方法应用于管理问题研究和管理实践的先行者，是20世纪初美国的弗雷德里克·温斯洛·泰勒（Frederick. W. Taylor）。作为一名工程师，他希望把工作规则和生产方面的艺术归纳成为一门科学，逐步创建了科学管理理论，并因此而被誉为“科学管理之父”。他在《科学管理原理》一书中，详细阐述了他的科学管理理论。其主要观点是：

（1）科学管理的根本目的是谋求最高工作效率；

（2）达到最高工作效率的重要手段是用新的科学管理方法去代替旧的经验管理方法；

（3）实施科学管理的核心问题是要求管理人员和工人双方在精神上和思想上来一个彻底的变革。

2. “管理科学”学派。

“管理科学”学派（School of Management Science）又称“数理管理学派”，是现代管理理论的一个重要学派，是在“科学管理”理论的基础上发展起来的。该学派提倡用逻辑步骤构造问题，收集信息或数据，建立数学模型，寻求解决问题的方法，并将其运用于管理实践。“管理科学”学派强调定量研究方法的运用，并将最新科学技术成果应用于管理实践，形成了许多新的管理思想和管理技术，使管理工作的科学化水平达到了新的高度。

3. 定量研究方法。

管理科学的快速发展开始于20世纪40年代中后期，其主要标志就是管理定量研究方法的应用。在第二次世界大战中，许多管理科学专家应召开采用科学方法研究盟国战争问题。运筹学（Operations Research）应运而生，并被成功地应用于复杂军事问题的决策。战争结束后，运筹学的定量研究方法得到了迅速发展，并被广泛地应用于军事及非军事领域。1947年，丹茨格（G. B. Dantzig）提出了求解线性规划问题的单纯形法（Simplex Method）。1953年，美国成立了管理科学学会（Institute of Management Science），其宗旨是“发现、扩展和统一有助于了解管理实践的科学知识”，并创办和发行了《管理科学》杂志。

4. 计算机革命。

管理科学的发展与计算机的发明和技术进步密不可分。计算机技术的进步为管理科学研究提供了强有力的技术手段。数学模型是管理科学研究的基本工具，需要有高性能的计算机作为复杂的数学运算和大规模数据处理的手段。没有计算机技术的快速进步，管理科学要得到迅速发展和推广应用是不可能的。

计算机软件的开发和推广应用为管理科学研究起到了极大的推动作用。随着计算机技术的不断进步，各种专门用于管理科学研究的软件层出不穷。目前，以 Microsoft Excel 为代表的电子表格软件均具备了相当强的数据处理和定量分析功能，可十分方便地供用户建立和求解数学模型。电子表格模型最突出的优点是：它以一种有利于分析问题的整合方式，让用户在电子表格上管理数据，建立数据间的相互联系，并能用相应的辅助工具或软件，在后台进行数学运算和分析，而用户则可以专注于对问题本身的研究。正因为如此，电子表格软件在管理科学研究领域备受青睐，得到了日益广泛的应用。

另一方面，计算机在管理领域的应用，也有赖于管理科学的发展。计算机应用于管理实践经历了电子数据处理（Electronic Data Processing System，EDPS）、管理信息系统（Management Information System，MIS）和决策支持系统（Decision Support Systems，简称 DSS）等三个重要阶段。在前两个阶段，计算机的应用虽然在很大程度上提高了管理工作的效率，但还不能满足科学决策的需要，其性能—价格比并不高。20 世纪 70 年代，国际上展开了关于管理信息系统为什么失败这一问题的大讨论。尽管管理信息系统能够提供大量报告，但大部分被丢进废纸堆，原因就在于这些信息并非经理们决策时所真正需要。当时，美国的 Michael. S. Scott Marton 在《管理决策系统》一书中首次提出了“决策支持系统”的概念。

决策支持系统不同于传统的管理信息系统。它是把数据库处理与管理数学模型的优化计算结合起来，具有管理、辅助决策和预测功能的管理信息系统。决策支持系统在人和计算机之间搭建了一个交互平台，可以帮助决策者探索可能的方案，为管理者提供决策所需要的信息。20 世纪 90 年代以来，决策支持系统与人工智能、计算机网络技术等结合形成了智能决策支持系统（Intelligent Decision Support Systems，简称 IDSS）和群体决策支持系统（Group Decision Support Systems，简称 GDSS）。由此可见，管理科学的发展对计算机技术的进步及推广应用，也起到了巨大的促进作用。

三、管理科学研究程序

管理科学研究必须运用科学方法。所谓科学方法，从本质上讲就是一种科学地研究问题和解决问题的程序。管理科学的研究程序可概括为七个基本步骤：

1. 定义问题。

管理科学研究中最重要的问题之一是明确决策者所面临的具体问题以及研究所要达到的确切目标。在这一阶段，研究人员与决策者之间的顺畅沟通和密切合作至关重要。决策者必须让研究人员清楚地了解，到底有哪些具体的问题必须得到解决；而研究人员也必须让决策者充分理解，运用管理科学方法能够解决哪些特定问题，能够在何种程度上解决，以及解决这些问题所必须具备的基本前提条件。

准确地定义问题可能导致出人意料的结果。在有些情况下，决策者所描述的问题可能并非客观存在的真实问题；一些事实上存在的真实问题，其实可能是十分简单的问题，很容易就可找到解决问题的办法；还有一些真实的问题，可能与决策者原来的设想和描述相去甚远。

准确地定义问题之后，研究人员必须确定是否可以用管理科学方法去研究和解决问题，以及按照所期望的利益是否值得去进行专门立项研究。管理科学研究人员必须清楚地认识到，解决一个问题的费用可能远远超过解决问题所获得的收益。在这种情况下，恰当的决策也许恰好是放弃或改变项目的研究方案。如果研究方案可行，则可以开始下一个步骤。

2. 收集数据。

收集与问题相关的数据是管理科学研究最艰难，也往往是最耗费时间和金钱的工作之一。数量充足和质量可靠的数据是成功进行管理科学研究的重要保证。在研究过程中经常遇到的困难就是相关数据不系统，不完整；关键数据难以获得，或不可靠。信息技术的发展为克服管理科学研究中的数据“瓶颈”带来了极大的便利。

3. 建立模型。

模型是现实系统的简化和抽象。数学模型在抽象被研究事物的本质，描述事物间的数量关系等方面具有重要作用，是管理科学研究的基本工具。

模型的种类很多，管理科学研究中常用的数学模型包括优化模型、预测模型、模拟模型等。建立数学模型，既是管理科学研究的一项富有挑战性的任务，也是一项能够充分展示管理科学研究人员的科学素养和创新能力的工作。在研究和解决实际管理问题的过程中，通常并不存在一个唯一正确的模型。管理科学研究人员必须根据实际需要和可能，正确地选择具体的模型方法，确定合适的模型规模。

4. 验证模型。

用于解决实际问题的模型必须具有实用性和有效性。实用性是指所建立的模型经运行或求解之后，确实能够提供解决实际管理问题的有针对性的答案。有效性是指模型确实是现实系统的一个充分准确而有效的代表。一般来说，管理科学研究人员在正式应用模型之前，要对模型进行检验、修正、扩展和完善，以确保模型的实用性和有效性。

若确认模型具有实用性和有效性，则可进行下一步研究；若模型不能通过统计检验，则说明模型不能较准确地描述有关变量之间的相互关系，必须返回到前一步，重新收集数据或重新设计模型。

5. 选择方案。

对模型进行求解通常可以获得问题的解决方案。但是，很多模型给出的方案只是静态的分析结果；而有些模型（如模拟模型）本来就不能给出决策者所需要的唯一最佳方案。因此，管理科学研究人员通常要根据解决实际问题的需要，利用模型对可供选择的不同决策方案进行计算、分析和评估，以供决策者参考。

另一方面，管理科学研究人员对模型进行计算和求解所得的结果，通常只是理论上的结论。由于模型只是现实系统的抽象和简化，因此，管理科学研究人员有必要根据现实情况，以理论计算结果为基本依据，充分考虑现实复杂情况和动态因素，进行全面、深入的分析（如敏感性分析等），提出若干可行的备选方案，以供决策者选择。

6. 提交结果。

管理科学研究人员将最终的研究成果，以书面研究报告的形式，提交给决策者，以供决策者作出最终决策时参考。管理科学研究报告的基本内容必须包括：问题定义、数据收集、模型设计、模型验证、备选方案、实施建议等。

7. 实施方案。

管理者在实施决策方案的过程中，管理科学研究人员一般会被要求帮助和监督新方案的实施。在许多情况下，实施过程中可能会遇到一些始料不及的问题需要及时解决，也有可能需要对有关人员进行必要的培训或技术指导等。管理科学研究人员参与决策方案的实施，不仅对相关单位及时解决实际管理问题很有帮助，也对研究人员进一步提高管理科学研究水平大有好处。

以上程序根据所研究问题的不同而有所侧重，且有的步骤也不一定对每一个具体的研究项目来说都是不可缺少的。在研究过程中，也可能会遇到新的问题，而必须返回到前面的某一步骤重新进行。

第一实验单元

线性规划

- ▷ 实验一：线性规划模型及其求解
- ▷ 实验二：线性规划模型的应用
- ▷ 实验三：线性规划敏感性分析

实 验 目 的

1. 理解线性规划原理及其广泛用途；
2. 掌握线性规划模型建立和求解技术；
3. 能够熟练地建立线性规划电子表格模型；
4. 能够熟练地运用 Excel“规划求解”工具定义并求解线性规划模型；
5. 理解线性规划敏感性分析的重要意义和相关概念；
6. 能够熟练地根据敏感性报告提供的信息进行敏感性分析；
7. 能够应用线性规划模型研究和解决现实的管理决策问题。

知 识 要 点

一、线性规划模型

1. 基本概念。

线性规划（Linear Programming，LP）是运筹学的一个主要分支，是管理科学中一种重要的系统结构优化方法。线性规划最初主要用于解决将稀缺资源在竞争性用途上如何实现最优分配的问题。目前，线性规划的理论和算法已经十分成熟，其应用领域也极为广泛，包括生产计划、物资调运、资源优化配置、物料配方、任务分配、选址问题、投资分析、营销决策、经济规划等问题。

线性规划问题最早由苏联学者康德洛维奇（L. V. Kantorovich）于 1939 年提出。在第二次世界大战中，美国空军的一个研究小组 SCOOP（Scientific Computation of Optimum Programs）在研究战时稀缺资源的最优化分配问题时，也提出了线性规划问题。其后，由丹茨格（G. B. Dantzig）于 1947 年提出了求解线性规划问题的单纯形法（Simplex Method）。单纯形法至今仍然是求解线性规划最有效的方法之一。1952 年，美国国家标准局（NBS）在当时的 SEAC 电子计算机上首次实现了单纯形算法。现在被广泛使用的电子表格软件 Excel 也配备了“规划求解”的工具 Solver。

2. 线性规划模型的数学形式。

线性规划模型由若干个决策变量、一个线性目标函数和若干个线性约束条件所组成。由于线性规划模型的目标函数为决策变量的线性函数，约束条件也为决策变量的线性等式或不等式，因此称之为线性规划模型。

包含 n 个决策变量和 m 个约束条件的线性规划问题，可用如下数学模型来描述：

$$\text{Max(Min)}\, z = c_1x_1 + c_2x_2 + \cdots + c_nx_n$$

S. t.

$$\begin{cases} a_{11}x_1 + a_{12}x_2 + \cdots + a_{1n}x_n \leqslant (=\geqslant) b_1 \\ a_{21}x_1 + a_{22}x_2 + \cdots + a_{2n}x_n \leqslant (=\geqslant) b_2 \\ \cdots \cdots \cdots \cdots \cdots \cdots \cdots \cdots \cdots \cdots \cdots \cdots \\ a_{m1}x_1 + a_{m2}x_2 + \cdots + a_{mn}x_n \leqslant (=\geqslant) b_m \\ x_1,\ x_2,\ \cdots,\ x_n \geqslant 0 \end{cases}$$

在以上模型中，第一个函数式称为目标函数，它是决策变量 $x_i(i=1, 2, \cdots, n)$ 的线性函数。其中，Max 表示最大化（Maximize）；若是最小化（Minimize）问题，则表示为 Min。S. t. 是 Subject to 的缩写，表示满足所列约束条件。模型中包含有 m 个约束条件，此外，$x_j \geqslant 0(j=1, 2, \cdots, n)$ 称为非负约束条件或非负限制。模型中的 c_j，a_{ij}，$b_i(i=1, 2, \cdots, m; j=1, 2, \cdots, n)$ 均为常数。c_j 称为目标函数系数，求最大值时，通常为价值系数或利润系数；求最小值时，通常为成本系数或支付系数。a_{ij} 称为约束系数，b_i 称为约束常数，也称为约束条件的右边值（Right-Hand Side，RHS）。

若定义下列矩阵：

$$C = [c_1 \quad c_2 \cdots c_n]$$

$$X = [x_1 \quad x_2 \cdots x_n]^T$$

$$A = \begin{bmatrix} a_{11} & a_{12} & \cdots & a_{1n} \\ a_{21} & a_{22} & \cdots & a_{2n} \\ \cdots & \cdots & \cdots & \cdots \\ a_{m1} & a_{m2} & \cdots & a_{mn} \end{bmatrix}$$

$$B = [b_1 \quad b_2 \cdots b_m]^T$$

则一般线性规划模型可以写成如下简洁的矩阵形式：

$$
\begin{aligned}
&\mathrm{Max}(\mathrm{Min})Z = CX \\
&\mathrm{S.\ t.} \\
&AX\begin{Bmatrix} \leqslant \\ = \\ \geqslant \end{Bmatrix}B
\end{aligned}
$$

3. 线性规划模型的构成要素。

(1) 目标函数。目标函数是指系统所追求的目标的数学描述。目标函数中包括:

①优化方向 (Maximize/Minimize): 最大化或最小化。

②决策变量 (X): 系统中有待确定的代表有关活动水平的变量。

③目标函数系数 (C): 决策变量的单位绩效测度, 表示单位活动对目标的贡献大小。

(2) 约束条件。约束条件是指实现系统目标的限制因素, 它们限制了决策变量的取值以及目标函数值所能达到的水平。约束条件中包含:

①约束系数矩阵 (A);

②约束条件类型 (≤、=、≥);

③约束条件右边值 (RHS), 即矩阵 B。

4. 线性规划模型的基本类型。

线性规划应用领域十分广泛, 问题种类繁多。根据现实决策问题性质的不同, 可将线性规划问题分为 3 种基本类型: 即资源分配 (Resource-allocation) 问题, 成本—收益平衡 (Cost-benefit-trade-off) 问题, 以及网络配送 (Distribution-network) 问题。兼具多种类型的线性规划问题可称为混合问题 (Mixed Problem)。

(1) 资源分配问题。资源分配问题是将有限的资源, 以最有利于达成目标的方式, 分配到各种活动中去的线性规划问题。这一类问题的共性是在线性规划模型中, 每一个约束条件均为资源约束 (Resource Constraint), 并且, 每一种资源的约束条件都表现为如下的形式:

使用的资源数量≤可用的资源数量

从广义的资源角度来说, 任何以"≤"形式出现的线性规划约束条件, 均可视为资源约束条件。不等式右边的常数表示该种资源可获得的数量, 而左边值则为已经使用的该种资源的数量。在该种约束条件的代数表达式中, 每一决策变量的系数, 表示对应活动的单位资源消耗量 (系数为正) 或供给量 (系数为负)。

(2) 成本—收益平衡问题。成本—收益平衡问题是指决策者明确指出哪些收益（或目标）必须实现，但要以最低的成本实现所指明收益的决策问题。通过指明每种收益的最低可接受水平，以及实现这些收益的成本最小化，从而在成本与收益之间达成令人满意的平衡（Trade-off）。

成本—收益平衡问题的核心是通过选择各种活动水平的组合，以最小的成本来实现最低可接受的各种收益的水平。纯粹的成本—收益平衡问题的共性是所有的约束均为收益约束，并具有如下形式：

收益达到的水平≥最低可接受的水平

如果将“收益”的含义扩大，则所有以“≥”表示的约束均为收益约束。

(3) 网络配送问题。网络配送问题的核心是通过配送网络（Distribution Network）以最小的成本完成货物的配送。网络配送问题的限制条件是确定的需求约束。这是网络配送问题的共性。在线性规划模型中，确定的需求约束是以“=”表示的等式，即

提供的数量=需要的数量

5. 线性规划模型的建模步骤。

(1) 理解要解决的问题。要明确在什么条件下，可以开展哪些活动，以及要追求什么目标等问题。

(2) 定义决策变量。每一个问题都用一组决策变量（x_1，x_2，…，x_n）来表示某一方案；这组决策变量的值就代表一个具体方案，这些变量一般取非负值。

(3) 用一组决策变量的线性等式或不等式来表示在解决问题过程中所必须满足的约束条件。

(4) 用决策变量的线性函数形式表示所要追求的目标，即目标函数，并按实际问题的不同，确定目标函数的优化方向，即最大化或最小化。

对于一些比较复杂的线性规划问题，为了便于建立其数学模型，通常需要把相关问题的背景数据资料用表格的形式加以综合整理，以揭示它们相互之间的内在联系。

二、线性规划模型的解

1. 线性规划模型图解法。

线性规划模型图解法适用于仅包含2个决策变量的简单、小规模的线性规划模型。图解法虽然不能成为求解线性规划模型的实用方法，但对于理解线性规划原理具有十分重要的意义。

运用图解法求解线性规划模型的基本步骤是（见图1-1）：

（1）画出每个约束条件的约束边界线，用原点（或其他不在约束边界线上的点）来确定直线的哪一边是约束条件所允许的。对于小于或等于型的（≤）约束条件，直线上的所有点以及直线左下方的所有点所代表的决策，均满足此约束条件。

（2）找出由所有约束条件都同时满足所确定的可行域（Feasible Region）。可行域是所有可行解组成的几何区域，也就是所有约束边界线所围成的区域（即图1-1中的阴影部分）。

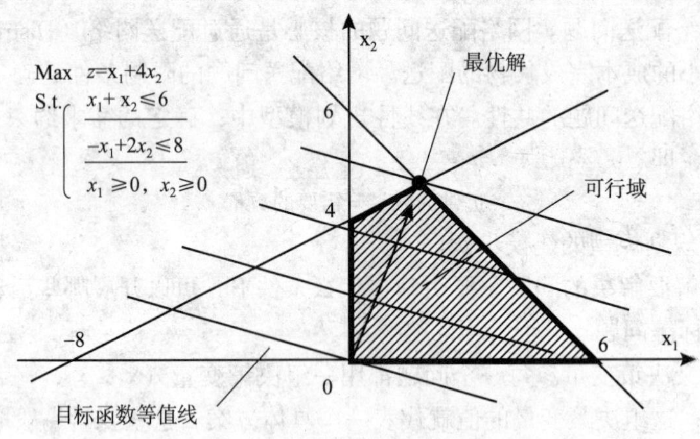

图1-1　线性规划模型图解法

（3）确定一条目标函数线的斜率，所有其他目标函数线均具有与之相同的斜率。据此画出的线实际上就是无差异曲线，也称等值线或等利润线。

（4）在可行域内向着目标函数值增加（求最小值时为减少）的方向，平行移动目标函数等值线，在它还穿过可行域的一个点时停止移动，这时的直线就是最优目标函数等值线。

（5）最优目标函数等值线上的可行点是最优解（Optimal Solution）。

2. 求解线性规划模型可能出现的情况。

（1）唯一解。线性规划问题具有唯一解是指该规划问题有且仅有一个既在可行域内，又能使目标函数值达到最优的解。

（2）无穷多解。线性规划问题具有无穷多解是指该规划问题有无穷多个既在可行域内，又能使目标函数值达到最优的解。

（3）无可行域。当线性规划问题中的约束条件不能同时满足时，将出现无可行域的情况。这时不存在可行解，即该线性规划问题无解。线性规划问题有无可行域取决于约束条件，与目标函数无关。

（4）可行域无界。线性规划问题的可行域无界是指最大化问题中的目标函数值可以无限增大，或最小化问题中的目标函数值可以无限减小。

三、线性规划电子表格模型的建立与求解

1. 输入模型参数。

在输入线性规划模型基本数据和相关信息之前，应首先有一个合理的布局，以避免频繁调整和改动。图 1－2 所示的模型参数和相关信息的布局是一种常见的布局，适用于一般的线性规划模型。

注意：由于线性规划模型在求解的过程中，要对数据进行多次运算，为保证运算结果的精确性，模型参数的数量级差别不能太大。如果数量级差别很大，可以通过改变决策变量或约束条件中数量指标的计量单位来进行适当调整。

	A	B	C	……	O	P	Q	R
1	决策变量	变量名1	变量名2	……	变量名n			
2		决策变量值X（x_j）						
3								指标名
4	目标函数	目标函数系数C（c_j）						目标值
5								
6	约束条件						类型	
7	条件1	约束系数A（a_{ij}）				左边值（LHS）	≤	右边值（RHS）B（b_i）
8	条件2						≥	
9							或	
10	条件m						=	
11								
12								

图 1－2　线性规划电子表格模型

2. 建立模型参数间的联系。

线性规划模型的基本参数输入之后，要确定可变单元格、目标单元格和约束条件左边值的位置。

（1）可变单元格（Changing Cells）是电子表格中存放决策变量值的单元格。

（2）目标单元格（Target Cell）是存放目标函数的单元格，目标单元格必须包含公式。

在线性规划模型中，需要大量地计算乘积的和，若使用 SUMPRODUCT（）函数则可以避免在决策变量较多时，输入冗长的计算公式。

（3）约束条件左边值（Left-Hand Side，LHS）是约束系数与决策变量乘积之和。

注意：约束条件左边值的 Excel 公式中的可变单元格最好采用绝对引用，而约束系数向量则最好采用相对引用，这样做可以直接将公式复制到其他约束条件左边值的单元格中，以避免在建立模型过程中重复性输入大量公式。

在建立了模型参数间的联系之后，线性规划电子表格模型就建立起来了。

3. 启动 Excel“规划求解”工具定义并求解线性规划模型。

在 Excel 中，有一个专门用来求解数学规划问题的可加载软件 Solver（其文件名为 Solver. xla）。安装该软件后，在 Excel“工具”菜单中会出现“规划求解”工具。“规划求解”工具可以通过对直接或间接与目标单元格中公式相联系的一组单元格中的数值进行调整，从而为工作表上目标单元格中的公式找到一个优化值或求得期望的结果。

用 Excel“规划求解”工具定义并求解线性规划模型的基本步骤如下：

（1）加载“规划求解”工具。在 Excel“工具”菜单中，单击“加载宏”命令，并选中“规划求解”复选框。

（2）运用“规划求解”定义并求解线性规划问题。在 Excel“工具”菜单中，单击“规划求解”命令，并根据系统提示，指定目标单元格、可变单元格和约束条件。

四、线性规划敏感性分析

1. 线性规划敏感性分析的基本概念。

在决策变量和约束条件既定的情况下，线性规划问题的最优解完全取决于模型的各项参数，包括目标函数系数（C）、约束条件的技术系数（A）和右边值（B，RHS）。在建立线性规划模型的过程中，这些参数都只是某一种估计值，并不能保证绝对精确与可靠。对于决策者来说，一个十分自然而重要的问题是，如果模型参数或未来情况发生变化，最佳决策是否会改变？所谓线性规划问题的敏感性分析就是关于模型最优解对于模型参数或未来决策环境变化的敏感程度的分析，也称为 what-if 分析。

2. 敏感性分析的基本作用。

敏感性分析是在求得线性规划模型的最优解之后进行的，这些分析可以为决策者提供非常有价值的信息。

（1）准确判断敏感性因素。线性规划模型的各项参数是通过运用特定的数据分析方法进行估计而得到的。要对参数进行精确而可靠的估计，需要花费大量的人力、物力和财力。因此，要对模型的每一项参数都进行精确而可靠的估计，事实上没有必要，也不经济，有时甚至是不可能的。通过敏感性分析，可以使决策者清楚地了解到，哪些参数是最佳决策十分敏感的参数，从而需要重新进行精确的定义和估计。这样不仅可以有效降低决策研究的成本，也可以有效避免得出错误的最优解，使决策更加科学。

（2）及时应对环境条件的变化。求解线性规划模型所得到的最佳决策不是一成不变的。在不断变化的环境条件下，决策者经常必须迅速作出是否要改变经营决策的判断。通过敏感性分析，即使不建立和求解新的模型，决策者也可以清楚地了解到，当某一项或某几项参数在一定的范围内变化是不会影响到最优决策的，而一旦超出一定的范围，最佳决策必须改变。这就有利于决策者在面临复杂多变的环境条件时，能够及时、科学地判断和正确地应对，从而始终保持决策的科学性。

（3）清楚认识决策偏好的影响。线性规划模型的许多约束条件和参数代表着决策者的决策意向、既定方针或偏好。通过敏感性分析，可以使决策者清楚地认识到这些决策偏好对经营目标的影响程度，从而有效地指导和帮助管理者作出最令人满意的决策。

注意：在敏感性分析中，Solver 所提供的敏感性报告起着十分重要的作用（见表 1－1）。该报告由两个部分所组成：第一部分的标题为“可变单元格”，是关于目标函数系数变化的敏感性分析报告；第二部分的标题为“约束”，是关于约束条件右边值的敏感性分析报告。

3. 目标函数系数变化的敏感性分析。

（1）几何解释。在只有两个决策变量的简单情形下，可借助图解法来对线性规划模型目标函数系数的变化进行敏感性分析，判断一个或两个目标函数系数发生变化时，是否会对最优解产生影响。

在图 1－3 中，目标函数等值线与可行域的一个角点 A 点重合，A 点即为该线性规划问题的最优解（X＝2，Y＝4）。由于目标函数等值线 CD 的斜率是由决策变量 X 和 Y 的目标函数系数决定的。当其中的一个系数（或两个系数同时）改变时，该目标函数等值线 CD 的斜率也会发生变化，但这种变化不一定会影响到最优解。从图 1－3 中不难看出，只要等值线 CD 仍然处在水平线和直线 EF 之间，最优解就不会改变。如果等值线 CD 向顺时针方向改变斜率，并与直线 EF 重合时，模型有无穷多个最优解，其中包括 A 点和 B 点（X＝4，Y＝3）；如果等值线继续改变，在变为垂直线之前，则 B 点成为最优解；如果变为垂直线，则模型有无穷多个最优解，其中包括 B 点。

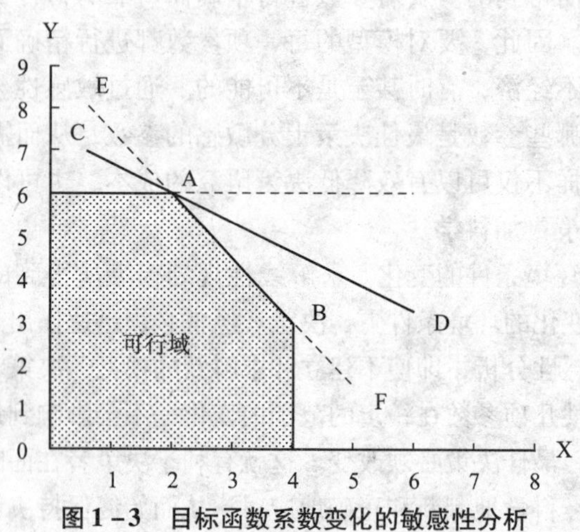

图 1-3　目标函数系数变化的敏感性分析

（2）机会成本。在线性规划模型的最优解中，通常会有一些决策变量取得非零值，而另一些变量则取得零值。凡是在最优解向量中取得非零值的决策变量，其“递减成本”为零；而凡是在最优解向量中取得零值的决策变量，其“递减成本”为非零值。

所谓“递减成本”（Reduced Costs）是指在最优解向量中取值为零的决策变量的值每增加一个单位而引起的目标函数的增量。在最大化问题中，由于该增量为一负值（或零），因此，实际上表示目标函数值的减量。从经济学的意义上讲，也就是机会成本（Opportunity Costs）或收入惩罚（Income Penalty）。换言之，如果决策者放弃最佳选择，不依最佳决策行事，决意开展在最优解向量中取值为零的活动，则必然会为开展每一单位的活动而付出由“递减成本”所度量的代价。从这种意义上讲，所谓“递减成本”也可以理解为使决策变量在最优解向量中取得非零值而每单位活动所必须减少的成本。已经在最优解向量中取得非零值的决策变量，其机会成本或收入惩罚为零。

（3）目标函数系数允许的变化范围。在最大化问题中，对于在最优解向量中取值为零的决策变量来说，只要其目标函数系数的增量不超出“递减成本”的绝对值，模型的最优解就会保持不变；对于在最优解向量中取得非零值的决策变量来说，只要其目标函数系数的变化不超出一定的范围，模型的最优解也会保持不变。

在 Solver 所提供的敏感性报告中，列出了模型中各决策变量目标函数系数的当前值，即“目标式系数”，并列出了各自“允许的增量”和“允许的减量”。其含义是相对于目前的“目标式系数”，使得最优解向量保持不变的单个目标函数系数允许变化范围。

注意：当目标函数系数发生变化而最优解保持不变时，目标函数值是否会发生变化，则取决于发生变化的目标函数系数所对应的决策变量是否在最优解向量中取得非零值。如果相应决策变量在最优解向量中的值为零，由于最优解保持不变，其目标函数系数的变化不会导致目标函数值发生变化；反之，如果相应决策变量在最优解向量中的值为非零，即使最优解保持不变，其目标函数系数的变化必然会导致目标函数值发生变化。

（4）百分之百准则。单个决策变量目标函数系数的变化是否会引起最优解发生变化，可根据各个系数允许的变化范围进行准确的判断。如果两个或两个以上的目标函数系数同时发生变化，可以利用 Solver 敏感性报告中的相关数据，运用目标函数系数变化百分之百准则来进行判断。

目标函数系数变化“百分之百准则”（100% 准则）是指当目标函数系数变化量与其各自允许变化量的比之总和小于 100% 时，模型最优解向量保持不变。

注意：“百分之百准则”只能对目标函数系数变化量与其各自允许变化量的比之总和小于 100% 时，最优解是否保持不变作出明确的判断；而对于目标函数系数变化量与其各自允许变化量的比之总和大于 100% 时，最优解是否会发生变化的情况则不能作出明确的判断。也就是说，目标函数系数变化量与其各自允许变化量的比之总和大于 100%，是最优解发生变化的必要条件，但不是充分条件。

4. 右边值变化的敏感性分析。

（1）几何解释。在只有两个决策变量的简单情形下，可借助图解法来对线性规划模型约束条件右边值的变化进行敏感性分析，判断一个或几个约束条件右边值发生变化时，是否会对最优解产生影响，并准确理解右边值变化的经济含义。

在图 1 - 4 中，目标函数等值线与可行域的一个角点 A 点重合，A 点即为该线性规划模型的最优解（X = 2，Y = 4）。不难看出，确定可行域边界的直线 AB 直接决定着最优决策。该直线无论是向左还是向右任何程度的微小移动，都会引起最优解的改变，从而影响到目标函数值的大小。这表明，该直线所代表的资源是稀缺的资源，每增加或减少一个单位都会对目标函数值产生影响。

而另一条约束边界线 BF，在目前的情况下事实上对最优解没有产生任何约束作用。由于最优决策只使用了 2 个单位的资源，而该种资源的拥有量为 4 个单位，在完全满足最优决策需要的前提下还有剩余。因此，该种资源不是稀缺的资源，进一步增加该种资源的拥有量，对决策者来说没有任何现实的经济意义；如

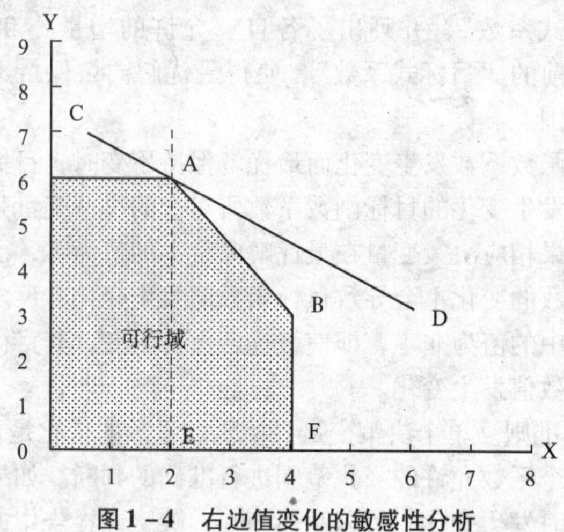

图1-4　右边值变化的敏感性分析

果减少该种资源的拥有量，只要减少量不超过2个单位，对实现最佳决策目标也不会产生任何影响。但如果减少量超过了2个单位，即直线BF向左移动并且越过直线AE，则会影响到最优决策，从而导致目标函数值下降，即迫使目标函数等值线CD向左下方移动。

（2）影子价格。在资源分配问题中，影子价格（Shadow Price，有时也称为Dual Price）是指资源每增加（或节约）1个单位所引起的目标函数值的增加量。它可以反映资源的稀缺程度和潜在价值。对于具体的线性规划问题而言，影子价格的确切含义与目标函数的指标定义和计量单位密切相关。

在Solver所提供的敏感性报告中，“终值”表示约束条件的左边值，“约束限制值”表示约束条件的右边值。凡是“终值”达到了“约束限制值”的约束条件（资源），其影子价格（报告中称为“阴影价格”）为非零值；凡是“终值”未达到“约束限制值”的约束条件，其影子价格为零。

影子价格对决策者来说具有重要的信息价值。如果一种资源的影子价格为零，则意味着该种资源尚有剩余，只要租金不为零，就可以通过有偿转让剩余资源而获得额外的经济利益；如果一种资源的影子价格不为零，则意味着该种资源属于稀缺资源，只要获得该种资源的成本低于影子价格，就可以采取购买或租赁的方式增加资源可用量，以获得额外的经济利益。

（3）右边值的允许变化范围。资源的影子价格不是永远不变的。随着资源可用量的减少，在达到一定限度后，影子价格将会上升。非稀缺资源将会成为稀缺资源，从而具有非零的影子价格；而原本就稀缺的资源，将由于其稀缺程度的增大，从而使其影子价格进一步上升。反之，随着资源可用量的增加，在达到一定限度后，影子价格将会下降。稀缺资源的稀缺程度将会降低，其影子价格会随之降低，甚至变为零；而原本就有剩余的非稀缺资源，其影子价格自然会继续保持为零。

敏感性报告关于约束部分所列出的“允许的增量”和“允许的减量”就是指使影子价格保持不变的右边值相对于“约束限制值”的允许变化范围。对于单个约束条件而言，只要右边值的变化幅度没有超出其允许的变化范围，影子价格将保持不变。

如果有几个约束条件的右边值同时变动，则可用约束条件右边值变动的“百分之百准则”来判断这些变动是否会导致影子价格发生变化。当约束条件右边值的变化量与其各自允许变化量的比之总和小于100%时，影子价格将保持不变。当约束条件右边值的变化量与其各自允许变化量的比之总和大于100%时，影子价格到底是否会发生变化，不能作出肯定或否定的判断。

（4）新产品价值分析。影子价格的一重要用途就是对新产品进行价值分析，即帮助决策者判断在资源有限的情况下，一种新产品是否值得进行生产。利用影子价格，可以对新产品的机会成本和机会收益进行比较。新产品的机会收益就是单位产品对目标函数的贡献率，即目标函数系数；而新产品的机会成本就是单位产品的资源消耗系数与资源影子价格的乘积之和。根据生产单位新产品所需要的各种资源的数量，可以计算出生产该产品的机会成本，即：

$$\sum \text{资源消耗系数} \times \text{影子价格}$$

如果机会收益高于机会成本，生产新产品是有益的；反之，则无益。当然，新产品是否值得生产除了取决于它的机会收益之外，也取决于它消耗资源的技术系数。消耗的稀缺资源越少，其竞争力越强，消耗的稀缺资源越多，其竞争力越弱。因此，利用影子价格等信息，可以帮助决策者对相关技术系数变化进行分析，从而更好地确定技术发展方向，判断新技术的潜在价值。

实验一：线性规划模型及其求解

一、实验目的与要求

1. 理解线性规划基本原理；
2. 掌握线性规划模型建立和求解技术；

3. 能够熟练地建立线性规划电子表格模型；

4. 能够熟练地运用 Solver 定义并求解线性规划模型。

二、实验准备

1. 理解线性规划的基本原理和线性规划模型的数学形式；

2. 掌握线性规划模型建立的基本步骤；

3. 掌握 Excel 软件的 SUMPRODUCT（）函数的功能和格式；

SUMPRODUCT（）函数

功能：在给定的几组数组中，将数组间对应的元素相乘，并返回乘积之和。

格式：=SUMPRODUCT（array1，array2，array3，…）

参数：array1，array2，array3，…为 2 至 30 个数组，其相应元素需要进行相乘并求和。数组参数必须具有相同的维数，否则，该函数将返回错误值#VALUE!。此外，该函数将非数值型的数组元素作为 0 处理。

4. 能够合理布局并熟练地建立线性规划电子表格模型；

5. 能够准确理解 Solver 软件对话框的内容，并能够熟练地运用 Solver 定义并求解线性规划模型。

（1）在 Excel“工具”菜单中，单击“规划求解”命令。如果“规划求解”命令没有出现在“工具”菜单中，则需要安装“规划求解”加载宏。

（2）在“目标单元格”编辑框中，键入单元格引用或目标单元格的名称（见图 1－5）。

目标单元格是目标函数所在的单元格，用于存放线性规划模型经求解后所获得某一特定数值、最大值或最小值。目标单元格必须包含公式。

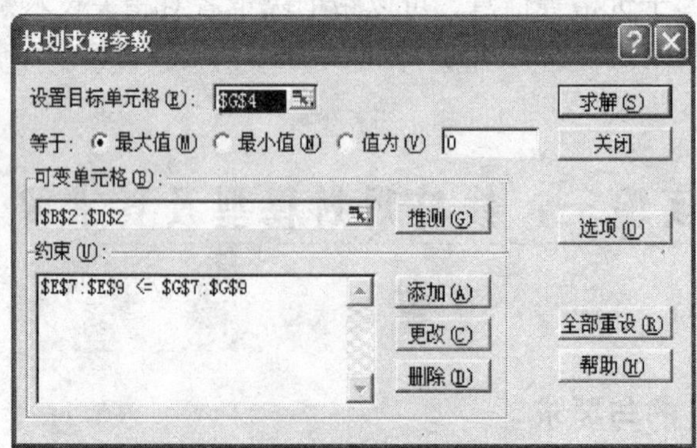

图 1－5 “规划求解”对话框

（3）如果要使目标单元格中数值最大，请单击“最大值”选项。如果要使目标单元格中数值最小，请单击“最小值”选项。

如果要使目标单元格中数值为确定值，请单击“值为”单选框，然后在右侧的编辑框中输入特定数值。

（4）在“可变单元格”编辑框中，键入每个可变单元格的名称或引用，用逗号分隔不相邻的引用。

可变单元格是电子表格中存放决策变量取值的单元格，在模型求解过程中这些单元格的数值将不断调整，直到满足所有的约束条件，并且使得“目标单元格”编辑框中指定的单元格达到目标值（最大值、最小值或指定的特定值）。可变单元格必须直接或间接与目标单元格相联系。最多可以指定200个可变单元格。

如果要使“规划求解”工具根据目标单元格自动设定可变单元格，请单击“推测”按钮。单击此按钮，Solver将自动定位“目标单元格”编辑框中公式引用的所有非公式单元格，并在“可变单元格”编辑框中输入其引用。

（5）在“约束”列表框中，输入相应的约束条件。“约束”列表框中列出了当前的所有约束条件。可进行的操作包括：

①添加：按下“添加”按钮，显示“添加约束”对话框，可添加约束条件（见图1－6）。

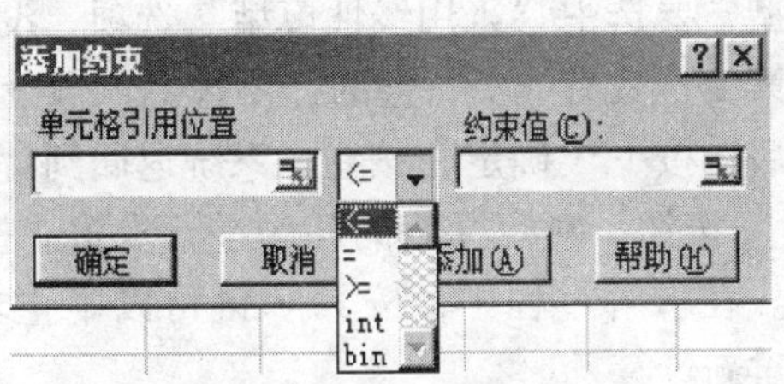

图1－6　“添加约束”对话框

②更改：按下“更改”按钮，显示“改变约束”对话框，可改变约束条件（见图1－7）。

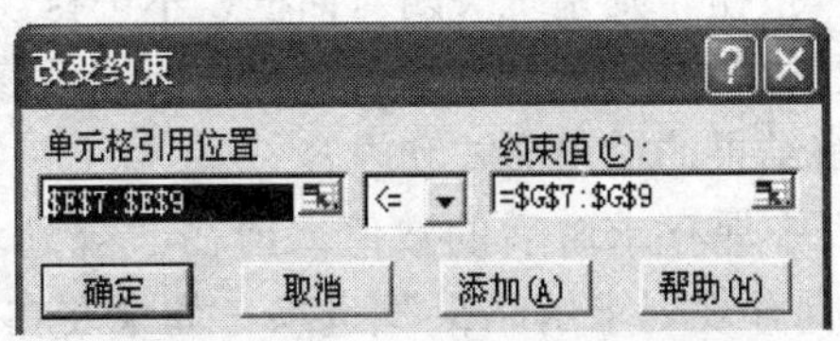

图1－7　“改变约束”对话框

③删除：按下“删除”按钮，可删除选定的约束条件。

(6) 设定规划求解选项。对于线性规划模型，在按下“求解”按钮之前，应先按下“选项”按钮，以设定规划求解选项。此时，系统显示“规划求解选项”对话框。在其中装入或保存规划求解模型，并对求解运算的高级属性进行设定（见图1-8）。

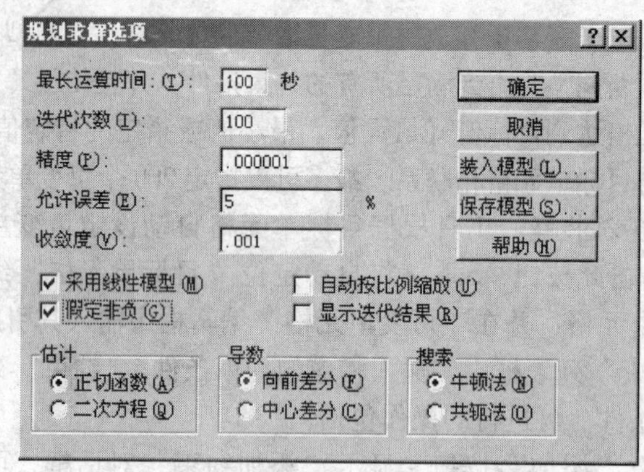

图1-8 “规划求解选项”对话框

对于线性规划模型，要选中“采用线性模型”选项。没有在约束条件中输入非负约束条件，而决策变量具有非负特性的，要选中“假设非负”选项。

在所有选项设定后，按下“确定”按钮，系统返回到“规划求解”对话框。

(7) 单击“求解”按钮，对定义好的问题进行求解。按下“求解”按钮之后，计算机开始求解。在求解过程中，按ESC键可以中止求解过程，工作表按可变单元格最新数据重新计算。

注意：在系统返回到“规划求解”对话框时，如果不按下“求解”按钮，还可进行以下操作：

①如果要恢复原始数据，请单击“全部重设”。此时，系统将清除规划求解中的当前设置，将所有的设置恢复为初始值。

②若按下“关闭”按钮，则系统关闭对话框，不进行规划求解。但保留通过“选项”、“添加”、“更改”或“删除”等各项操作所作的修改。

(8) 选择规划求解结果的输出形式和内容。

①如果要在工作表中保存求解后的数值，请在“规划求解结果”对话框中（见图1-9），单击“保存规划求解结果”选项；如果要在工作表中保存原始模型的数值，请在“规划求解结果”对话框中，单击“恢复为原值”选项。

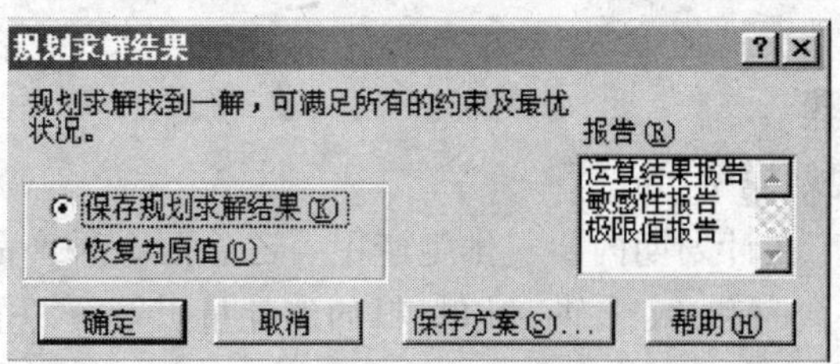

图 1－9 “规划求解结果”对话框

②在“报告”选项下，选中需要的输出报告。按下“确定”按钮后，系统将自动新建工作表，并输出选定的输出报告。Solver 求解线性规划模型后可自动生成的输出报告，包括运算结果报告、敏感性报告和极限值报告。其中，敏感性报告具有重要的决策价值。

6. 自己准备一个线性规划问题，建议设计出数学模型和电子表格模型；

7. 启动 Excel，并加载 Solver 软件。

（1）在 Excel“工具”菜单中，单击“加载宏”命令。

如果在“加载宏”对话框中（见图 1－10），没有列出“规划求解”项，请单击“浏览”按钮，确定 Solver. xla 加载宏的驱动器、文件夹和文件名，该文件通常位于 Microsoft Office 系统所在目录下的 Library\Solver 文件夹下。如果找不到该文件，请运行“安装”程序，重新安装 Microsoft Excel。

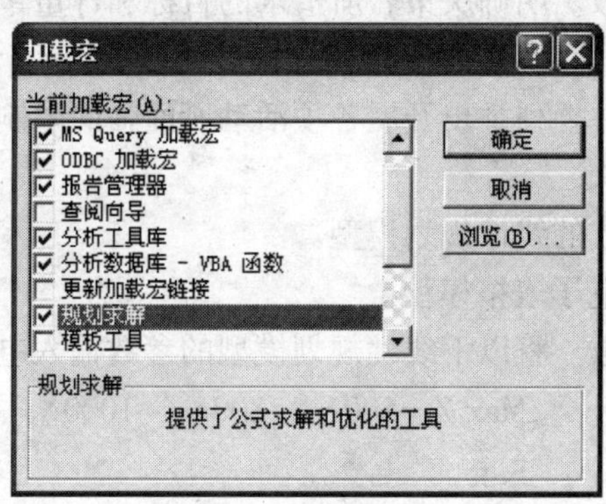

图 1－10 “加载宏”对话框

（2）在“加载宏”对话框中，选定“规划求解”复选框。

在“加载宏”对话框中选定的加载宏在被删除之前一直保持激活状态，以后运行 Excel 时将自动被加载。

三、实验步骤

1. 建立线性规划模型。

例 1.1：某工厂在计划期内要安排生产甲、乙、丙 3 种产品，已知生产单位产品所需要的设备台时和 A、B 两种原材料的消耗量以及资源的限制情况，如表 1－1 所示：

表 1－1　　产品组合问题基本数据

项　目	产品甲	产品乙	产品丙	资源限制
设备	1	2	3	3000 台时
原料 A	6	5	4	4000 千克
原料 B	0	7	8	2500 千克

假设该工厂每生产一单位产品甲、产品乙和产品丙可分别获利 500 元、800 元和 1000 元。问工厂应分别生产多少单位的产品甲、产品乙和产品丙，才能获得最大利润？

(1) 定义决策变量。列举出工厂决策问题中可以开展的活动，明确各项活动水平的计量单位。

(2) 定义目标函数。明确决策者所追求的目标和计量单位，以及每一单位的活动对所追求目标的贡献程度。

(3) 列出约束条件。列举出开展各项活动所面临的限制因素，以及各限制因素如何制约活动的水平。

(4) 写出数学形式的线性规划模型。

2. 建立线性规划电子表格模型。

(1) 输入模型参数。将以下线性规划模型的参数输入电子表格

$$\text{Max } Z = 500X_1 + 800X_2 + 1000X_3$$

S. t.

$$\begin{cases} X_1 + 2X_2 + 3X_3 \leqslant 3000 \\ 6X_1 + 5X_2 + 4X_3 \leqslant 4000 \\ 7X_2 + 8X_3 \leqslant 2500 \\ X_1 \geqslant 0,\ X_2 \geqslant 0,\ X_3 \geqslant 0 \end{cases}$$

(2) 建立参数间的联系。参照图 1－11，使用 SUMPRODUCT（）函数，在

G4 和 E7∶E9 单元格中输入以下公式：

G4：=SUMPRODUCT（$B$2∶$D$2，B4∶D4）

E7：=SUMPRODUCT（$B$2∶$D$2，B7∶D7）

E8：=SUMPRODUCT（$B$2∶$D$2，B8∶D8）

E9：=SUMPRODUCT（$B$2∶$D$2，B9∶D9）

注意：可以直接将 E7 单元格的公式复制到 E8 和 E9 单元格中。

提示：线性规划电子表格模型建好后，可以在可变单元格中输入初始值，用以观察不同决策的优劣以及决策是否可行。同时，也可以帮助检查模型是否正确。

	A	B	C	D	E	F	G	H
1	决策变量	产品甲	产品乙	产品丙				
2								
3							利润	
4	目标函数	500	800	1000				
5								
6	约束条件					类型		
7	设备	1	2	3		≤	3000	
8	原料A	6	5	4		≤	4000	
9	原料B		7	8		≤	2500	
10								
11	公式：	E9=B2*B9+C2*C9+D2*D9						
12		E9=SUMPRODUCT（$B$2:$D$2,B9:D9）						

图 1－11　线性规划电子表格模型示例

3. 用 Solver 软件定义线性规划模型。

在 Excel“工具”菜单中，单击“规划求解”命令。在“规划求解参数”对话框中，指定：

（1）目标单元格：G4；

（2）优化方向：最大值；

（3）可变单元格：B2∶D2；

（4）约束条件：E7∶E9 < = G7∶G9。

4. 设定 Solver 软件的规划求解选项。

在“规划求解参数”对话框中，按下“选项”按钮，并在系统随之弹出的“规划求解选项”对话框中：

（1）选中“采用线性模型”选项和“假设非负”选项。

（2）按下“确定”按钮，系统返回到“规划求解”对话框。

5. 求解线性规划模型。

在“规划求解参数”对话框中，按下“求解”按钮，启动 Solver 的求解程序。

6. 获取 Solver 软件求解线性规划模型后的结果和输出报告。

求解过程结束时，在“规划求解结果”对话框中：

（1）单击“保存规划求解结果”选项；

（2）在“报告”选项下，选中“运算结果报告”、“敏感性报告”和“极限值报告”；

（3）按下“确定”按钮。

7. 对自己准备的线性规划问题建立电子表格模型，然后，用 Solver 软件定义并求解模型，并根据求解结果，提出决策建议。

四、实验总结

1. 线性规划是管理科学中十分重要且应用领域极为广泛的一种系统结构优化方法，是数学规划的一种特殊形式。

2. 线性规划模型的基本组成要素包括目标函数和约束条件。目标函数是指系统所追求的目标的数学描述。约束条件是指实现系统目标的限制因素，它们限制了决策变量的取值和目标函数值所能达到的水平。

3. 线性规划图解法适用于仅包含 2 个决策变量的简单、小规模的线性规划模型。图解法虽然不能成为求解线性规划模型的实用方法，但对于理解线性规划原理具有十分重要的意义。

4. Solver 是 Microsoft Excel 中专门用来求解数学规划问题的可加载软件。使用该软件，用户可以十分方便地在电子表格环境下建立和求解线性规划模型。

五、思考题

1. 线性规划模型的数学形式是怎样的？其基本构成要素有哪些？建立线性规划模型有哪几个基本步骤？

2. 用图解法求解线性规划模型有哪几个基本步骤？求解线性规划模型可能出现哪几种情况？

3. 在电子表格中建立线性规划模型应注意哪些问题？

4. 运用 Solver 定义和求解线性规划模型有哪几个基本步骤？

5. 例 1.1 线性规划问题的最优解是怎样的？其决策含义是什么？

6. 根据对例 1.1 线性规划模型求解所获得的报告，是否有决策变量的取值为零？是否还有尚未充分利用的资源？

实验二：线性规划模型的应用

一、实验目的与要求

1. 理解线性规划模型的广泛用途；
2. 理解准确把握决策问题和正确建立数学模型的重要性；
3. 熟练掌握各类线性规划电子表格模型的建立方法和求解技术；
4. 能够针对现实的管理问题，运用线性规划技术进行决策分析。

二、实验准备

1. 理解资源分配问题、成本—收益平衡问题和网络配送问题的本质和基本特点；
2. 熟练掌握各种线性规划模型的建立技术；
3. 自己准备资源分配问题、成本—收益平衡问题和网络配送问题各 1 个，并设计出数学模型和电子表格模型；
4. 启动 Excel，并加载 Solver 软件。

三、实验步骤

1. 建立和求解资源分配问题线性规划模型。

例 1.2：某公司拟对 3 个项目进行投资，各投资项目的财务数据如表 1 – 2 所示。若公司决定对某一项目投资，则必须按一定比例在不同年份投入相应比例的资金，并获得预期回报（净现值）的相应比例。问决策者应如何将可用的资金合理地投入到 3 个项目上，以获得最大的回报（净现值）？

（1）模型 A。定义：

X_i = 对第 $i(i=1, 2, 3)$ 个项目的投资比例。

根据给定的条件，有人建立了如下线性规划模型：

$$\text{Max} \quad Z = 60X_1 + 70X_2 + 50X_3$$

S. t.

$$\begin{cases}40X_1+60X_2+50X_3\leqslant 50 & \text{（第 1 年资金约束）}\\60X_1+80X_2+40X_3\leqslant 30 & \text{（第 2 年资金约束）}\\90X_1+80X_2+30X_3\leqslant 30 & \text{（第 3 年资金约束）}\\10X_1+70X_2+60X_3\leqslant 40 & \text{（第 4 年资金约束）}\\X_1,\ X_2,\ X_3\geqslant 0\end{cases}$$

请根据以上数学模型，建立电子表格模型并求解。

注意：求解后，请仔细观察公司各年度可用资金的实际使用情况，并记录最优解的目标函数值。

表 1－2 **投资项目财务数据**

年　份	所需投资（万元）			可用资金（万元）
	项目 1	项目 2	项目 3	
第 1 年	40	60	50	50
第 2 年	60	80	40	30
第 3 年	90	80	30	30
第 4 年	10	70	60	40
净现值	60	70	50	

（2）模型 B。有人对同一个问题建立了如下线性规划模型：

$$\text{Max}\quad Z=60X_1+70X_2+50X_3$$

S. t.

$$\begin{cases}40X_1+60X_2+50X_3\leqslant 50 & \text{（第 1 年资金约束）}\\100X_1+140X_2+90X_3\leqslant 80 & \text{（前 2 年资金约束）}\\190X_1+220X_2+120X_3\leqslant 110 & \text{（前 3 年资金约束）}\\200X_1+290X_2+180X_3\leqslant 150 & \text{（前 4 年资金约束）}\\X_1,\ X_2,\ X_3\geqslant 0\end{cases}$$

请根据以上数学模型，建立电子表格模型并求解。

注意：请比较模型 A 和模型 B 的不同，并在求解后请仔细观察公司各年度可用资金的实际使用情况及目标函数值的差别。

（3）模型 C。对同一个问题，若定义：

T_j = 将第 $j(j=1,\ 2,\ 3)$ 年的剩余资金转移到下一年度的数额（不考虑利息的因素）。则可建立如下线性规划模型：

$$\text{Max} \quad Z = 60X_1 + 70X_2 + 50X_3$$

S. t.

$$\begin{cases} 40X_1 + 60X_2 + 50X_3 + T_1 \leqslant 50 & \text{（第 1 年资金约束）} \\ 60X_1 + 80X_2 + 40X_3 - T_1 + T_2 \leqslant 30 & \text{（第 2 年资金约束）} \\ 90X_1 + 80X_2 + 30X_3 - T_2 + T_3 \leqslant 30 & \text{（第 3 年资金约束）} \\ 10X_1 + 70X_2 + 60X_3 - T_3 \leqslant 40 & \text{（第 4 年资金约束）} \\ X_1,\ X_2,\ X_3,\ T_1,\ T_2,\ T_3 \geqslant 0 \end{cases}$$

注意：转移变量的系数在转出的约束条件中为正，表示消耗资源，而在转入的约束条件中为负，表示提供资源。

请根据以上数学模型，建立电子表格模型并求解。

注意：请比较模型 A、模型 B 和模型 C 的不同，并在求解后请仔细观察公司各年度可用资金的实际使用情况及目标函数值的差别。

2. 建立和求解成本—收益平衡问题线性规划模型。

例 1.3：人员排班问题。某服务公司必须全天 24 小时安排人员值班，但在每天不同的时间段，对值班人数的需要是不一样的。根据对历史数据的分析，公司决策层确定了每天不同时段最少值班人数和交接班时间（见表 1-3）。问如何合理安排每班人数，才能以最低的成本，提供令人满意的服务？

表 1-3　　人员排班问题

时　段	轮班					最少需要值班人数
	1	2	3	4	5	
06：00-08：00	√					48
08：00-10：00	√	√				79
10：00-12：00	√	√				65
12：00-14：00	√	√	√			87
14：00-16：00		√	√			64
16：00-18：00			√	√		73
18：00-20：00			√	√		82
20：00-22：00				√		43
22：00-24：00				√	√	52
00：00-06：00					√	15
单位成本	170	160	175	180	195	

这是一个成本—收益平衡问题。公司的“收益”表现为通过安排最少需要的

值班人数，以提供满意的服务，但必须使成本最小化。请建立一个线性规划模型，解决此决策问题。

提示：

（1）定义决策变量 X_i 为轮班 i(i＝1，2，3，4，5）的值班人数；

（2）模型的目标函数为成本最小化；

（3）模型的约束条件为每一个时段值班人数大于或等于最少需要的值班人数。

3. 建立和求解网络配送问题线性规划模型。

例1.4：某公司拥有2座工厂，1个配送中心，2个仓库。在每一个生产周期内，公司必须将工厂所生产的产品，以最低的成本，直接或间接地通过配送中心运到仓库。其中，可能的运输线路有包括：

（1）由工厂1和工厂2分别直接运到仓库1和仓库2；

（2）先由工厂1和工厂2运到配送中心，再由配送中心分别运到仓库1和仓库2。

这是一个网络配送问题（见图1－12）。有关运输成本、工厂生产量、仓库需要量的数据，如表1－4所示。

表1－4　　网络配送问题原始数据

收点 发点	单位运输成本（元）			运出量（件）
	配送中心	仓库1	仓库2	
工厂1	300	700	—	80
工厂2	400	—	600	70
配送中心	—	200	400	—
需要量（件）	—	60	90	

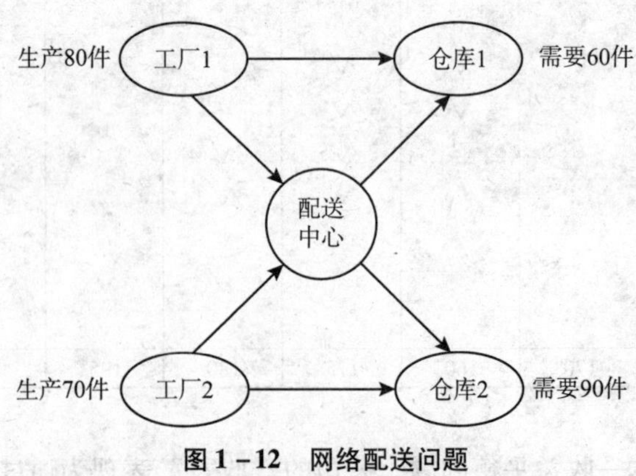

图1－12　网络配送问题

请建立此网络配送问题的线性规划模型并求解。

提示：

（1）决策变量可定义为：

X_1 = 从工厂 1 运到配送中心的产品数量；

X_2 = 从工厂 2 运到配送中心的产品数量；

X_3 = 从工厂 1 运到仓库 1 的产品数量；

X_4 = 从工厂 2 运到仓库 2 的产品数量；

X_5 = 从配送中心运到仓库 1 的产品数量；

X_6 = 从配送中心运到仓库 2 的产品数量。

（2）根据给定的条件，以下约束条件必须满足：

①从工厂 1 运出的产品数量必须为 80 件；

②从工厂 2 运出的产品数量必须为 70 件；

③运到仓库 1 的产品数量必须为 60 件；

④运到仓库 2 的产品数量必须为 90 件；

⑤运进配送中心的产品数量必须等于运出配送中心的产品数量。

（3）目标函数为运输成本最小化。

四、实验总结

1. 线性规划具有广泛的应用领域。各种线性规划问题具有不同的特性和数学形式。

2. 以“≤”符号表示的约束条件称为资源约束条件，这些约束条件表示使用的资源数量必须小于或等于所能获得的资源数量。资源分配问题的共性就是它们的约束条件全部为资源约束。

3. 以“≥”符号表示的约束条件为收益约束条件，这些约束条件表示收益达到的水平必须大于或等于最低可接受水平。收益约束反映了管理层所规定的目标。如果所有约束均为收益约束，这样的问题称为成本—收益平衡问题。

4. 以“=”符号表示的约束条件称为确定需求约束条件，这些约束条件表示一定数量的确定需求必须得到满足，即提供的数量必须等于需要的数量。网络配送问题的共性就是模型的约束条件为一定数量的确定需求约束。

5. 兼具资源分配、成本—收益平衡、网络配送问题特性的线性规划问题称为混合问题。

6. 在运用线性规划模型解决现实管理问题时，必须准确把握问题的实质，并正确设计模型；否则，由于模型设计错误，可能导致错误的结果和决策。

五、思考题

1. 资源分配问题的主要特点是什么？在线性规划模型中，广义的资源含义是什么？

2. 成本—收益平衡问题的主要特点是什么？

3. 网络配送问题的主要特点是什么？

4. 正确建立决策问题线性规划模型的关键是什么？

5. 例 1.2 线性规划决策问题的最优解是怎样的？其决策含义是什么？

6. 例 1.3 线性规划决策问题的最优解是怎样的？其决策含义是什么？

7. 例 1.4 线性规划决策问题的最优解是怎样的？其决策含义是什么？

实验三：线性规划敏感性分析

一、实验目的与要求

1. 理解线性规划敏感性分析的基本概念和作用；

2. 理解并掌握敏感性分析相关原理和方法；

3. 能够熟练地根据敏感性报告提供的信息进行敏感性分析。

二、实验准备

1. 理解线性规划敏感性分析的目的；

2. 理解机会成本、影子价格、目标函数允许变化范围和约束条件右边值允许变化范围的准确含义；

3. 理解百分之百准则的确切含义；

4. 阅读表 1－5 所示的敏感性报告，并预先准备下列问题的答案：

（1）模型中的决策变量有哪几个？其最优解是怎样的？目标函数值是多少？

（2）假设“产品 A”的目标函数系数增大 20%，这一变化是否会导致模型最优解发生变化？目标函数值会如何变化？

（3）若“产品 A”和“产品 B”的目标函数系数分别增加 16 元和 20 元，模型最优解是否会发生变化？目标函数值会如何变化？

表 1－5　　　　敏感性分析报告

Microsoft Excel 敏感性报告

可变单元格						
单元格	名字	终值	递减成本	目标式系数	允许的增量	允许的减量
$B$3	产品 A	20	0	195	33	20.125
$C$3	产品 B	24	0	285	40	41.25
$D$3	产品 C	0	－32.2	200	32.2	1E＋30
约束						
单元格	名字	终值	阴影价格	约束限制值	允许的增量	允许的减量
$E$9	资源 4	544	0	600	1E＋30	56
$E$6	资源 1	44	0	50	1E＋30	6
$E$7	资源 2	4500	1.32	4500	500	92.1053
$E$8	资源 3	4	1200	4	0.0683	0.4

（4）若“产品 A”和“产品 B”的目标函数系数分别增加 26 元和 30 元，模型最优解是否会发生变化？目标函数值会如何变化？

（5）若“产品 A”的目标函数系数增加 17 元，而“产品 B”的目标函数系数下降 21 元，模型最优解是否会发生变化？目标函数值会如何变化？

（6）假定决策变量“产品 C”的目标函数系数（利润）是根据下式计算出来的：

利润＝产量×价格－成本

200（元）＝200（千克）×1.5（元/千克）－100（元）

若有人想请该公司为其生产一定数量的“产品 C”，公司可接受的最低价格（元/千克）是多少？

（7）如果“资源 4”的数量减少到 550 单位，最优解是否会发生变化？目标函数值将会是多少？

（8）如果“资源 2”的数量增加 500 单位，最优解是否会发生变化？目标函数值将会是多少？

（9）如果有人愿意以每单位 1.2 元的价格提供不超过 500 单位的“资源 2”，决策者是否可以购买？目标函数值将会如何变化？

（10）如果“资源 2”约束条件的右边值变为 4400 单位，其影子价格将会是多少？

（11）如果“资源 2”约束条件的右边值变为 4450 单位，“资源 1”约束条件的右边值变为500单位，“资源1”和“资源2”影子价格是否会发生变化？

（12）决策者考虑生产一种新产品，即“产品D”。每一单位产品对目标函数的贡献为400元。生产每一单位的产品需要消耗1单位的资源1、200单位的资源2、0.2单位的资源3和20单位的资源4。问新产品是否值得生产？

5. 启动Excel，并加载Solver软件。

三、实验步骤

1. 建立线性规划电子表格模型并求解。

将以下模型的参数输入到工作表中，并建立参数间的联系。然后，启动Solver，定义并求解模型。

例1.5：某公司生产3种产品，需要4种资源，其产品组合优化模型如下：

$$\text{Max}\quad 195X_1+285X_2+200X_3$$

S. T.

$$\begin{cases} X_1+X_2+X_3\leqslant 50 & \text{（资源1约束）}\\ 75X_1+125X_2+85X_3\leqslant 4500 & \text{（资源2约束）}\\ 0.08X_1+0.1X_2+0.1X_3\leqslant 4 & \text{（资源3约束）}\\ 20X_1+6X_2+5X_3\leqslant 600 & \text{（资源4约束）}\\ X_1,\ X_2,\ X_3\geqslant 0 \end{cases}$$

回答问题：模型中的决策变量有哪几个？其最优解是怎样的？目标函数值是多少？

2. 将原模型中“产品A”（即X_1）的目标函数系数增大20%，重新求解模型，并回答问题：这一变化是否会导致模型最优解发生变化？目标函数值会如何变化？

3. 将原模型中“产品A”（即X_1）和“产品B”（即X_2）的目标函数系数分别增加16元和20元，重新求解模型，并回答问题：模型最优解是否会发生变化？目标函数值会如何变化？

4. 将原模型中“产品A”（即X_1）和“产品B”（即X_2）的目标函数系数分别增加26元和30元，重新求解模型，并回答问题：模型最优解是否会发生变化？目标函数值会如何变化？

5. 若“产品A”（即X_1）的目标函数系数增加17元，而“产品B”（即X_1）的目标函数系数下降21元，重新求解模型，并回答问题：模型最优解是否会发生变化？目标函数值会如何变化？

6. 由于决策变量“产品 C”的目标函数系数是根据下式计算出来的：

利润 = 产量 × 价格 − 成本

200（元）= 200（千克）× 1.5（元/千克）− 100（元）

如果将价格定为每千克 1.67 元，计算出“产品 C”的目标函数系数，并改变原模型中的相应参数，重新求解模型，并回答问题：模型最优解是否会发生变化？目标函数值是多少？

7. 将原模型中“资源 4”约束条件的右边值改变为 550 单位，重新求解模型，并回答问题：最优解是否会发生变化？目标函数值将会是多少？

8. 将原模型中“资源 2”的数量增加 500 单位，重新求解模型，并回答问题：最优解是否会发生变化？目标函数值将会是多少？

9. 在原模型中增加一个变量“购买资源 2”（X_4），其目标函数系数为 −1.2，在“资源 2”约束条件中的系数为 −1，并添加一个约束条件（$X_4 \leqslant 500$，参见以下模型）：

$$\text{Max} \quad 195X_1 + 285X_2 + 200X_3 - 1.2X_4$$

S. T.

$$\begin{cases} X_1 + X_2 + X_3 \leqslant 50 & \text{（资源 1 约束）} \\ 75X_1 + 125X_2 + 85X_3 - X_4 \leqslant 4500 & \text{（资源 2 约束）} \\ 0.08X_1 + 0.1X_2 + 0.1X_3 \leqslant 4 & \text{（资源 3 约束）} \\ 20X_1 + 6X_2 + 5X_3 \leqslant 600 & \text{（资源 4 约束）} \\ X_4 \leqslant 500 & \text{（增加资源 2 的数量约束）} \\ X_1,\ X_2,\ X_3,\ X_4 \geqslant 0 & \end{cases}$$

重新求解模型，并回答问题：如果有人愿意以每单位 1.2 元的价格提供不超过 500 单位的“资源 2”，决策者是否可以购买？目标函数值将会如何变化？

10. 将原模型中“资源 2”约束条件的右边值改为 4400 单位，重新求解模型，并回答问题：“资源 2”影子价格将会是多少？

11. 将原模型中“资源 2”约束条件的右边值改为 4450 单位，同时将“资源 1”约束条件的右边值改为 500 单位，重新求解模型，并回答问题：“资源 1”和“资源 2”影子价格是否会发生变化？

12. 在原模型中增加一个变量“产品 D”（X_5），其目标函数系数为 400，在“资源 1”、“资源 2”、“资源 3”和“资源 2”约束条件中的系数分别为 1、200、0.2 和 20（参见以下模型）：

$$\text{Max} \quad 195X_1 + 285X_2 + 200X_3 + 400X_5$$

S. T.

$$\begin{cases} X_1 + X_2 + X_3 + X_5 \leqslant 50 & \text{（资源 1 约束）} \\ 75X_1 + 125X_2 + 85X_3 + 200X_5 \leqslant 4500 & \text{（资源 2 约束）} \\ 0.08X_1 + 0.1X_2 + 0.1X_3 + 0.2X_5 \leqslant 4 & \text{（资源 3 约束）} \\ 20X_1 + 6X_2 + 5X_3 + 20X_5 \leqslant 600 & \text{（资源 4 约束）} \\ X_1,\ X_2,\ X_3,\ X_5 \geqslant 0 \end{cases}$$

重新求解模型，并回答问题：新产品（X_5）是否值得生产？

四、实验总结

1. 敏感性分析是在求解线性规划模型的最优解之后进行的，关于模型最优解对于模型参数或未来决策环境变化的敏感程度的分析。敏感性分析可以帮助决策者准确判断敏感性因素，及时应对环境条件的变化，清楚认识决策偏好的影响，从而有效地指导和帮助决策者作出科学的决策。Solver 所生成的敏感性报告为敏感性分析提供了非常有价值的信息。

2. 线性规划模型中目标函数系数在一定的范围内变化不会引起模型最优解改变。敏感性报告列出了模型中各决策变量的“目标式系数”、“允许的增量”和“允许的减量”。只要单个目标函数系数在“目标式系数”的基础上的变动量没有超出“允许的增量”或“允许的减量”，最优解将保持不变。当两个或两个以上的目标函数系数同时发生变化时，可以利用 Solver 敏感性报告中的相关数据，运用目标函数系数变化“百分之百准则”来进行判断。如果目标函数系数变化量与其各自允许变化量的比之总和小于 100%，则模型最优解保持不变；如果目标函数系数变化量与其各自允许变化量的比之总和大于 100%，则不能明确判断模型最优解是否会发生变化。

3. “递减成本”（Reduced Costs）是指在最优解向量中取值为零的决策变量的取值每增加一个单位而引起的目标函数的增量（负值）。如果决策者放弃最佳选择，决意开展在最优解向量中取值为零的活动，则必然会为每一单位的活动付出由“递减成本”所度量的代价。

4. 影子价格（Shadow Price）是指资源每增加（或节约）1 单位所引起的目标函数值增加的量。它反映了资源的稀缺程度和潜在价值。当资源可用量减少到一定限度后，资源稀缺程度将提高，影子价格将会上升；当资源可用量增加到一定限度后，资源稀缺程度将降低，影子价格将会下降，甚至变为零。敏感性报告中所列出“允许的增量”和“允许的减量”是使影子价格保持不变的右边值相对于“约束限制值”的允许变化范围。对于单个约束条件而言，只要右边值的变化幅度没有超出其允许的变化范围，影子价格将保持不变。如果有多个约束条件的右边值同时变动，则可用约束条件右边值变动的“百分之百准则”，来判断这些变动是否会导致影子价格发生变化。当约束条件右边值的变化量与其各自允许变化量的比之总和小于100%时，影子价格将保持不变；当约束条件右边值的变化量与其各自允许变化量的比之总和大于100%时，影子价格是否会发生变化，不能作出肯定或否定的判断。

5. 利用影子价格可以帮助决策者对新技术和新产品进行价值分析。对技术系数变化进行分析，可以帮助决策更好地确定技术发展方向，判断新技术的潜在价值。通过比较新产品的机会成本和机会收益，可以帮助决策者判断新产品是否值得进行生产。新产品的机会收益就是单位产品对目标函数的贡献率，即目标函数系数；而新产品的机会成本就是单位产品的资源消耗系数与资源影子价格的乘积之和。

五、思考题

1. 线性规划敏感性分析有何作用？
2. 敏感性报告中“递减成本”的含义是什么？
3. 敏感性报告中“阴影价格”（影子价格）的含义是什么？
4. 什么是“百分之百准则”？应用该准则时应注意什么问题？
5. 如何根据敏感性报告所提供的信息，对新产品进行价值分析？

综合思考题

1. 线性规划的基本原理是什么？其基本假设条件是什么？
2. 举例说明线性规划模型有哪些用途？
3. 线性规划模型图解法对理解线性规划原理有何重要意义？为什么说图解法不是一种实用的线性规划模型求解方法？
4. 用Excel“规划求解”工具定义和求解线性规划模型有哪几个基本步骤？需要注意哪些问题？
5. 对于线性规划问题，为什么要进行敏感性分析？
6. Solver所提供的敏感性报告中，哪些信息最具有决策价值？
7. 线性规划模型严格的假设条件是否会限制其应用范围？为什么？
8. 根据对自己准备的有关线性规划问题的实验和研究情况，撰写一份综合实验报告或管理科学研究报告。

第二实验单元

数据包络分析

- 实验一：综合有效性分析
- 实验二：技术有效性分析
- 实验三：有效程度分析
- 实验四：数据包络分析方法的应用

实 验 目 的

1. 理解数据包络分析的基本原理及其广泛用途；
2. 熟练掌握数据包络分析的基本方法和建模技术；
3. 理解综合有效性、技术有效性、规模有效性和有效程度的含义；
4. 能够熟练地运用数据包络分析方法进行决策单元相对绩效分析和评价。

知 识 要 点

一、基本原理

效率是经济学和管理学永恒的研究主题。如何科学、客观地评价各单位的运作效率，是管理科学研究的一个重要领域。

在只有单一投入和单一产出的简单情形下，只要计算出各单位的投入—产出比就可以直接反映各单位效率的高低。但在有多种投入和多种产出，且投入和产出不能用单一的指标来计量的情况下，问题就变得比较复杂了。1978 年，美国著名运筹学家 A. Charnes 提出了基于相对效率概念和线性规划模型的多投入、多产出的相对效率评价方法，即数据包络分析法（Data Envelopment Analysis，DEA）。

DEA 方法是以相对效率概念为基础，用于评价具有相同类型的多投入、多产出的决策单元是否相对有效的一种非参数统计分析方法。其基本思路是把每一个被评价单位作为一个决策单元（Decision Making Units，DMU），由众多的 DMU 构成被评价决策单元群体，通过对投入和产出比率的综合分析，以 DMU 的各个投入和产出指标的权重为变量进行评价运算，确定有效生产前沿面，并根据各 DMU 与有效生产前沿面的距离状况，确定各 DMU 是否 DEA 有效。由于 DEA 方法不需要预先估计参数，在避免主观因素和简化运算、减少误差等方面有着不可低估的优越性。该方法被广泛运用到技术进步、技术创新、企业生产、资源配置、证券投资、公共事业等各个领域，借以进行有效性分析、评价及决策。

二、C^2R 模型与综合有效性

1. C^2R 模型。

设有 n 个 DMU，每个 DMU 都有 m 种类型的输入（表示对资源的耗费）以及 s 种类型的输出（表明成效的信息量），其形式为：

$$X=\begin{bmatrix} x_{11} & x_{12} & \cdots & x_{1j} & \cdots & x_{1n} \\ x_{21} & x_{22} & \cdots & x_{2j} & \cdots & x_{2n} \\ \vdots & \vdots & & \vdots & & \vdots \\ x_{i1} & x_{i2} & \cdots & x_{ij} & \cdots & x_{in} \\ \vdots & \vdots & & \vdots & & \vdots \\ x_{m1} & x_{m2} & \cdots & x_{mj} & \cdots & x_{mn} \end{bmatrix},\ Y=\begin{bmatrix} y_{11} & y_{12} & \cdots & y_{1j} & \cdots & y_{1n} \\ y_{21} & y_{22} & \cdots & y_{2j} & \cdots & y_{2n} \\ \vdots & \vdots & & \vdots & & \vdots \\ y_{r1} & y_{r2} & \cdots & y_{rj} & \cdots & y_{rn} \\ \vdots & \vdots & & \vdots & & \vdots \\ y_{s1} & y_{s2} & \cdots & y_{sj} & \cdots & y_{sn} \end{bmatrix}$$

其中，每一个决策单元 $DMU_j(j=1,2,\cdots,n)$，分别对应一个输入向量 $X_j=(x_{1j},x_{2j},\cdots,x_{mj})^T$ 和一个输出向量 $Y_j=(y_{1j},y_{2j},\cdots,y_{mj})^T$。

x_{ij} 为第 j 个决策单元对第 i 种输入的投入总量，$x_{ij}>0$；

y_{rj} 为第 j 个决策单元对第 r 种输出的产出总量，$y_{rj}>0$；

$i=1,2,\cdots,m$；$j=1,2,\cdots,n$；$r=1,2,\cdots,s$。

若设

v_i 为第 i 种投入的重要程度的度量；

u_r 为第 r 种产出的重要程度的度量；

可得每个 DMU 的测评指数 h_j，即

$$h_j=\frac{\sum_{r=1}^{s}u_r y_{rj}}{\sum_{i=1}^{m}v_i x_{ij}},\ j=1,2,\cdots,n$$

选取合适的 v_i 和 u_r，使得

$$h_j\leqslant 1,\ j=1,2,\cdots,n$$

即可得到第 $j_0(1\leqslant j_0\leqslant n)$ 个 DMU 的有效性测评指标。

传统的 C^2R（也称为 CCR 模型）是由 Charnes，Cooper 和 Rhodes 于 1978 年提出的，用于评价 DMU 的规模且技术有效性。对于第 j_0 个决策单元 DMU_{j0}，基于凸性、锥性、无效性和最小性的公理假设，由生产可能集：

$$T=\left\{(X,Y)\ \middle|\ \sum_{j=1}^{n}X_j\lambda_j\leqslant X,\ \sum_{j=1}^{n}Y_j\lambda_j\geqslant Y,\ \lambda_j\geqslant 0,\ j=1,2,\cdots,n\right\}$$

可得到如下 DEA 模型（C^2R）：

$$\begin{aligned} &\text{Min} \quad \theta \\ &\text{S.t.} \\ &\begin{cases} \sum\limits_{j=1}^{n} x_{ij}\lambda_j \leqslant \theta x_{ij_0},\ i \in (1,2,\cdots,m) \\ \sum\limits_{j=1}^{n} y_{rj}\lambda_j \geqslant y_{rj_0},\ r \in (1,2,\cdots,s) \\ \theta,\ \lambda_j \geqslant 0,\ j = 1,2,\cdots,n \end{cases} \end{aligned} \tag{2.1}$$

对式（2.1）引入松弛变量 S^- 和 S^+，模型变为：

$$\begin{aligned} &\text{Min} \quad \theta \\ &\text{S.t.} \\ &\begin{cases} \sum\limits_{j=1}^{n} x_{ij}\lambda_j + s_i^- = \theta x_{ij_0},\ i \in (1,2,\cdots,m) \\ \sum\limits_{j=1}^{n} y_{rj}\lambda_j - s_r^+ = y_{rj_0},\ r \in (1,2,\cdots,s) \\ \theta,\ \lambda_j,\ s_i^-,\ s_r^+ \geqslant 0,\ j = 1,2,\cdots,n \end{cases} \end{aligned} \tag{2.2}$$

其中，X_{j0} 表示第 j_0 个 DMU 输入向量，Y_{j0} 表示第 j_0 个 DMU 输出向量，θ 表示投入缩小比率，λ 表示决策单元线性组合的系数。

2. DEA 有效性。

模型（2.1）的经济含义是：保持输出水平不降低，以其他 DMU 的实际投入—产出水平为参照，则优化目标值 θ 揭示了被评价 DMU 的投入要素同比例地减少所能达到的最低值。当且仅当 $\theta = 1$ 时，被评价 DMU 的至少一个投入要素已经是最低限，不能再进一步减少；如果所有投入要素都是最低限（$\theta = 1$ 且第一个约束方程无松弛），则称为该 DMU 处于有效边界上；当 $\theta < 1$ 时，意味着被评价 DMU 的投入要素存在减少的余地，θ 越小，余地越大。据此，对于模型（2.2），当最优解

$\theta^* = 1$，$s^{-*} = 0$，$s^{+*} = 0$ 时，称决策单元 j_0 为 DEA 有效（C^2R）；

$\theta^* < 1$，或 $s^{-*} \neq 0$，$s^{+*} \neq 0$ 时，则称决策单元 j_0 为非 DEA 有效（C^2R）。

系数 θ 可以理解为决策单元 $DMUj_0$ 投入向量的“压缩系数”。如果 $\theta^* = 1$，$s^{-*} = 0$，$s^{+*} = 0$，则决策单元同时为规模效益不变和技术效率最佳，表明不仅投入已不可能等比压缩，而且不存在超量投入及亏损产出，该决策单元处于 DEA 有效（C^2R）状态。如果 $\theta^* = 1$，但 s^{-*}、s^{+*} 不全为 0，则表明非同时技术效率最佳和规模效益不变，虽然投入已无需等比压缩，但在投入与产出上仍有不理想之处，某些方面的投入仍有超量，或某些产出存在亏损，此时为 DEA 弱有效

(C^2R)；如果 $0<\theta^*<1$，则表明该决策单元投入不当，为非 DEA 有效（C^2R），可以作全面的等比压缩。

3. 技术有效与规模有效。

根据经济学原理，如果一个决策单元的生产处于生产函数曲线上，则称其为技术有效；如果处于 C 点（切点，见图 2-1），则称其为技术且规模有效；如果处于其他各点则称其为非相对有效。在多种投入、多种产出的情形下，生产函数不是一条曲线而是一个曲面，是生产函数的扩展，称为生产前沿面。处于生产前沿面上的决策单元为相对有效决策单元。

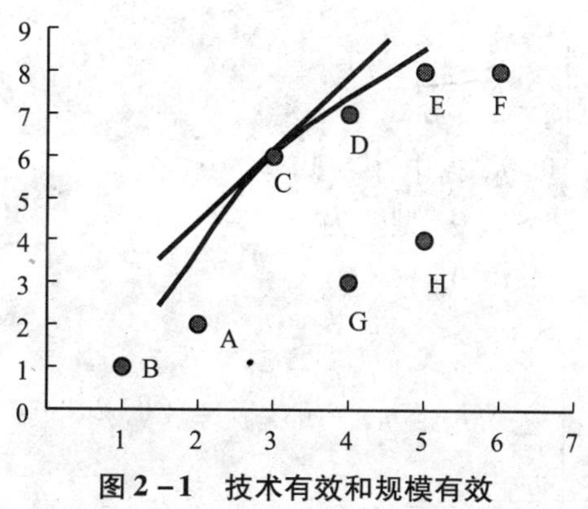

图 2-1　技术有效和规模有效

注意：在模型（2.1）中，对 λ 的取值未加约束，隐含了 DMU 具有不变规模效益（CRS）特性或假定。在这种情形下，有效前沿面是一条射线（见图 2-1）。模型（2.1）即为常见的 CRS 模型形式，它可以用来衡量 DMU 的综合有效性（即技术有效且规模有效）。

三、C^2GS^2 模型与技术有效性

1. C^2GS^2 模型。

在现实生活中，DMU 常常存在着可变规模效益（VRS）。1985 年 Charnes，Cooper 和 B. Golany，L. Seiford，J. Stutz 给出了另一个 DEA 模型，即 C^2GS^2 模型（也称为 CCGSS 模型）。这个模型可用来研究决策单元的“技术有效”性。模型（2.1）假定 DMU 满足 CRS，使得运作在规模效益递增（IRS）或递减（DRS）的有效前沿面上的 DMU，得到 CRS 非有效的评价结果，但是却没有区分是规模非有效还是技术非有效。

在模型（2.1）的基础上，引入约束条件。

$$\sum_{j=1}^{n} \lambda_j = 1,$$

则构成新的 DEA 模型（2.3）。

$$\begin{aligned}&\text{Min} \quad \theta \\ &\text{S. t.} \\ &\begin{cases}\sum_{j=1}^{n} x_{ij}\lambda_j \leqslant \theta x_{ij_0},\ i \in (1,\ 2,\ \cdots,\ m) \\ \sum_{j=1}^{n} y_{rj}\lambda_j \geqslant y_{rj_0},\ r \in (1,\ 2,\ \cdots,\ s) \\ \sum_{j=1}^{n} \lambda_j = 1 \\ \theta,\ \lambda_j \geqslant 0,\ j = 1,\ 2,\ \cdots,\ n\end{cases}\end{aligned} \tag{2.3}$$

引入松弛变量 S^- 和 S^+，模型变为：

$$\begin{aligned}&\text{Min} \quad \theta \\ &\text{S. t.} \\ &\begin{cases}\sum_{j=1}^{n} x_{ij}\lambda_j + s_i^- = \theta x_{ij_0},\ i \in (1,\ 2,\ \cdots,\ m) \\ \sum_{j=1}^{n} y_{rj}\lambda_j - s_r^+ = y_{rj_0},\ r \in (1,\ 2,\ \cdots,\ s) \\ \sum_{j=1}^{n} \lambda_j = 1 \\ \theta,\ \lambda_j,\ s_i^-,\ s_r^+ \geqslant 0,\ j = 1,\ 2,\ \cdots,\ n\end{cases}\end{aligned} \tag{2.4}$$

2. 技术有效性。

模型（2.3）的有效前沿面是一个凸集（见图 2-2），该模型即为 VRS 模型形式，它仅仅评价 DMU 的技术有效性。

对于模型（2.4），当最优解

$\theta^* = 1$，$s^{-*} = 0$，$s^{+*} = 0$ 时，称决策单元 j_0 为 DEA 有效（C^2GS^2）；

$\theta^* < 1$，或 $s^{-*} \neq 0$，$s^{+*} \neq 0$ 时，则称决策单元 j_0 为非 DEA 有效（C^2GS^2）。

当 $\theta^* = 1$，$s^{-*} = 0$，$s^{+*} = 0$ 时，表明该决策单元技术效率最佳，否则决策单元非技术效率最佳；若 s^{-*} 不为 0，表明有超量投入；若 s^{+*} 不为 0，表明有亏量产出；若 $0 < \theta^* < 1$，则表明该决策单元投入不当，可以作全面的等比压缩，以上均属于非技术有效。

C^2R 模型是评价决策单元是否为综合有效，即规模有效和技术有效，C^2GS^2

模型仅用于评价决策单元是否为技术有效，二者结合起来便可对决策单元的技术效率和规模效率进行综合分析和评价。

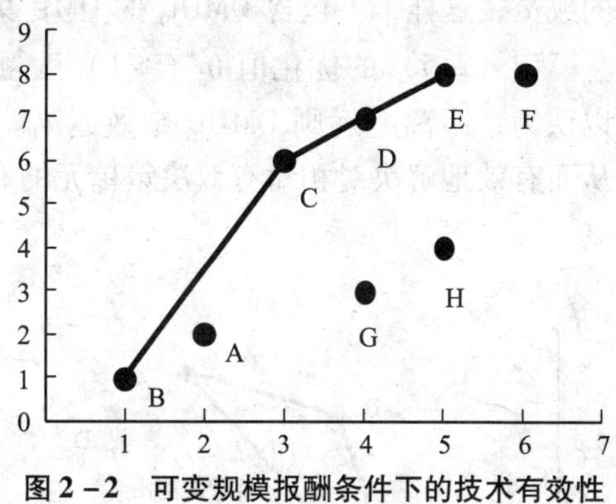

图 2-2　可变规模报酬条件下的技术有效性

四、有效程度分析

1. AP 模型。

DEA 方法存在一个缺陷，由于各个决策单元是从最有利于自己的角度分别求权重的，导致这些权重是随 DMU 的不同而不同的，从而使得每个决策单元的特性缺乏可比性。所以 DEA 方法只能够判断决策单元是否为 DEA 有效，它们只能够被区分为有效和非有效两大类。另外，用这种方法进行评价时容易出现大量的、甚至全部决策单元都为有效的情形，这都是由于传统的 DEA 方法总是强调单个被评价单元的优势所致。因此，用传统的 DEA 方法在很多情况下不能对决策单元的有效程度进行量化分析，并进行排序。

在实际管理活动中，对决策单元按一定的标准排序也是进行分析评价时很重要的一个方面。因此，必须进一步发展对有效 DMU 进行有效程度分析和评价的方法。1993 年 Per Andersen and Niels Chiristian Petersen 提出了以下的 DEA 修正模型（AP 模型），可用来分析有效 DMU 的有效程度，并可对它们按有效程度进行排序。

$$\text{Min } \theta$$

$$\text{S. t.}$$

$$\begin{cases} \sum_{j=1, j\neq j_0}^{n} x_{ij}\lambda_j \leqslant \theta x_{ij_0}, \ i \in (1, 2, \cdots, m) \\ \sum_{j=1, j\neq j_0}^{n} y_{rj}\lambda_j \geqslant y_{rj_0}, \ r \in (1, 2, \cdots, s) \\ \theta, \lambda_j \geqslant 0, \ j = 1, 2, \cdots, n \end{cases} \tag{2.5}$$

2. 有效程度指标。

模型（2.5）的含义是，当对 CRS（或 VRS）有效的 $DMUj_0$ 进行评价时，$DMUj_0$ 不作为参照集的成员，这样，不包含 $DMUj_0$ 的 DMU 集合将形成新的有效前沿面（见图 2－3）。模型（2.5）的优化值 θ^*（>1）度量了 $DMUj_0$ 到新的有效前沿面的距离，可以认为，距离越远则 $DMUj_0$ 绩效越高。因此，θ^* 值可以作为有效程度的指标，从而有效地解决对相对有效决策单元的有效程度进行测定和排序问题。

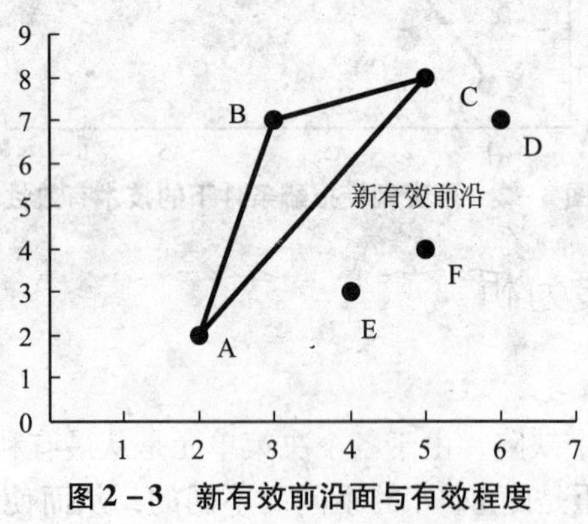

图 2－3　新有效前沿面与有效程度

实验一：综合有效性分析

一、实验目的与要求

1. 理解数据包络分析的基本原理；
2. 熟练掌握 C^2R 模型的建立和求解方法；
3. 理解综合有效性的含义；
4. 能够根据模型计算结果，对决策单元的综合有效性进行分析和评价。

二、实验准备

1. 掌握数据包络分析的基本方法和步骤；
2. 掌握 C^2R 模型的数学形式及其特点；
3. 熟练掌握线性规划电子表格模型的建立和求解方法；

4. 掌握 INDIRECT（）函数和 ROW（）函数的功能和格式；

由于 DEA 分析需要多次改变模型的有关参数并进行多次求解，如果使用 INDIRECT（）函数和 ROW（）函数，可以为分析带来较大的便利。

（1）INDIRECT（）函数。

功能：返回由文本字符串指定的引用。此函数立即对引用进行计算，并显示其内容。它可以在不更改公式本身的前提下，更改公式中单元格的引用。

格式：=INDIRECT（ref_text，a1）

参数：①ref_text 为对单元格的引用，此单元格可以包含 al－样式的引用、R1C1－样式的引用、定义为引用的名称或对文本字符串单元格的引用。如果 ref_text 不是合法的单元格的引用，函数 INDIRECT（）返回错误值#REF!。如果 ref_text 是对另一个工作簿的引用（外部引用），则源工作簿必须被打开。如果源工作簿没有打开，函数 INDIRECT（）返回错误值#REF!。

②a1 为一逻辑值，指明包含在单元格 ref_text 中的引用的类型。如果 a1 为 TRUE 或省略，ref_text 被解释为 A1－样式的引用；如果 a1 为 FALSE，ref_text 被解释为 R1C1－样式的引用。

（2）ROW（）函数。

功能：返回引用的行号。

格式：=ROW（reference）

参数：reference 为需要得到其行号的单元格或单元格区域。如果省略 reference，则假定是对函数 ROW（）所在单元格的引用。如果 reference 为一个单元格区域，并且函数 ROW（）作为垂直数组［数组：用于建立可生成多个结果或可对在行和列中排列的一组参数进行运算的单个公式。数组区域共用一个公式；数组常量是用作参数的一组常量］。输入，则函数 ROW（）将 reference 的行号以垂直数组的形式返回。reference 不能引用多个区域。

5. 启动 Excel，并加载 Solver 软件。

三、实验步骤

1. 建立 C^2R 电子表格模型。

例 2.1：设有 8 个决策单元，其单一投入和单一产出数据资料如表 2－1 所示。试对这 8 个决策单元进行综合有效性分析。

（1）输入原始数据。将表 2－1 中的数据输入到工作表中。

（2）建立 C^2R 模型，见图 2－4。

表 2－1　　　　　　　　决策单元投入—产出数据

	DMU1	DMU2	DMU3	DMU4	DMU5	DMU6	DMU7	DMU8
	A	B	C	D	E	F	G	H
X	2	1	3	4	5	6	4	5
Y	2	1	6	7	8	8	3	4

	A	B	C	D	E	F	G	H	I	J	K	L	M
1	C²R模型												
2		DMU1	DMU2	DMU3	DMU4	DMU5	DMU6	DMU7	DMU8	效率指数			
3		w1	w2	w3	w4	w5	w6	w7	w8	E			
4		0.000	0.000	0.000	0.000	0.000	0.000	0.000	0.000	1.000	1.000		
5												B	
6	X	2	1	3	4	5	6	4	5	0	<=	0	
7	Y	2	1	6	7	8	8	3	4	0	>=	2	
8													
9		A	B	C	D	E	F	G	H				
10	E=												
11													

图 2－4　C^2R 模型

在图 2－4 中，单元格区域 B6∶I7 为原始投入—产出数据，B10∶I10 准备用于存放各决策单元的效率指数。模型中的公式包括：

K4：＝J4

J6：＝SUMPRODUCT（$B$4∶$I$4，B6∶I6）

J7：＝SUMPRODUCT（$B$4∶$I$4，B7∶I7）

L6：＝INDIRECT（L5&"6"）＊J4

L7：＝INDIRECT（L5&"7"）

注意：L6 和 L7 中输入的公式是为了配合 L5 单元格所输入的列编号，分别调用不同的决策单元的投入—产出数据，以计算不同决策单元的效率指数。

2. 启动 Solver 定义模型。

本模型中的目标单元格为 K4，优化方向为求最小值，可变单元格为 B4∶J4，约束条件为（见图 2－5）：

J6 < ＝L6；

J7 > ＝L7。

注意：DEA 模型本质上属于线性规划模型。因此，在按下"求解"按钮之前，应先按下"选项"按钮，以设定规划求解选项。此时，系统显示"规划求解选项"对话框。这时，应选中"采用线性模型"和"假设非负"选项。

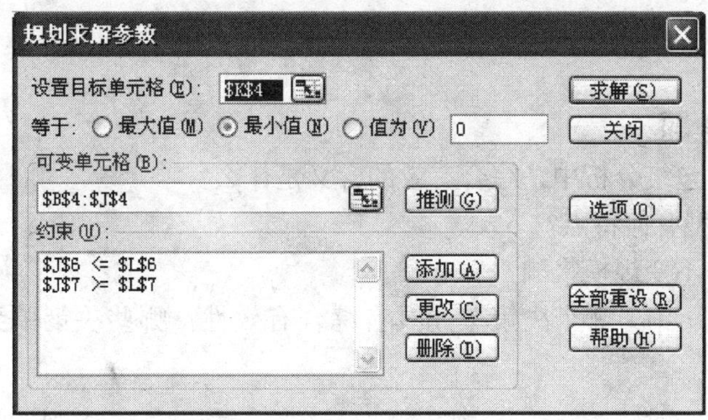

图 2-5 C^2R 模型的定义

3. 计算各决策单元的效率指数。

（1）求解已定义好的线性规划模型，即可得到一个决策单元的效率指数，并可通过“选择性粘贴”的方式，将效率指数的“数值”粘贴在准备好的单元格中（B10∶I10）。

注意：在图 2-4 中，L5 单元格中的数据为“B”，表示模型右边值所引用的数据为“B”列 5 行和 6 行的数据，因此，所计算的是 DMU1（决策单元 A）的效率指数。

（2）将 L5 单元格中的数据依次改为“C”、“D”、“E”、…、“I”；并启动 Solver 重新求解，即可计算出 DMU2（决策单元 B）到 DMU8（决策单元 H）的效率指数。

4. 对各决策单元的综合有效性进行评价。

将 C^2R 模型计算结果填入表 2-2，并对各决策单元的综合有效性进行评价。

表 2-2　综合有效性评价结果

决策单元	DMU1	DMU2	DMU3	DMU4	DMU5	DMU6	DMU7	DMU8
C^2R 效率指数								
评估结论								

四、实验总结

1. 数据包络分析（DEA）模型可广泛地用于对决策单元进行相对效率评价，相对效率指数就是客观的评价指标。

2. 用 C^2R 模型判定的相对有效为综合有效，即技术有效且规模有效。它适用于不变规模报酬的情形。

五、思考题

1. 在数据包络分析中，综合有效的含义是什么？

2. C^2R 模型有何特点？

3. 什么是不变规模报酬？

4. 在例 2.1 中，哪个决策单元具有综合有效性？哪些决策单元是非综合有效的？

实验二：技术有效性分析

一、实验目的与要求

1. 理解数据包络分析的基本原理；
2. 熟练掌握 C^2GS^2 模型的建立和求解方法；
3. 理解不变规模报酬、可变规模报酬和技术有效性的含义；
4. 能够根据模型计算结果，对决策单元的技术有效性进行分析和评价。

二、实验准备

1. 掌握数据包络分析的基本方法和步骤；
2. 掌握 C^2GS^2 模型的基本数学形式及其特点；
3. 熟练掌握线性规划电子表格模型的建立和求解方法；
4. 启动 Excel，并加载 Solver 软件。

三、实验步骤

1. 建立 C^2GS^2 模型。

对于例 2.1，在 C^2R 电子表格模型的基础上添加一个约束条件，即：

$$\sum_{j=1}^{n} w_j = 1$$

亦即：

J8 = L8

其中：

J8：= SUM（B4：I4）

即可建立该问题的 C^2GS^2 模型（见图 2-6）。

	A	B	C	D	E	F	G	H	I	J	K	L	M
1	C^2GS^2模型												
2		DMU1	DMU2	DMU3	DMU4	DMU5	DMU6	DMU7	DMU8	效率指数			
3		w1	w2	w3	w4	w5	w6	w7	w8	E			
4		0.000	0.000	0.000	0.000	0.000	0.000	0.000	0.000	0.000	0.000		
5												B	
6	X	2	1	3	4	5	6	4	5	0	<=	0	
7	Y	2	1	6	7	8	8	3	4	0	>=	2	
8										0	=	1	
9		A	B	C	D	E	F	G	H				
10	E=												
11													

图 2-6　C^2GS^2 模型

2. 启动 Solver 定义模型。

本模型中的目标单元格为 K4，优化方向为求最小值，可变单元格为 B4：J4，约束条件除了原 C^2R 模型中的：

J6 < = L6；

J7 > = L7。

之外，必须添加以下约束条件：

J8 = L8。

模型中的其他公式不变。

3. 进行技术有效性分析。

将 L5 单元格中的数据依次输入"B"、"C"、"D"、…、"I"；并启动 Solver 求解，即可计算出 DMU1（决策单元 A）到 DMU8（决策单元 H）的效率指数。

4. 对各决策单元的技术有效性进行评价。

将 C^2GS^2 模型计算结果填入表 2-3，并对各决策单元的综合有效性进行评价。

表 2-3　　相对效率综合评价结果

决策单元	DMU1	DMU2	DMU3	DMU4	DMU5	DMU6	DMU7	DMU8
C^2GS^2 效率指数								
评估结论								

5. 结合 C^2R 模型的计算结果，对各决策单元的有效性进行综合评价（见表 2－4）。

表 2－4　　相对效率综合评价结果

决策单元	DMU1	DMU2	DMU3	DMU4	DMU5	DMU6	DMU7	DMU8
C^2R 效率指数								
C^2GS^2 效率指数								
评估结论								

四、实验总结

1. 用 C^2R 模型判定的相对有效为综合有效（即技术有效且规模有效）。它适用于不变规模报酬的情形。

2. 用 C^2GS^2 模型判定的相对有效为技术有效。它适用于具有可变规模报酬的情形。

3. 将 C^2R 模型和 C^2GS^2 模型的计算结果综合起来，可对决策单元的技术效率和规模效率进行综合分析和评价。

五、思考题

1. 在数据包络分析中，技术有效的含义是什么？
2. C^2R 模型和 C^2GS^2 模型有何区别？
3. 什么是可变规模报酬？
4. 在例 2.1 中，哪些决策单元具有技术有效性？哪些决策单元是非技术有效的？

实验三：有效程度分析

一、实验目的与要求

1. 理解有效程度分析的重要意义和基本原理；
2. 熟练掌握 AP 模型的建立和求解方法；
3. 理解有效程度指标的含义；
4. 能够根据模型计算结果，对决策单元的有效程度进行分析和评价。

二、实验准备

1. 掌握数据包络分析的基本方法和步骤；

2. 掌握 AP 模型基本数学形式及其特点；

3. 熟练掌握线性规划电子表格模型的建立和求解方法；

4. 启动 Excel，并加载 Solver 软件。

三、实验步骤

1. 建立 AP 模型。

AP 模型在形式上与 C^2R 模型基本相同。由于在分析过程中要不断清除被评价决策单元的约束条件左边原始数据，但同时要保留约束条件右边值的计算公式中的相应数据，因此，需要对模型进行重新设计。最简单的方法是在工作表中的适当位置保存所有决策单元的原始投入—产出数据，并对 C^2R 电子表格模型的相关公式作适当的改动，以便在约束条件右边值的计算公式中引用正确的数据（见图 2－7 和图 2－8）。

模型中的公式包括：

K4：= J4

J6：= SUMPRODUCT（$B$4：$I$4，B6：I6）

J7：= SUMPRODUCT（$B$4：$I$4，B7：I7）

L6：= INDIRECT（L$5&（ROW（）））* J$4

L7：= INDIRECT（L$5&ROW（））

	A	B	C	D	E	F	G	H	I	J	K	L	M
1	AP模型												
2		DMU1	DMU2	DMU3	DMU4	DMU5	DMU6	DMU7	DMU8	效率指数			
3		w1	w2	w3	w4	w5	w6	w7	w8	E			
4		0.000	0.000	0.000	0.000	0.000	0.000	0.000	0.000	0.000	0.000		
5												Q	
6	X	2	1		4	5	6	4	5	0.00	<=	0	
7	Y	2	1		7	8	8	3	4	0.00	>=	6	
8													
9													
10		1）清除左表中待评价DMU的输入/输出数据。											
11		2）调整L5单元格的列编号以引入待评价DMU的相关数据。											
12													

图 2－7　AP 模型

M	N	O	P	Q	R	S	T	U	V	W
		DMU1	DMU2	DMU3	DMU4	DMU5	DMU6	DMU7	DMU8	
		w1	w2	w3	w4	w5	w6	w7	w8	
	X	2	1	3	4	5	6	4	5	
	Y	2	1	6	7	8	8	3	4	
	E=									

图 2-8　保存原始数据的单元格区域

注意：L6 和 L7 中输入的公式是为了配合 L5 单元格所输入的列编号，在清除被评价决策单元的约束条件左边原始数据情况下，分别调用不同的决策单元的投入—产出数据，以计算不同决策单元的效率指数。其中，函数 ROW（）的功能是返回单元格的行编号。

2. 启动 Solver 定义模型。

本模型中的目标单元格为 K4，优化方向为求最小值，可变单元格为 B4 : J4，约束条件为（见图 2-5）：

J6 < = L6；

J7 > = L7。

3. 进行有效程度分析。

（1）清除被评价决策单元约束条件左边值的原始数据，在 L5 单元格中输入被评价决策单元投入—产出原始数据所在的列编号。例如，图 2-7 中，被评价决策单元为 DMU3，因此，D6 : D7 单元格的原始数据已经被清除；而 DMU3 的投入—产出原始数据在第 Q 列相同行的单元格中（见图 2-8），因此，在 L5 单元格中输入"Q"。

（2）求解已定义好的线性规划模型，即可得到一个决策单元的效率指数。

（3）将 L5 单元格中的数据依次改为"O"、"P"、"Q"、…、"V"；并启动 Solver 求解，即可分别计算出 DMU1（决策单元 A）到 DMU8（决策单元 H）的效率指数。

4. 对各决策单元的有效性进行评价。

将 C^2R 模型、C^2GS^2 模型和 AP 模型的计算结果填入表 2-5，并对各决策单元的综合有效性进行评价。

表 2-5　　相对效率综合评价结果

决策单元	DMU1	DMU2	DMU3	DMU4	DMU5	DMU6	DMU7	DMU8
C^2GS^2 效率指数								
C^2R 效率指数								
AP 效率指数								
评估结论								

5. 利用 Excel 的排序工具对各决策单元按照有效程度指数进行排序。

（1）将 C^2R 模型、C^2GS^2 模型和 AP 模型的计算结果输入工作表（见图 2-9），并选中相应的单元格区域，如 A2∶I5；

	A	B	C	D	E	F	G	H	I	J
1				决策单元有效性排序						
2	效率指数	DMU1	DMU2	DMU3	DMU4	DMU5	DMU6	DMU7	DMU8	
3	C^2GS^2									
4	C^2R									
5	AP									
6										

图 2-9　决策单元的效率指数

（2）选择 Excel“数据”菜单下的“排序”命令，在系统弹出的“排序”对话框中（见图 2-10），指定排序的依据（主要关键字、次要关键字、第三关键字）和方向（升序、降序），然后，按下“确定”按钮即可。

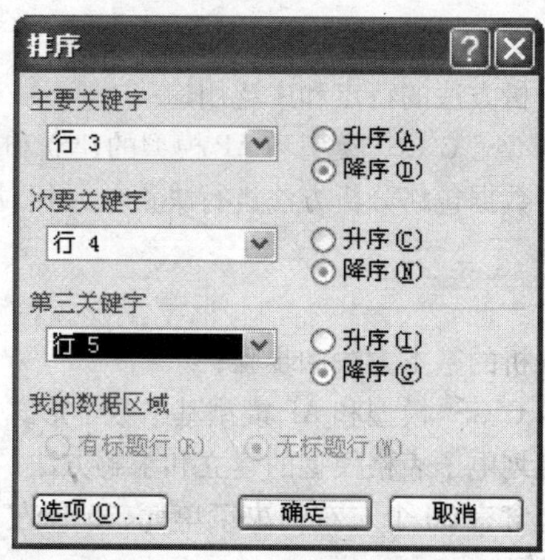

图 2-10　“排序”对话框

注意：本例为按行排序。因此，应在指定排序依据之前，按下“选项”按钮，并选择“按行排序”选项。

四、实验总结

1. 当用 C^2R 模型和 C^2GS^2 模型计算结果不能对相对有效的决策单元的有效程度进行测定和排序时，可利用参照集中不包含被评价决策单元的 EP 模型，来计算有效决策单元的有效程度，并用作对决策单元进行有效程度排序的依据。

2. 利用 Excel 的排序工具，可对各决策单元按照有效程度指数进行排序。

五、思考题

1. 在数据包络分析中，有效程度的含义是什么？

2. 修正后的 C^2R 模型，即 AP 模型有何特点？

3. 如何进行决策单元的有效程度分析？

4. 在例 2.1 中，哪一个决策单元的有效程度最高？哪个决策单元的有效程度最低？其有效程度指数分别是多少？

实验四：数据包络分析方法的应用

一、实验目的与要求

1. 理解数据包络分析方法的特点和广泛用途；

2. 熟练掌握 C^2R 模型、C^2GS^2 模型和 AP 模型的建立和求解方法；

3. 能够熟练地运用数据包络分析方法进行决策单元相对绩效分析和评价。

二、实验准备

1. 掌握数据包络分析的基本方法和步骤；

2. 掌握 C^2R 模型、C^2GS^2 模型和 AP 模型基本数学形式及其特点；

3. 熟练掌握线性规划电子表格模型的建立和求解方法；

4. 自己准备一个包含有 20 个左右的决策单元、5 种左右的投入和 3 种左右产出的数据包络分析案例；

5. 启动 Excel，并加载 Solver 软件。

三、实验步骤

例 2.2：表 2－6 所示为 15 家农业企业相关样本数据。其中，投入指标有 5 项，即土地、资本、劳动、管理、技术等要素投入量；而产出指标有 3 项，即产值、利润、税收等。试对各决策单元进行有效性分析和评价。

1. 建立 C^2R 模型进行综合有效性分析；
2. 建立 C^2GS^2 模型进行技术有效性分析；
3. 建立 AP 模型进行有效程度分析；
4. 对各决策单元的有效性进行评价。

表 2－6　　农业企业样本数据

决策单元	投　入					产　出		
	土地（公顷）	资本（万元）	劳动（万元）	管理（万元）	技术（万元）	产值（万元）	利润（万元）	税收（万元）
DMU01	2000.00	1398.89	14.40	46.50	20.00	930.00	240.54	60.13
DMU02	666.67	1574.69	960.00	110.00	5.00	2200.00	480.41	120.10
DMU03	366.67	747.73	14.40	33.61	68.00	672.13	147.13	36.78
DMU04	133.33	260.73	22.50	21.00	10.00	420.00	50.30	12.58
DMU05	66.67	972.45	200.00	120.00	5.00	2400.00	262.34	65.59
DMU06	333.33	480.34	130.00	31.00	20.00	620.00	87.28	21.82
DMU07	20.80	320.57	31.20	21.84	35.00	436.80	57.98	14.49
DMU08	666.67	503.98	357.50	55.00	6.00	1099.00	135.06	33.76
DMU09	733.33	350.00	9.60	16.40	23.00	328.00	56.90	14.22
DMU10	100.00	173.94	60.00	11.07	5.00	369.00	45.32	11.33
DMU11	666.67	700.00	15.00	50.00	87.00	1000.00	290.20	95.77
DMU12	100.00	374.60	36.48	183.30	66.40	3666.00	82.18	20.55
DMU13	13.33	211.96	20.52	14.80	24.95	296.00	43.76	10.94
DMU14	113.33	315.67	15.00	35.00	64.00	700.00	62.12	15.53
DMU15	266.67	1532.94	43.50	120.00	8.80	2400.00	327.07	81.77

5. 对自己准备的案例建立 C^2R 模型、C^2GS^2 模型和 AP 模型进行有效性分析，并对各决策单元的有效性进行评价（见表 2－7）。

将以上 3 个模型计算的结果，填入表 2－7 之中，并输入 Excel 工作表，然后，利用 Excel 的排序工具，按各决策单元的有效程度进行排序。

表 2-7　　决策单元有效性评价结果

决策单元	效率指数			有效性
	C^2GS^2 模型	C^2R 模型	AP 模型	
DMU01				
DMU02				
DMU03				
DMU04				
DMU05				
DMU06				
DMU07				
DMU08				
DMU09				
DMU10				
DMU11				
DMU12				
DMU13				
DMU14				
DMU15				

四、实验总结

1. 数据包络分析（DEA）模型可广泛地用于对决策单元进行相对效率评价。

2. 当决策单元数量较多时，用 Excel 软件的 Solver 工具进行数据包络分析有所不便。如果要对为数众多的决策单元进行有效性分析和评价，可使用专用的数据包络分析软件。

五、思考题

1. 在例 2.2 中，哪些决策单元具有综合有效性？哪些决策单元不具有综合有效性？

2. 在例 2.2 中，哪些决策单元具有技术有效性？哪些决策单元不具有技术有效性？

3. 在例 2.2 中，哪一个决策单元的有效程度最高？哪一个决策单元的有效程度最低？其有效程度指数分别是多少？

综合思考题

1. 数据包络分析的基本原理是什么？

2. 综合有效性、技术有效性、规模有效性和有效程度的含义是怎样的？

3. C^2R 模型、C^2GS^2 模型和 AP 模型在数学形式上有何不同？它们在用途上有何区别？

4. 用 Excel 软件的 Solver 工具进行数据包络分析有何不便？如何解决？

5. 根据对自己准备的有关数据包络分析问题的实验和研究情况，撰写一份综合实验报告或管理科学研究报告。

第三
实验单元

整数规划

- 实验一：整数规划模型及其求解
- 实验二："舍入"处理问题
- 实验三：0—1 规划模型
- 实验四：辅助 0—1 变量

实 验 目 的

1. 理解整数规划原理、求解技术及其应用；
2. 理解采用“四舍五入”方法处理整数规划问题的合理性和容易导致的问题；
3. 理解 0—1 规划原理、求解技术及其应用；
4. 理解辅助 0—1 变量的作用，并掌握相关问题的建模技巧。

知 识 要 点

一、整数规划的基本概念

1. 线性规划的可分性假设。

线性规划具有成熟的数学原理和求解方法，其应用领域非常广泛，它不仅可以帮助决策者寻求诸多复杂决策问题的最优解，还可以为决策者提供大量有价值的信息。当然，线性规划包含若干重要假设，只是数学规划中的一种特殊类型。

线性规划的可分性假设（Divisibility Assumption）是指线性规划模型的决策变量，在满足约束条件的前提下，可以是包括分数在内的所有实数，即决策变量或活动水平可以是非整数。但在现实生活中，许多现实管理问题的决策变量必须为整数。在这种情况下，决策变量不再具有无限可分性，而只能取整数值。

2. 整数规划及其分类。

整数规划（Integer Programming，IP）是指决策变量取值为整数的数学规划。线性整数规划模型与一般线性规划模型的唯一区别在于它具有全部或部分决策变量为整数的约束条件。整数规划模型的可行解不是连续的，而是离散的。由于离散问题比连续问题在数学上处理起来更加困难，因此，整数规划问题的求解要比一般线性规划问题的求解更加困难。目前常用于求解整数规划模型的数学方法有分支定界法（Branch and Bound Technique）和割平面法（Cutting-Plane Method）。

根据模型中决策变量的取值要求的不同，可将整数规划分为纯整数规划、混合整数规划和0—1 整数规划等3 种类型：

(1) 纯整数规划（Pure Integer Programming）是指模型中所有决策变量都必须取整数的数学规划。

(2) 混合整数规划（Mixed Integer Programming）是指模型中只要求一部分决策变量取整数，而另一部分决策变量可以取非整数的数学规划。

(3) 0—1 整数规划（Binary Integer Programming，简称 BIP）是整数规划的一种特殊形式，是指用于描述和解决是非决策问题，且所有决策变量都必须取值为0 或1 的数学规划。0—1 整数规划模型中的决策变量称为0—1 变量，它通常用来表示一种是非决策或逻辑状态。如果模型中只要求一部分决策变量取值为0 或1，则称为0—1 混合整数规划。

二、“舍入”处理的合理性及应注意的问题

1. “舍入”处理的合理性。

线性整数规划问题可以看成是在线性规划模型中添加了决策变量“取整”约束的问题。在日常生活中，人们在面临“取整”问题时，通常采用“四舍五入”的方法来处理。在求解整数规划问题时，如果将整数规划模型视为一般线性规划模型，并先用线性规划求解技术求得线性规划模型的最优解，然后再用“四舍五入”的方法，即可获得整数规划模型的“最优解”。这就是整数规划问题的“舍入”处理方法。这种方法在许多情况下是合理的，也是可行的，有时甚至更实用。对决策者而言，“最优解”并不等于“最佳决策”，而且所谓“最优解”并不是绝对的。这是因为：

(1) 模型只是现实系统的简化和抽象，有许多因素在模型中并没有考虑进来；

(2) 模型中的各项数据（包括约束系数矩阵 A、右边值向量 B、目标函数系数向量 C）都只是一些估计值，并不是绝对精确的，而据此所得到的“最优解”也只能是相对的；

(3) 对于决策者来说，模型的求解结果在很多情况下只是决策的参考，决策变量最优值在决策者的心目中是有一定弹性的；

(4) 求解线性规划模型所获得的敏感性分析报告具有重要的决策价值，但求解整数规划模型不能获得敏感性分析报告。

2. “舍入”处理应注意的问题。

在线性规划最优解的基础上，通过“四舍五入”来获得整数规划问题的最优

解的方法，绝对不能滥用。因为这样做可能引起以下问题：

（1）经过舍入处理所得的“最优解”可能不是真正的最优解；

（2）经过舍入处理所得的“最优解”可能是不可行解（见图3－1）。

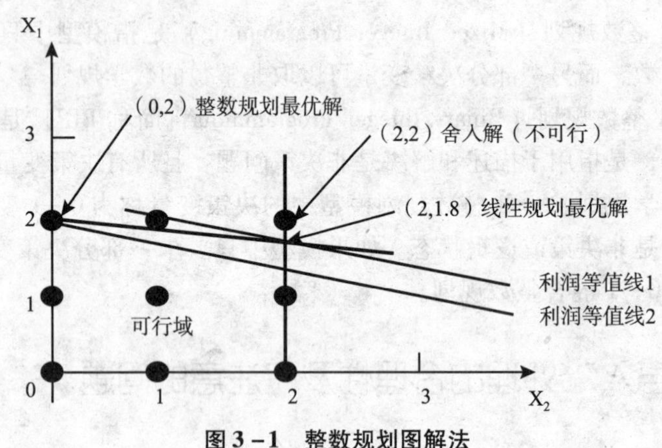

图3－1　整数规划图解法

三、用 Solver 求解整数规划模型的基本步骤

Excel 的 Solver 软件具备整数规划模型的求解功能。运用 Solver 建立和求解整数规划模型的基本步骤与一般线性规划模型的建模和求解方法基本相同，唯一的差别是要指定模型中的整数决策变量。

1. 输入数据并建立模型数据间的联系。

输入模型相关数据，输入目标函数和约束条件左边值的计算公式。

2. 定义模型。

与定义一般线性规划模型一样，在启动 Excel 的“规划求解”工具（Solver）之后，设定目标单元格、设定模型类型（即求最大值、最小值或等于特定值）、指定可变单元格、定义约束条件。

3. 指定整数决策变量。

在按一般线性规划模型进行定义后，对于整数规划模型还要指定哪些变量是整数变量。此时，可在“添加约束”对话框的“单元格引用”栏中输入整数变量的单元格地址，在约束类型中选择“int”（整数）选项。这样，就指定了整数决策变量。

注意：如果是0—1规划模型，应指定0—1变量，即在“添加约束”对话框的约束类型中选择“bin”选项，而不是“int”选项。

4. 设定模型选项并求解。

对于线性整数规划模型，先按下“选项”按钮。此时，系统显示“规划求解选项”对话框。选中“采用线性模型”和“假设非负”选项，在所有选项设定后，按下“确定”按钮，系统返回到“规划求解”对话框。此时，单击“求解”按钮，即可对定义好的问题进行求解（见图3－4和图3－5）。

5. 敏感性分析。

敏感性分析在决策过程中至关重要。由于求解整数规划模型不能获得敏感性报告，只能通过改变模型中目标函数系数和右边值，用试验的方法对整数规划问题进行敏感性分析。

四、0—1整数规划

1. 是非决策。

是非决策（Yes-or-No Decision）是指对问题的回答为“是”或“非”的决策。

2. 0—1变量。

0—1变量（Binary Variable）是指取值为0或1的决策变量。在0—1整数规划模型中，通常用来表示一种是非决策或逻辑状态。对于“是否要选择某一备选方案”的是非决策，如果备选项目为m个，则可用m个0—1变量来描述，即：

$$P_i = \begin{cases} 1, & 是 \\ 0, & 否 \end{cases}$$

$$i = 1, 2, \cdots, m$$

3. 0—1整数规划。

0—1整数规划（Binary Integer Programming，简称BIP）是整数规划的一种特殊形式，是指用于描述和解决是非决策问题，且所有决策变量都必须取值为0或1的数学规划。如果模型中只要求一部分决策变量取值为0或1，则称为0—1混合整数规划。

4. 是非决策间的相互关系。

许多是非决策不是相互独立的，而是存在着某种逻辑关系。其中，常见的关系有互斥选择和相依决策。

（1）互斥选择。互斥选择（Mutually Exclusive Alternatives）是指决策者最多只能选择其中之一的一组备选方案（或是非决策）。

包含有n个0—1变量的互斥选择，可以用如下约束条件来描述：

$$X_1 + X_2 + \cdots + X_n \leqslant 1$$

这一约束条件表示要么所有的变量均为0，或者仅有其中的某一个变量为1。

（2）相依决策。如果一个是非决策只能在另一个是非决策为“是”的情况下才能为“是”，这一决策就称为相依决策（Contingent Decision）。

相依决策可以用如下约束条件来描述：

$$X_i \leqslant X_j$$

其中，$i \neq j$。是非决策 X_i 依赖于 X_j，即只有在 X_j 为1的情况下，X_i 才能为1；否则，X_i 只能为0。

五、辅助0—1变量

辅助0—1变量（Auxiliary Binary Variables）是为将一些特殊问题转变成为标准数学规划问题，以便建立模型并求解而引进的一种带有工具性质的特殊0—1变量。这些特殊问题主要有固定费用问题、起始规模问题和非此即彼约束条件问题。

1. 固定费用问题。

在一个决策问题中，如果单位活动对目标函数的贡献为一个常量（即决策变量的目标函数系数），但若要开展该项活动（即相应决策变量取得非零值），则必然会发生一定数额且与活动水平（即决策变量取值大小）无关的固定费用，这就是所谓“固定费用问题”（Fixed-Charge Problem）。

例如，在一个生产决策问题中，假设其中的一个决策变量为X，它表示某种产品的生产数量。如果目标函数为利润，单位活动的利润贡献为50元，但要开展该项活动，则必须事先支出一笔固定费用1000元。此时，目标函数为一非线性函数，即：

$$\text{利润} = \begin{cases} 50X - 1000, & \text{如果 } X > 0 \\ 0, & \text{如果 } X = 0 \end{cases}$$

在建立模型的过程中，必须将这一非线性目标函数线性化。为此，可按以下步骤来解决这一问题：

（1）引进0—1变量Y。此时，目标函数可表示为：

$$\text{Max } 50X - 1000Y$$

（2）添加约束条件。即除决策问题本身所应具有的约束条件以外，在模型中另外添加以下2个约束条件：

$$\begin{cases} Y \leqslant 1 \\ X \leqslant MY \end{cases}$$

其中，M 为一个很大的数值。由于在模型中，M 必须为具体数值，因此可以根据相关决策变量的最大可能值来确定，一般可取比决策变量最大可能取值大一个数量级的数值。例如，如果 X 的最大可能取值为 100，则 M 可取 999。

以上处理并未改变原决策问题本身，而只是对固定费用问题进行了符合线性规划模型要求的数学描述性处理。这是因为：

①当 $Y=0$ 时，第二个约束条件将迫使 $X=0$，此时，目标函数值也正好为 0；

②当 $Y=1$ 时，由于 M 为一个很大的数值，因此第二个约束条件将实际不起任何约束作用，因而不会限制决策变量 X 的取值大小。同时，X 的值每增加一个单位，就会使得目标函数值增加 50 元，而且由于 $Y=1$，因此，1000 元的固定费用也会从目标函数值中减去。

经过上述处理，原决策问题就转化成为一个线性 0—1 规划问题，从而可以方便地建立并求解模型。

2. 起始规模问题。

在一个决策问题中，如果一项活动要开展，则活动的水平必须达到某一特定的最低水平（即决策变量要么为 0，要么大于或等于某一特定值），这就是所谓“起始规模问题”（Batch Size Problem）。

例如，在一个确定订货数量的决策问题中，假设决策变量 X 为向供应商购买某种产品的数量。如果供应商提出最小供货批量的要求，即要求购买者要么不购买，要么至少购买 500 单位。这就是一个起始规模问题。

为了描述这一问题，可以引进 0—1 变量 Y，且在模型中添加以下 2 个约束条件：

$$\begin{cases} X \leqslant MY \\ X \geqslant 500Y \end{cases}$$

其中，M 为一个很大的数值。显然，

（1）当 $Y=0$ 时，第一个约束条件将迫使 $X=0$，表示购买数量为 0；

（2）当 $Y=1$ 时，第二个约束条件将迫使 X 取得大于或等于 500 的值。同时，由于 M 为一个很大的数值，因此第一个约束条件将实际不起任何约束作用，因而不会限制决策变量 X 的取值大小。这就很好地描述了起始规模问题。

3. 非此即彼约束条件。

在一般线性规划模型中，所有约束条件必须同时得到满足。但现实情况是十分复杂的，因此也有许多例外的情形。在一个决策问题中，如果两个约束条件中有且仅有一个约束条件起作用，这两个约束条件就是所谓“非此即彼约束条件”（Either-or Constraints），也称为“二选一约束条件”。

例如，在一个生产决策问题中，假设决策变量为 X_1 和 X_2，分别表示两种产品的生产数量，模型的约束条件之一是加工设备可用时间。现进一步假定管理层决定只选择所属两家工厂中的一家来生产（另一家工厂的设备用来生产其他产品），由于两家工厂的生产设备条件和技术水平不同，因而关于生产设备约束的约束条件也各不相同。现假设为：

$$\begin{cases} 5X_1 + 2X_2 \leqslant 10 & \text{（工厂 1 的设备约束条件）} \\ 3X_1 + 3X_2 \leqslant 24 & \text{（工厂 2 的设备约束条件）} \end{cases}$$

由于管理层决定只将 X_1 和 X_2 这两种产品交给两家工厂中的一家来生产，因此以上两个约束条件中，有且仅有一个约束条件将实际起约束作用。这就是一对非此即彼的约束条件。

为了在模型中正确描述这一问题，可引进 0—1 变量 Y，并将原约束条件改写为：

$$\begin{cases} 5X_1 + 2X_2 \leqslant 10 + MY \\ 3X_1 + 3X_2 \leqslant 24 + M(1 - Y) \end{cases}$$

其中，M 为一个很大的数值。在以上两个约束条件中，0—1 变量 Y 实际上起到了切换约束条件的作用。这是因为：

（1）当 Y = 0 时，第一个约束条件还原为原始约束条件，在模型中正常起约束作用；而第二个约束条件因为其右边值为一个很大的数值，因而实际上并不起任何约束作用。这意味着应将 X_1 和 X_2 这两种产品交由工厂 1 来加工。

（2）当 Y = 1 时，第二个约束条件还原为原始约束条件，在模型中正常起约束作用；而第一个约束条件因为其右边值为一个很大的数值，因而实际上并不起任何约束作用。这意味着应将 X_1 和 X_2 这两种产品交由工厂 2 来加工。

实验一：整数规划模型及其求解

一、实验目的与要求

1. 理解整数规划原理及其应用；
2. 熟练掌握使用 Excel 软件的 Solver 工具求解整数规划模型的操作技术；
3. 理解整数规划的局限性；
4. 掌握通过试验对整数规划问题进行敏感性分析的方法。

二、实验准备

1. 理解整数规划原理及建模和求解技术。

2. 熟练掌握使用 Excel 软件的 Solver 工具求解整数规划模型的操作技术。

运用 Solver 建立和求解整数规划模型的基本步骤与一般线性规划模型的建模和求解方法基本相同，唯一的差别是要指定模型中的整数决策变量。

（1）输入数据并建立模型数据间的联系。输入模型相关数据，输入目标函数和约束条件左边值的计算公式。

（2）定义模型。与定义一般线性规划模型一样，在启动 Excel 的“规划求解”工具（Solver）之后，设定目标单元格、设定模型类型（即求最大值、最小值或等于特定值）、指定可变单元格、定义约束条件。

（3）指定整数决策变量。在按一般线性规划模型进行定义后，对于整数规划模型还要指定哪些变量是整数变量。此时，可在“添加约束”对话框的“单元格引用”栏中输入整数变量的单元格地址，在约束类型中选择“int”（整数）选项。这样，就指定了整数决策变量（见图 3－2、图 3－3 和图 3－4）。

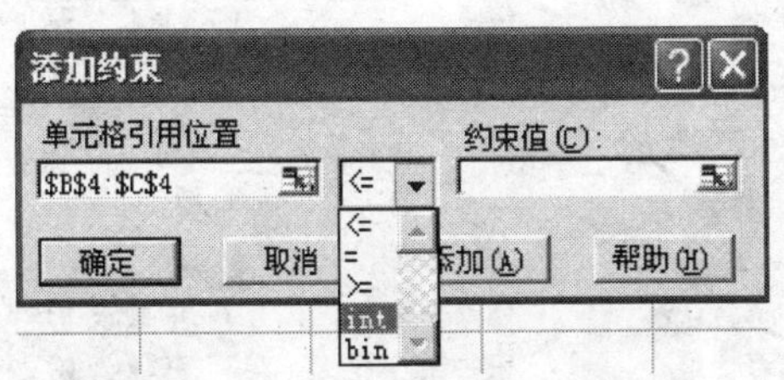

图 3－2　添加约束对话框

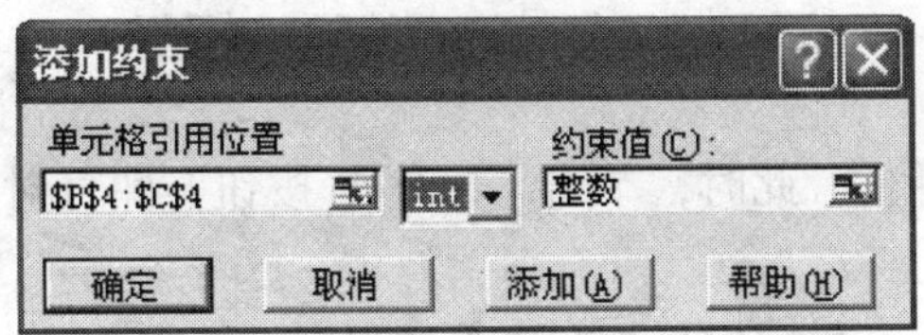

图 3－3　添加约束对话框

注意：如果是 0—1 规划模型，应指定 0—1 变量，即在“添加约束”对话框的约束类型中选择“bin”选项，而不是“int”选项。

（4）设定模型选项并求解。对于线性整数规划模型，先按下“选项”按钮。此时，系统显示“规划求解选项”对话框（见图 3－5）。选中“采用线性模型”和“假设非负”选项，在所有选项设定后，按下“确定”按钮，系统返回

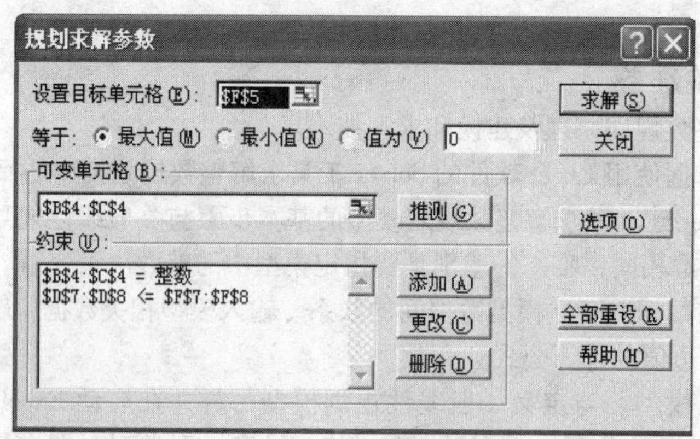

图 3-4　规划求解参数对话框

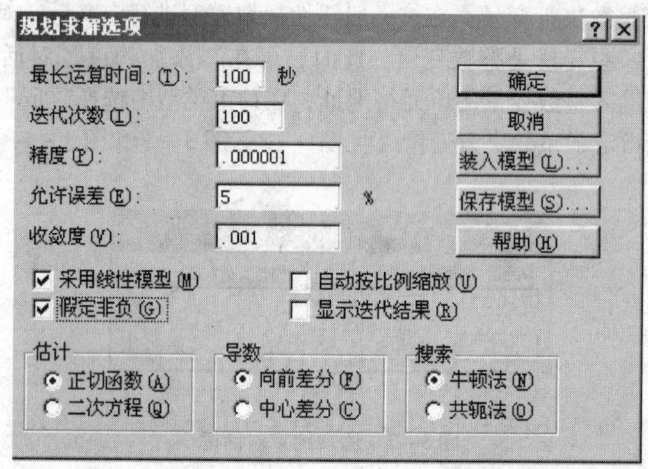

图 3-5　“规划求解选项”对话框

到“规划求解”对话框。此时，单击“求解”按钮，即可对定义好的问题进行求解。

（5）敏感性分析。敏感性分析在决策过程中至关重要。由于求解整数规划模型不能获得敏感性报告（见图 3-6），只能通过改变模型中目标函数系数和右边值，用试验的方法对整数规划问题进行敏感性分析。

3. 准备一个整数规划问题，收集相关数据，建议写出数学模型，并设计出电子表格模型。

4. 启动 Excel，并加载 Solver 软件。

图 3－6 Solver 求解整数规划后的输出报告提示信息

三、实验步骤

1. 输入数据并建立模型数据间的联系。

例 3.1：某航空公司为拓展业务，拟购买一批新飞机。公司可用于购买飞机的资金预算总额为 1 亿元，可供选择的飞机有大型飞机和小型飞机 2 种，相关数据如表 3－1 所示。此外，有关研究表明，由于短途航线未来发展空间有限，公司管理层决定购买小型飞机的数量不超过 2 架。问该航空公司应购买多少架大型飞机和多少架小型飞机，以获得最大利润？

表 3－1　　航空公司购买飞机决策问题相关数据

	小型飞机	大型飞机
单位利润（万元）	100	500
购买价格（万元）	500	5000

根据相关条件和数据，定义：

X_1 = 购买小型飞机数量；

X_2 = 购买大型飞机数量。

由于公司所追求的目标为利润最大化，而约束条件包括可用资金约束、管理层对小型飞机购买数量的限制、非负约束和整数约束，因此，可建立该航空公司购买飞机决策问题的整数规划模型如下：

$$\text{Max}\quad 100X_1 + 500X_2$$

S. T.

$$\begin{cases} 500X_1 + 5000X_2 \leqslant 10000 \\ X_1 \leqslant 2 \\ X_1,\ X_2 \geqslant 0 \\ X_1,\ X_2 \text{ 为整数} \end{cases}$$

本例电子表格模型可设计为如图 3－7 的形式：

	A	B	C	D	E	F	G
1	整数规划模型						
2		X_1	X_2				
3		购小型飞机	购大型飞机				
4		0	0			利润	
5		100	500			0	
6							
7	资金预算约束	500	5000	0	<=	10000	
8	小型飞机数量	1		0	<=	2	
9							
10	F5：	=SUMPRODUCT(B5:C5,$B$4:$C$4)					
11	D7：	=SUMPRODUCT(B7:C7, $B$4:$C$4)					
12	D8：	=SUMPRODUCT(B8:C8, $B$4:$C$4)					

图 3－7　购买飞机整数决策模型

2. 定义模型。

启动 Excel 的“规划求解”工具，设定目标单元格、设定模型类型（即求最大值、最小值或等于特定值）、指定可变单元格、定义约束条件。

3. 指定整数决策变量。

在“添加约束”对话框的“单元格引用”栏中输入整数变量的单元格地址，在约束类型中选择“int”（整数）选项。这样，就指定了整数决策变量（见图 3－2、图 3－3 和图 3－4）。

4. 设定模型选项并求解。

对于线性整数规划模型，先按下“选项”按钮。此时，系统显示“规划求解选项”对话框（见图 3－5）。选中“采用线性模型”和“假设非负”选项，在所有选项设定后，按下“确定”按钮，系统返回到“规划求解”对话框。此时，单击“求解”按钮，即可对定义好的问题进行求解。

5. 选择输出结果。

在“规划求解结果”对话框的“报告”列表框中（见图 3－8），选中全部 3 个选项，然后按下“确定”按钮。此时，请注意观察系统提示（见图 3－6）！

6. 改变模型中目标函数和右边值，用试验的方法进行敏感性分析。

7. 对自己准备的整数规划问题，建立模型并求解。

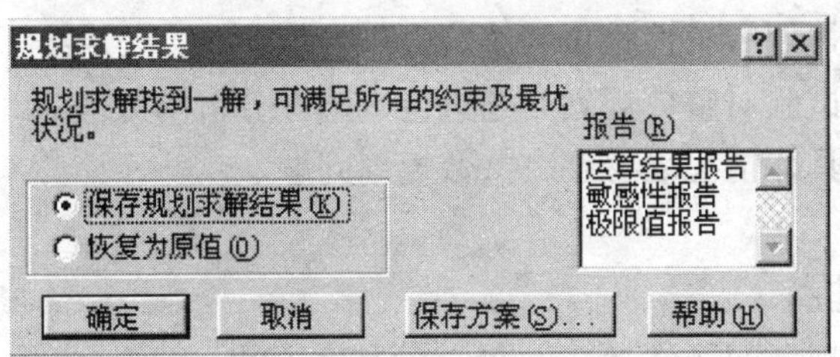

图 3-8　整数规划模型求解结果对话框

四、实验总结

1. 在线性规划可分性假设条件不能满足时，可用整数规划来解决相关决策问题。

2. 整数规划是指决策变量取值为整数的数学规划，包括纯整数规划、混合整数规划和0—1 整数规划等3 种类型。

3. Excel 软件的 Solver 工具可用于定义和求解整数规划模型，即在按一般线性规划模型进行定义后，对于整数规划模型需要指定哪些变量是整数变量。此时，可在“添加约束”对话框的“单元格引用”栏中输入整数变量的单元格地址，并在约束类型中选择“int”（整数）选项。这样，就指定了整数决策变量。

4. 整数规划模型求解后不能获得敏感性报告，但可以通过改变模型中目标函数系数和右边值，用试验的方法对整数规划问题进行敏感性分析。

五、思考题

1. 什么是线性规划的可分性假设？
2. 举例说明哪些决策问题属于整数规划问题？
3. 用 Excel 软件的 Solver 工具求解整数规划模型有哪几个基本步骤？
4. 例 3.1 的最优解是怎样的？其决策含义是什么？
5. 对于整数规划问题如何进行敏感性分析？

实验二：“舍入”处理问题

一、实验目的与要求

1. 理解整数规划问题“舍入”处理的合理性及可能带来的问题；
2. 理解将线性整数规划问题作为一般线性规划问题处理的合理性和重要性；

3. 理解线性规划敏感性报告的决策分析价值；

4. 掌握通过试验对整数规划问题进行敏感性分析的方法；

5. 能够根据具体情况妥善解决整数规划问题。

二、实验准备

1. 掌握整数规划问题“舍入”处理的基本方法；

2. 熟练掌握使用 Excel 软件的 Solver 工具求解整数规划模型的操作技术；

3. 准备一个整数规划问题，收集相关数据，建议写出数学模型，并设计出电子表格模型；

4. 启动 Excel，并加载 Solver 软件。

三、实验步骤

1. 体会整数规划问题“舍入”处理的合理性。

例 3.2：某农户拥有 100 亩土地，可用于种植玉米和大麦，也可用于饲养肉牛。有关两种作物的相关资料如表 3－2 所示：

表 3－2　　作物相关资料

项　　目	玉米	大麦
流动资金（元/亩）	100	120
劳动需求（小时/亩）	10	8
产量（千克/亩）	120	100
销售价格（元/千克）	4.25	5.25
购买价格（元/千克）	4.5	—

该农户可将土地按任一比例种植玉米和大麦两种作物，也可以用于饲养牛犊一年后作为肉牛出售。每头牛犊的购买价格为 150 元，饲养一年后的肉牛价格为每头 800 元。饲养每头牛需要 20 小时的劳动、0.5 亩土地和 80 千克玉米。饲养肉牛的玉米可以由农户自己生产，也可以从市场上购买。

农户可以雇用熟练工人或非熟练工人，雇用熟练工人和非熟练工人的价格分别为每小时 10 元和 6 元，每小时的熟练劳动和非熟练劳动分别需要 0.05 小时和 0.15 小时的督导时间。农户可用于督导的总时间为 2000 小时。

根据以上资料，可建立如表 3－3 所示的农户决策模型。

表 3-3　　农户决策模型

决策变量	X_1	X_2	X_3	X_4	X_5	X_6	X_7	
定义	种植玉米（亩）	出售玉米（亩）	种植大麦（亩）	饲养肉牛（头）	雇用非熟练工（小时）	雇用熟练工（小时）	购买玉米（千克）	
目标函数系数（元）	-100	410	405	650	-6	-10	-4.5	
约束条件								约束值
土地面积（亩）	1		1	0.5				< =1000
生产资金（元）	100		120	150	6	10	4.5	< =200000
督导时间（小时）					0.15	0.05		< =2000
生产劳动（小时）	10		8	20	-1	-1		< =0
玉米平衡（千克）	-120	120		80			-1	< =0

①先将模型作为一般线性规划模型，建立电子表格线性规划模型并求解（注意：在“规划求解结果”对话框的“报告”列表框中，选中“敏感性报告”）；

②将此模型作为整数规划模型，指定 X_4 为整数变量并求解；

③比较用两种不同方法求解所得结果，并得出结论。

2. 体会整数规划问题“舍入”处理可能带来的问题。

（1）“最优解”并非最优。

例 3.3：对于模型

$$\text{Max}\quad 4X_1+5X_2$$

$$\text{S. T.}$$

$$\begin{cases}2X_1+3X_2\leqslant 3\\X_1\leqslant 1\\X_1,\ X_2\geqslant 0\\X_1,\ X_2\text{ 为整数}\end{cases}$$

①先将模型作为一般线性规划模型，建立电子表格线性规划模型并求解；

②对所求得的最优解 X_1 和 X_2 的值进行“舍入”处理后，输入到相应的可变单元格中，记录下目标函数值，并观察经过“舍入”处理后的整数解是否可行；

③将此模型作为整数规划模型，指定 X_1 和 X_2 为整数变量并求解；

④比较用两种不同方法求解所得结果，并得出结论。

（2）“最优解”不可行。

例 3.4：对于模型

$$\text{Max}\quad 4X_1+5X_2$$

$$\text{S. T.}$$

$$\begin{cases}2X_1+3X_2\leqslant 3\\100X_1\leqslant 95\\X_1,\ X_2\geqslant 0\\X_1,\ X_2\text{ 为整数}\end{cases}$$

①先将模型作为一般线性规划模型，建立电子表格线性规划模型并求解；

②对所求得的最优解 X_1 和 X_2 的值进行“舍入”处理后，输入到相应的可变单元格中，记录下目标函数值，并观察经过“舍入”处理后的整数解是否可行；

③将此模型作为整数规划模型，指定 X_1 和 X_2 为整数变量并求解；

④比较用两种不同方法求解所得结果，并得出结论。

3. 正确处理自己准备的整数规划问题。

对自己准备的整数规划问题，分别运用“舍入”处理方法和整数规划模型求解方法进行求解，分析两种方法所得结果的异同，结合自己的决策偏好，作出自己的决策，并对两种不同的处理方法进行评述。

四、实验总结

1. 对于整数规划问题，将其作为一般线性规划问题建模和求解，然后，进行“舍入”处理，以获得整数规划问题的最优解，是一种比较实用的整数规划决策问题的处理方法。其中，线性规划的敏感性报告具有重要的决策参考价值。

2. 在对整数规划问题进行“舍入”处理时，应注意经过舍入处理所得的“最优解”可能不是真正的最优解和经过舍入处理所得的“最优解”可能是不可行解的问题。

3. Excel 软件的 Solver 工具可用于求解整数规划模型。

五、思考题

1. 例 3.2 作为一般线性规划问题的最优解是什么？作为整数规划问题的最优解是什么？两者之间有何差别？说明什么问题？

2. 例 3.3 作为一般线性规划问题的最优解是什么？作为整数规划问题的最优解是什么？两者之间有何差别？说明什么问题？

3. 例 3.4 作为一般线性规划问题的最优解是什么？作为整数规划问题的最优解是什么？两者之间有何差别？说明什么问题？

4. 对于整数规划问题，若先作为普通线性规划问题来求解，然后对所得到的最优解进行“四舍五入”，并将结果作为整数规划问题的最优解。这样做可能会引起哪些问题？在哪些情况下，这样做是合理的？

5. 整数规划有哪些类型？整数规划的局限性何在？

6. 对于整数规划问题如何进行敏感性分析？

7. 将例 3.2 作为一般线性规划模型求解所获得的“敏感性报告”提供了哪些重要的决策信息？

实验三：0—1 规划模型

一、实验目的与要求

1. 理解是非决策的概念和 0—1 整数规划原理、求解技术及其应用；

2. 掌握用 Excel 软件的 Solver 工具求解 0—1 规划模型的操作技术；

3. 理解是非决策间的相互关系，并能够正确地用约束条件进行描述。

二、实验准备

1. 理解 0—1 整数规划原理及建模和求解技术；

2. 熟练掌握使用 Excel 软件的 Solver 工具求解 0—1 整数规划模型的操作技术；

3. 准备一个 0—1 整数规划问题，收集相关数据，建议写出数学模型，并设计出电子表格模型；

4. 启动 Excel，并加载 Solver 软件。

三、实验步骤

1. 建立并求解是非决策模型。

例 3.5：某航空公司的基地在成都，当天共有 3 个机组必须执行 11 个航班的飞行任务。11 个航班的信息如图 3－9 所示，图中每一条连线代表一个航班，箭尾为出发地，箭头为目的地。在每一条连线上，至少应该有一个机组飞过，以执行相应航班。3 个机组可行的飞行线路共有 12 条，且每条飞行线路的成本各不相同（见表 3－4）。机组完成执行航班的任务后必须返回基地。如何科学地确定 3 个机组的飞行线路，从而以最低的成本完成 11 个航班的执行任务？

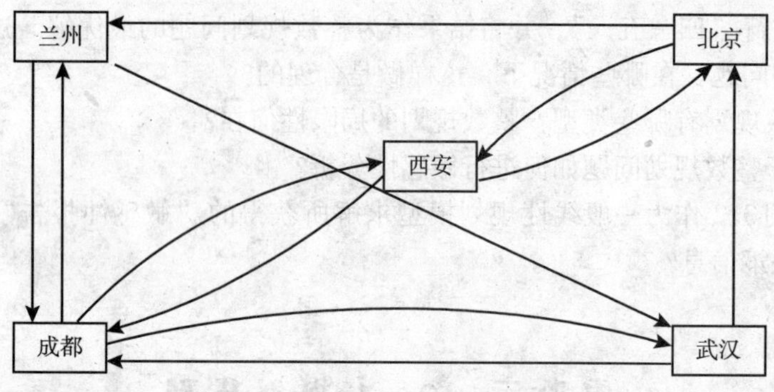

图 3－9　航空公司航班示意

（1）定义决策变量。由于有 12 条可能的飞行线路，因此可定义 12 个 0—1 变量来表示 12 项是非决策：

$$X_i = \begin{cases} 1，某机组按第\ i\ 条可能的飞行线路飞行 \\ 0，某机组不按第\ i\ 条可能的飞行线路飞行 \end{cases}$$

$i = 1，2，\cdots，12$

（2）确定约束条件。本问题的约束条件有两个：一是 11 个航班必须执行；二是机组数量只有 3 个。

（3）定义目标函数。根据表 3－4 提供的数据，定义目标函数。目标是成本最小化。

表 3－4　　航空公司排班数据

必须执行的航班	可行的飞行线路序号											
	1	2	3	4	5	6	7	8	9	10	11	12
1. 成都—武汉	1			1			1			1		
2. 成都—西安		1			1			1			1	
3. 成都—兰州			1			1			1			1
4. 武汉—北京				2			2		3	2		3
5. 武汉—成都	2					3				5	5	
6. 北京—西安				3	3				4			
7. 北京—兰州							3	3		3	3	4
8. 西安—成都		2		4	4				5			
9. 西安—北京					2			2			2	
10. 兰州—成都			2				4	4				5
11. 兰州—武汉						2			2	4	4	2
成本（万元）	2	3	4	6	7	5	7	8	9	9	8	9

在此基础上，写出该决策问题的0—1规划数学模型。

（4）建立电子表格模型并求解（见图3－10）。

注意：本问题为0—1规划问题，应指定0—1变量，即在“添加约束”对话框的约束类型中选择“bin”（二进制）选项，而不是“int”（整数）选项。

	A	B	C	D	E	F	G	H	I	J	K	L	M	N	O	P	Q
1	**航空公司决策问题**																
2																	
3	决策变量	X_1	X_2	X_3	X_4	X_5	X_6	X_7	X_8	X_9	X_{10}	X_{11}	X_{12}				
4	可变单元格															总成本	
5	成本（万元）	2	3	4	6	7	5	7	8	9	9	8	9			0	
6	1. 成都－武汉	1			1			1			1			0	>=	1	
7	2. 成都－西安		1			1			1			1		0	>=	1	
8	3. 成都－兰州			1			1			1			1	0	>=	1	
9	4. 武汉－北京				1			1		1	1		1	0	>=	1	
10	5. 武汉－成都	1					1				1	1		0	>=	1	
11	6. 北京－西安				1	1				1				0	>=	1	
12	7. 北京－兰州							1	1		1	1	1	0	>=	1	
13	8. 西安－成都		1		1	1				1				0	>=	1	
14	9. 西安－北京					1			1			1		0	>=	1	
15	10. 兰州－成都			1				1	1				1	0	>=	1	
16	11. 兰州－武汉						1			1	1	1	1	0	>=	1	
17	机组数量	1	1	1	1	1	1	1	1	1	1	1	1	0	=	3	
18																	

图3－10　0—1规划模型

2. 建立并求解决策间具有相互关系的是非决策模型。

例3.6：某公司为拓展市场拟实施一项在A、B两城市建设工厂和仓库的计划。具体来说，公司所面临的决策问题是：

①是在A城市还是在B城市，或者同时在两个城市建工厂？

②除了建工厂之外，公司正考虑要建新仓库，但新建仓库必须在新建工厂所在的城市，且至多只建立1个新仓库。也就是说，除了建设工厂的决策之外，公司面临的另一项决策是，是否要建新仓库？如果要建，到底是建在A城市还是建在B城市？

公司用于该项发展计划的资金预算总额为10万元，在两个城市建工厂和建仓库所需资金及净现值回报如表3－5所示。问公司应采取何种最佳决策才能获取最高净现值回报？

（1）定义0—1决策变量。

（2）建立目标函数。

表 3-5　　　　公司决策问题基础数据

项　目	净现值回报（万元）	所需资金（万元）
在 A 城市建工厂	8	6
在 B 城市建工厂	5	3
在 A 城市建仓库	6	5
在 B 城市建仓库	4	2

（3）确定约束条件，其中包括：

①资金预算约束。资金预算总额为 10 万元。

②互斥选择约束。至多只能建 1 个新仓库。

③相依决策约束。新建仓库的地点限制在新建工厂的城市，即如果要在某一城市新建仓库，其前提条件是该城市必须新建工厂。

（4）建立公司发展计划的 0—1 规划数学模型。

（5）建立公司发展计划的 0—1 规划电子表格模型（见图 3-11），并求解。

	A	B	C	D	E	F	G	H
1	决策间相互关系	P_a	P_b	S_a	S_b			
2	决策变量定义	A城建工厂	B城建工厂	A城建仓库	B城建仓库			
3	可变单元格							利润
4	目标函数系数	8	5	6	4			0
5								
6	资金预算	6	3	5	2	0	<=	10
7	互斥选择			1	1	0	<=	1
8	相依决策	−1		1		0	<=	0
9	相依决策		−1		1	0	<=	0
10								
11	H4:	=SUMPRODUCT(B4:E4,$B$3:$E$3)						
12	F6:	=SUMPRODUCT(B6:E6,$B$3:$E$3)						
13	F7:	=SUMPRODUCT(B7:E7,$B$3:$E$3)						
14	F8:	=SUMPRODUCT(B8:E8,$B$3:$E$3)						
15	F9:	=SUMPRODUCT(B9:E9,$B$3:$E$3)						
16								

图 3-11　公司发展决策 0—1 规划模型

四、实验总结

1. 0—1 整数规划是一种用于描述和解决是非决策问题的特殊类型的整数规划。0—1 整数规划模型中的决策变量称为 0—1 变量，常用来表示一种是非决策或逻辑状态。由于现实管理问题中普遍存在着是非决策，因此，0—1 整数规划在管理决策领域具有十分广泛的用途。

2. 许多是非决策不是彼此独立的，而是存在着某种逻辑关系。其中，常见的关系有互斥选择和相依决策。如果一个是非决策问题包含这两种关系，必须用恰当的约束条件进行描述。

五、思考题

1. 什么是是非决策？

2. 是非决策之间有哪几种常见的逻辑关系？如何用约束条件进行描述？

3. 例 3.5 的最优解是怎样的？其决策含义是什么？

4. 例 3.6 的最优解是怎样的？其决策含义是什么？

实验四：辅助 0—1 变量

一、实验目的与要求

1. 理解固定费用问题、起始规模问题和非此即彼约束条件问题；

2. 理解辅助 0—1 变量的作用，并掌握相关问题的建模技巧。

二、实验准备

1. 理解辅助 0—1 变量的作用和在建模过程中的使用方法；

2. 熟练掌握固定费用问题、起始规模问题和非此即彼约束条件问题的建模方法；

3. 分别准备一个包含固定费用问题、起始规模问题和非此即彼约束条件问题的实例，收集相关数据，建议写出数学模型，并设计出电子表格模型；

4. 启动 Excel，并加载 Solver 软件。

三、实验步骤

1. 建立初始模型。

例 3.7：某公司本年度计划生产 3 种产品，生产每一单位产品可获得利润和所需资源情况，如表 3－6 所示：

表 3－6　　辅助 0—1 变量决策模型

项　目	产品甲	产品乙	产品丙	可用资源总量
流动资金（元/件）	1	2	3	300000 元
原料（千克/件）		5	4	4000 千克
人工（小时/件）	6	7	8	9000 小时
利润（元/件）	500	600	700	

根据上述给定条件，建立一个以利润最大化为目标函数，以流动资金、原料和人工可用数量为约束条件的线性规划模型。

2. 固定费用问题。

假定产品丙为一种新产品。如果要生产该产品，必须支付一笔 1 万元的固定费用（用流动资金支付）；如果不生产，则不必支付这一费用。建立一个反映这一变化的新模型。

提示：引进辅助 0—1 变量。

3. 起始规模问题。

假定产品甲要么不生产，要么至少生产 500 件以上。建立一个反映这一变化的新模型。

提示：引进辅助 0—1 变量。

4. 非此即彼约束条件问题。

假设原料供应有两种来源，但只能选择其中之一。两种来源的相关资料如表 3－7 所示，建立一个反映这一变化的新模型。

提示：引进辅助 0—1 变量。

表 3－7　　非此即彼约束条件问题

项　目	产品甲	产品乙	产品丙	可用资源总量
原料 1（千克/件）		5	4	4000 千克
原料 2（千克/件）		4	5	3000 千克

四、实验总结

1. 辅助0—1变量是为将一些特殊问题转变成为标准数学规划问题以便建立模型并求解而引进的一种带有工具性质的特殊变量。

2. 用辅助0—1变量可有效处理固定费用问题、起始规模问题和非此即彼约束条件问题。

五、思考题

1. 什么是辅助0—1变量？它有哪些特殊用途？

2. 什么是固定费用问题？举例说明如何通过引进辅助0—1变量来正确地建立模型。

3. 什么是起始规模问题？举例说明如何通过引进辅助0—1变量来正确地建立模型。

4. 什么是非此即彼约束条件问题？举例说明如何通过引进辅助0—1变量来正确地建立模型。

5. 在含有大数M的模型中，如何确定它的数值？

综合思考题

1. 整数规划问题是如何产生的？

2. 当决策变量的可分性假设被违背时，为什么有时仍然要采用线性规划模型？

3. 如何通过引进辅助0—1变量，来处理含有固定费用、起始规模和非此即彼约束条件的决策问题？

4. 根据对自己准备的有关整数规划问题的实验和研究情况，撰写一份综合实验报告或管理科学研究报告。

第四实验单元

非线性规划

- 实验一：非线性规划模型及其求解
- 实验二：有价证券投资组合优化模型
- 实验三：全局最优解与局部最优解
- 实验四：可分规划

实 验 目 的

1. 理解非线性规划原理、建模技术及其应用；
2. 掌握非线性规划求解方法和技术；
3. 理解非线性规划的主要局限性，并掌握有效克服其局限的方法；
4. 理解可分规划原理、建模技术及其应用；
5. 能够运用非线性规划技术，解决现实非线性优化决策问题。

知 识 要 点

一、线性规划的比例性假设和可加性假设

1. 线性规划的比例性假设。

线性规划的比例性假设（Proportionality Assumption）是指各种活动对目标函数值的贡献与活动水平成比例，即每一单位的活动对目标函数值的贡献相等。

2. 线性规划的可加性假设。

在满足比例性假设的前提下，由于目标函数中的每一项都是决策变量与其目标函数系数的乘积，决策变量表示相应活动水平，而其目标函数系数表示单位活动对目标函数值的贡献，目标函数值是所有活动贡献的总和。这就是线性规划的可加性假设（Additivity Assumption）。

在线性规划模型中，不仅每项活动水平与目标函数值之间具有比例性和可加性，它们与约束条件左边值之间也同样具有比例性和可加性。因此，线性规划的目标函数值和约束条件的左边值均为决策变量的线性函数。

二、非线性规划模型

1. 非线性规划模型的数学形式。

当线性规划的比例性和可加性假设被违背时，就产生了非线性规划问题。非

线性规划（NonLinear Programming，NLP）是指含有非线性目标函数或约束条件的数学规划。非线性规划的基本定理是库恩和塔克（Kuhn and Tucker）于1951年提出的，其后许多人对非线性规划问题的研究作出了贡献，提出了许多求解非线性规划模型的新算法。由于非线性规划对目标函数和约束条件的数学形式几乎没有任何限制，因此在经济、管理、设计等领域的优化问题中得到了越来越广泛的应用，并已成为管理科学和运筹学的一个重要分支。

包含n个决策变量和m个约束条件的非线性规划模型可表示为：

$$\text{Max}(\text{Min})\quad Z=f(x_1,\ x_2,\ \cdots,\ x_n)$$

S. t.

$$g_i(x_1,\ x_2,\ \cdots,\ x_n)\begin{Bmatrix}\leqslant\\=\\\geqslant\end{Bmatrix}=b_i,\ i=1,\ 2,\ \cdots,\ m$$

2. 有价证券投资组合优化模型。

有价证券投资组合优化模型是一个著名的非线性规划模型。有价证券投资者不仅十分关心投资回报，也高度重视投资风险。因此，投资者总是要在预期回报和潜在风险之间寻求平衡。所谓投资组合优化就是指在预期回报和可能风险之间达到令决策者满意的平衡状态下的投资组合。这样一种平衡可以是指在一定的最大可接受风险水平下使得预期回报最大化，也可以是指在一定的可接受最低预期回报水平上使潜在风险最小化。在20世纪50年代初，哈里·马科维茨（Harry Markowitz）和威廉·夏普（William Sharpe）对此问题进行了开创性的研究，并因为该项研究及其相关领域所取得成果而获得了1990年的诺贝尔经济学奖。

在证券投资组合优化问题中，决策者一般倾向于寻求在一定的可接受最低预期回报水平上使潜在风险最小的投资组合。因此，证券投资组合优化问题通常以风险最小化作为目标，而将最低回报作为约束条件来建立优化模型。回报用期望回报率来计量，风险用回报率的方差以及各种证券组合的回报率协方差之和来计量。

定义决策变量

X_i = 购买第i种有价证券占总投资的比例（i=1，2，…，n）

则所有决策变量之和为1，即模型的一个约束条件为：

$$X_1+X_2+\cdots+X_n=1$$

各有价证券的收益率是一个随机变量，服从一定的概率分布。预期收益率可采用历史数据的期望值（平均数）。

假设各有价证券的预期收益率分别为 a_i（i=1，2，…，n），投资者最低可接受水平为 b，则模型的另一个约束条件为：

$$a_1X_1 + a_2X_2 + \cdots + a_nX_n \geqslant b$$

有价证券的投资风险由两个部分组成：

（1）每种有价证券的单独风险，用每种有价证券收益率的方差（记为 σ_i^2，$i=1, 2, \cdots, n$）计量。方差大，则风险大；方差小，则风险小。根据统计学相关理论，如果收益率服从正态分布，则收益率在期望收益的 1 个标准差（即方差的平方根）范围内的概率为 68.3%，在 2 个标准差范围内的概率为 95.4%，在 3 个标准差范围内的概率为 99.7%。

（2）每两种有价证券之间的交叉风险，用每两种有价证券收益率的协方差（记为 σ_{ij}，$i, j=1, 2, \cdots, n, i \neq j$）的 2 倍计量。如果两种有价证券的收益率呈同向变动，则它们之间的协方差为正；如果两者呈反向变动，则协方差为负；如果两者的变动无关，则协方差为零。由于两种有价证券中的每一种与另一种的交叉风险为它们的收益率的协方差，因此两种有价证券的总交叉风险为该协方差的 2 倍。

根据以上分析，有价证券投资组合总风险为：

$$\sum \sigma_i^2X_i^2 + \sum_{i \neq j} \sigma_{ij}X_iX_j$$

于是，证券投资组合优化模型的基本形式为：

$$\text{Min} \sum \sigma_i^2X_i^2 + \sum_{i \neq j} \sigma_{ij}X_iX_j$$

S. T.

$$\begin{cases} a_1X_1 + a_2X_2 + \cdots + a_nX_n \geqslant b \\ X_1 + X_2 + \cdots + X_n = 1 \\ X_1, X_2, \cdots, X_n \geqslant 0 \end{cases}$$

这是一个目标函数为非线性函数的非线性规划模型。在实际应用该模型的过程中，可根据决策者的偏好和实际情况，添加必要的约束条件。

三、非线性规划模型的建立与求解

在电子表格中建立非线性规划模型和建立线性规划模型并无本质上的差别，唯一的不同是在输入目标函数和约束条件左边值的计算公式时，要注意正确输入非线性公式。

为了避免输入复杂和冗长的公式，同时兼顾模型的可读性，在建立非线性规划电子表格模型时，可灵活设计模型和安排布局。

Excel 的“规划求解”（Solver）工具具有求解非线性规划的功能。用 Excel Solver 定义和求解非线性规划模型与定义及求解线性规划模型在操作上完全相同。需要注意的是在“规划求解选项”对话框中的“采用线性模型”的选项不能被勾选，即其前面的勾选框中不能有“√”的标记（见图 4－1）。

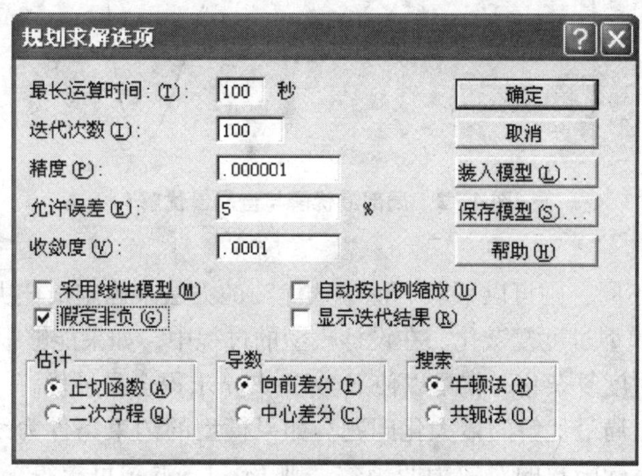

图 4－1　“规划求解选项”对话框

四、局部最优解与全局最优解

Excel Solver 求解非线性规划的搜索算法类似于爬山的过程。对于最大化问题，它从给定的可变单元格初始值出发，向山顶运动，直到到达顶点（或者由约束条件所确定的边界）为止；对于最小化问题，则改变方向向山谷运动，直到到达谷底（或者由约束条件所确定的边界）为止。这种方法存在一定的局限性。一方面，有时虽然问题本身事实上存在最优解，但如果有函数含有折点或函数不连续，就不一定能够找到；另一方面，有时所找到的“最优解”实际上只是局部最优解，而不是全局最优解。所谓局部最优解（Local Optimal Solution）是指在决策变量某一特定取值范围内的最优解；而全局最优解（Global Optimal Solution）是指在决策变量允许取值范围内的最优解。在图 4－2 中，A 点所示为全局最优解，而 B 点所示为局部最优解。

下列方法有助于求得非线性规划的全局最优解：

(1) 用不同的初值试算。在决策变量个数不多且对其最优值范围比较有把握的情况下，可以选取一些有代表性的初始值反复求解。如果 Solve 每次都能找到相同的“最优解”，则此“最优解”很有可能就是全局最优解；如果每次所找到

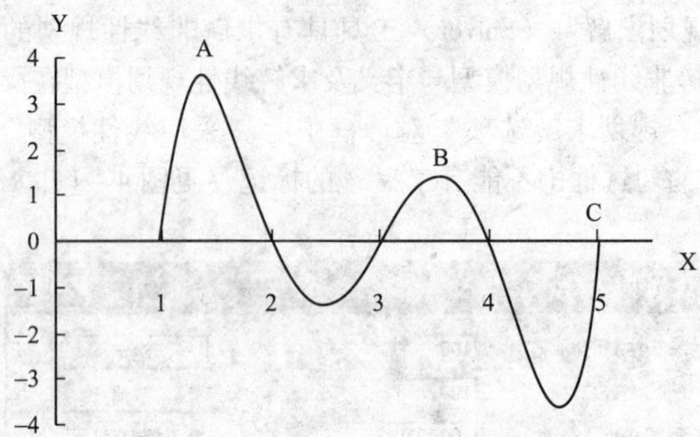

图 4 – 2　局部最优解与全局最优解

的"最优解"不同，则可以采取"优中选优"的方法来确定最佳决策。

（2）避免模型过度复杂化。在设计模型的过程中，如果能够根据相关数学原理，避免模型过度复杂化，就可以使 Excel Solver 求得全局最优解。

①可求得全局最优解的最大化问题。如果模型的约束条件为线性约束条件，且目标函数或目标函数的对数为凹函数，则 Excel Solver 可求得全局最优解。对于单变量函数而言，所谓凹函数（Concave Function）是指在一定范围内其斜率单调非上升的函数。常见的凹函数有：

$$y = cx^a，0 < a \leqslant 1，c \geqslant 0，x \geqslant 0$$

$$y = c\ \ln x，c \geqslant 0，x > 0$$

$$y = ax + b$$

凹函数之和也是凹函数。

②可求得全局最优解的最小化问题。如果模型的约束条件为线性约束条件，且目标函数或目标函数的对数为凸函数，则 Excel Solver 可求得全局最优解。对于单变量函数而言，所谓凸函数（Convex Function）是指在一定范围内其斜率单调非下降的函数。常见的凸函数有：

$$y = cx^a，a \geqslant 1，c \geqslant 0，x \geqslant 0$$

$$y = ce^x，c \geqslant 0$$

$$y = ax + b$$

凸函数之和也是凸函数。线性函数既是凹函数，也是凸函数。

（3）使用 Premium Solver 软件。Excel 标准版 Solver 的开发商 Frontline System 已开发出 Solver 的 Premium 版本。Premium Solver 增加了一个新的搜索程序"Evolutionary Solver"，该程序采用了建立在遗传学、进化论和适者生存的原理基础上的遗传算法（Genetic Algorithm）。其基本求解过程是，先随机产生大量的候选初始解（称之为“群体”，Population），然后对“群体”创造下一代（Generation），并从中淘汰“不合适”（不能优化目标或不满足约束条件）的成员，而选择“合适”的成员以繁殖后代。这样，经过若干后代的遗传和进化，群体将越来越“合适”，并最终实现最优化。在此过程中允许按一定的概率发生“突变”（Mutation），以创造出与其他群体无关的后代。如果连续几代都没有改进，则结束搜索运算，并报告到目前为止所找到的最优解。

尽管 Premium Solver 软件也有局限性，如运算时间可能相当长等，但它能够有效摆脱局部最优解的困扰，并最终求得全局最优解。此外，该软件也可以用于求解较为复杂的非线性规划模型，如函数含有折点或函数不连续的非线性规划模型。

在 Excel 环境下，如果要加载和使用 Premium Solver，必须先卸载 Excel Solver。

五、可分规划

可分规划（The Separable Programming Technique）是对于违背线性规划比例性假设的活动，通过分解活动和重新定义决策变量，使之满足比例性假设，从而用线性规划来解决相关决策问题的一种建模技术。简言之，可分规划是一种将非线性规划模型线性化的建模技术。

由于线性规划具有成熟的求解方法，其敏感性报告具有丰富的信息和重要的决策分析价值，而非线性规划在这两个方面均具有很大的局限性，因此，可分规划技术具有十分重要的实用价值。

1. 完全可分。

完全可分是指通过分解能够完全真实地反映活动水平与目标函数值之间的关系，且满足线性规划比例性假设的活动。如图 4－3 所示，某项活动 X 对目标函数的单位贡献是一条折线。如果将这一活动在两条折线的折点处分为两项活动，分别用 X_1 和 X_2 表示。此时，活动 1 和活动 2 各自对目标函数的单位贡献虽各不相同，但都分别为一常数。显然，被分解后的活动完全满足线性规划比例性假设。这样，用决策变量 X_1 和 X_2 去代替原模型中的决策变量 X，就可以建立完全满足比例性假设的线性规划模型。

2. 近似可分。

近似可分是指通过分解只能近似地反映活动水平与目标函数值之间的真实关系，但能够满足线性规划比例性假设的活动（见图 4－4）。在近似可分的情况下，虽然活动水平与目标函数值之间的关系并不完全符合实际情况，但只要对活动

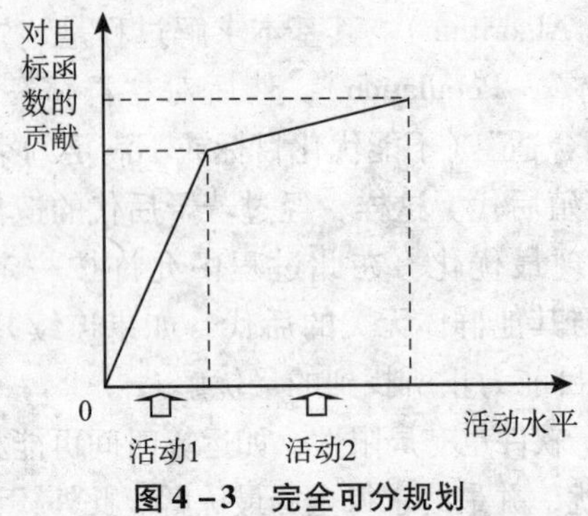

图4-3　完全可分规划

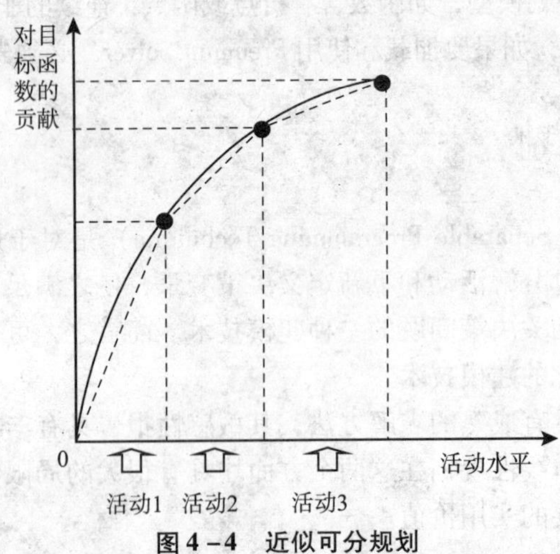

图4-4　近似可分规划

分解的数量和分界点把握得好，完全可以有效地逼近现实情况。由于被分解后的活动完全满足比例性假设，因此也可以建立起相当接近于现实情况的线性规划模型。

实验一：非线性规划模型及其求解

一、实验目的与要求

1. 理解非线性规划原理及其应用；

2. 掌握非线性规划模型的建模技术和求解方法；

3. 能够熟练地使用 Solver 定义并求解非线性规划模型；

4. 理解非线性规划的主要局限性。

二、实验准备

1. 掌握非线性规划原理及建模技术；

2. 掌握 Solver 的使用操作方法；

3. 准备一个非线性规划问题，收集相关数据，并写出数学形式的非线性规划模型；

4. 启动 Excel，并加载 Solver 软件。

三、实验步骤

1. 建立模型。

例 4.1：某公司开发出一种新产品，并正在为该产品制订营销计划。其中，决策变量有 2 个：一是产品定价；另一个是广告支出。基于对类似产品相关数据的分析，估计出了产品销售量与价格和广告支出的回归方程：

$$Q = 100 - 0.6\ P + 1.1\ A - 0.0011\ A^2 - 0.003\ P \cdot A$$

其中：Q = 产品销售量（万件）；

P = 产品销售价格（元/件）；

A = 广告支出（万元）。

产品的开发成本已经发生。产品的生产成本为每件 15 元。为用户提供技术支持的费用（C，单位：万元）取决于产品的销售数量，且

$$C = 200 + 25\ Q - 0.001\ Q^2$$

公司管理层希望产品的价格不高于每件 250 元，广告支出不超过 300 万元，技术支持费用不超过 3000 万元。公司应如何确定产品价格和广告支出，以获得最大利润？

（1）定义目标函数；

（2）确定约束条件；

（3）写出数学模型；

（4）建立电子表格模型。由于本问题的目标函数很冗长，建议建立如图 4－5 所示的电子表格模型。

模型中的公式有：

E9：= 100 - 0.6 * D4 + 1.1 * D5 - 0.0011 * D5^2 - 0.003 * D4 * D5

E10：= E9 * D4

	A	B	C	D	E	F	G
1		**非线性规划模型**					
2							
3		**决策变量：**				上限	
4			价格（元）	0		250	
5			广告支出（万元）	0		300	
6							
7		**收支表：**					
8							
9			销售量（万件）		100		
10			销售额（万元）		0		
11			**成本（万元）**				
12			广告费用（万元）		0		
13			生产费用（万元）		1500		
14			技术支持费用（万元）		2690	3000	
15			**总成本（万元）**		4190		
16							
17			**利润（万元）**		-4190		
18							

图4－5　非线性规划模型

E12：= D5

E13：= 15 * E9

E14：= 200 + 25 * E9 − 0.001 * E9^2

E15：= E12 + E13 + E14

E17：= E10 − E15

2. 启动Solver定义并求解模型。

（1）定义模型。启动Solver之后，指定目标单元格（E17）和可变单元格（D4：D5），选择优化方向为“最大值”，然后，添加以下两个约束条件：

D4：D5 <= F4：F5

E14 <= F14

注意：在“规划求解选项”对话框中的“采用线性模型”的选项不能被勾选（见图4－7）。

（2）求解模型并保存结果。模型定义完成后，即可执行Solver的求解功能。求解过程结束后，在“规划求解结果”对话框中，选中“运算结果报告”、“敏感性报告”和“极限值报告”。

3. 用Solver求解自己准备的非线性规划模型。

四、实验总结

1. 在线性规划比例性假设和可加性假设条件不能满足时，就出现了非线性规划问题。

2. 非线性规划是指含有非线性目标函数或约束条件的数学规划。

3. Excel Solver 可用于求解不十分复杂的非线性规划模型。

4. 为了避免输入复杂和冗长的公式，同时兼顾模型的可读性，在建立非线性规划电子表格模型时，可灵活设计模型和安排布局。

五、思考题

1. 什么是线性规划的比例性假设和可加性假设？

2. 非线性规划的主要局限性何在？如何才能有效克服？

3. 为什么说 Solver 提供的非线性规划模型的敏感性报告缺乏决策指导意义？

4. 例 4.1 的最优解是怎样的？其决策含义是什么？

实验二：有价证券投资组合优化模型

一、实验目的与要求

1. 理解有价证券投资组合优化模型原理；

2. 熟练掌握非线性规划模型的建模技术和求解方法；

3. 理解非线性规划的主要局限性，并掌握有效克服其局限的方法；

4. 理解投资收益和风险之间的关系，并掌握相关的分析方法。

二、实验准备

1. 掌握有价证券投资组合优化模型原理及建模技术；

2. 熟练掌握 AVERAGE（）、VAR（）、STDEV（）、STDEVP（）、COVAR（）、NORMDIST（）、NORMINV（）等 Excel 函数功能和语法规则：

（1）AVERAGE（）函数。

功能：返回参数的平均值（算术平均值）。

格式：=AVERAGE（number1，number2，…）

参数：Number1，number2，…为需要计算平均值的 1 到 30 个参数。

说明：参数可以是数字，或者是包含数字的名称、数组或引用。如果数组或引用参数包含文本、逻辑值或空白单元格，则这些值将被忽略；但包含零值的单元格将计算在内。

（2）STDEV（）函数。

功能：估算样本的标准差。标准差反映相对于平均值（mean）的离散程度。

格式：=STDEV（number1，number2，…）

参数：Number1，number2，…为对应于总体样本的1到30个参数。也可以不使用这种用逗号分隔参数的形式，而用单个数组或对数组的引用。

说明：

①函数STDEV（）假设其参数是总体中的样本，其标准差的计算使用“无偏差”或“n－1”方法。如果数据代表全部样本总体，则应该使用函数STDEVP（）来计算标准差。

②函数STDEV（）忽略逻辑值（TRUE或FALSE）和文本。如果不能忽略逻辑值和文本，请使用STDEVA（）函数。

（3）COVAR（）函数。

功能：返回协方差，即每对数据点的偏差乘积的平均数，利用协方差可以决定两个数据集之间的关系。

格式：=COVAR（array1，array2）

参数：①array1为第一个所含数据为整数的单元格区域。

②array2为第二个所含数据为整数的单元格区域。

说明：

①参数必须是数字，或者是包含数字的名称、数组或引用。

②如果数组或引用参数包含文本、逻辑值或空白单元格，则这些值将被忽略；但包含零值的单元格将计算在内。

③如果array1和array2所含数据点的个数不等，则函数COVAR（）返回错误值#N/A。

④如果array1和array2当中有一个为空，则函数COVAR（）返回错误值#DIV/0!。

（4）VAR（）函数。

功能：计算基于给定样本的方差。

格式：=VAR（number1，number2，…）

参数：Number1，number2，…为对应于总体样本的1到30个参数。

说明：

①函数VAR（）假设其参数是样本总体中的一个样本。如果数据为样本总体，则应使用函数VARP（）来计算方差。

②逻辑值（TRUE和FALSE）和文本将被忽略。如果不能忽略逻辑值和文

本，请使用 VARA（）工作表函数。

（5）NORMDIST（）函数。

功能：返回指定平均值和标准偏差的正态分布函数。

格式：=NORMDIST（x，mean，standard_dev，cumulative）

参数：①X 为需要计算其分布的数值。

②Mean 为分布的算术平均值。

③Standard_dev 为分布的标准偏差。

④Cumulative 为一逻辑值，指明函数的形式。如果 cumulative 为 TRUE，函数 NORMDIST（）返回累积分布函数，即概率密度函数从负无穷大到公式中给定的 X 的积分；如果为 FALSE，返回概率密度函数。

说明：

①如果 mean 或 stand_dev 为非数值型，函数 NORMDIST（）返回错误值 #VALUE!。

②如果 standard_dev≤0，函数 NORMDIST（）返回错误值#NUM!。

③如果 mean = 0，standard_dev = 1，且 cumulative = TRUE，则函数 NORMDIST（）返回标准正态分布，即函数 NORMSDIST（）。

（6）NORMINV（）函数。

功能：返回指定平均值和标准差的正态累积分布函数的反函数。

格式：=NORMINV（probability，mean，standard_dev）

参数：①Probability 为正态分布的累积概率值；

②Mean 为分布的平均值；

③Standard_dev 为分布的标准差。

3. 收集有价证券收益率历史数据以备分析之用；

4. 启动 Excel，并加载 Solver 软件。

三、实验步骤

1. 计算模型参数。

利用收集到的有价证券收益率历史数据，计算预期收益率、标准差和协方差，并建立数学模型。

2. 建立电子表格模型。

例 4.2：假设投资者正考虑 3 种股票的投资组合决策问题。有关 3 种股票的预期收益率、方差、协方差的计算结果如表 4－1 所示，并假定投资者可接受的最低收益率为 20%，可建立数学形式的投资组合优化模型和如图 4－6 所示的电

表 4－1　　股票投资组合优化模型数据

股票	预期收益率	标准差	股票组合	协方差
股票 1	0.25	0.20	股票 1 与 2	0.040
股票 2	0.30	0.45	股票 1 与 3	－0.005
股票 3	0.10	0.15	股票 2 与 3	－0.010

	A	B	C	D	E	F
1	投资组合优化模型					
2						
3	模型参数					
4		股票1	股票2	股票3		
5	预期回报率	0.25	0.30	0.10		
6	风险（标准差）	0.20	0.45	0.15		
7	交叉风险（协方差）					
8	股票1		0.040	–0.005		
9	股票2			–0.010		
10	股票3					
11						
12	优化模型					
13	决策变量	X_1	X_2	X_3		
14	股票名称	股票1	股票2	股票3		
15	投资比例					
16						
17		方差	标准差			
18	目标函数（风险）	0.0000	0.0000			
19						
20	约束条件	左边值		右边值		
21	收益率	0.20	>=	0.20		
22	投资比例	1.00	=	1.00		
23						

图 4－6　股票投资组合优化模型

子表格模型。

若定义 X_i = 购买第 i 种有价证券占总投资的比例（i = 1，2，3），根据表 4－1 所提供的数据，可建立以下非线性规划模型：

$$\text{Min}\quad (0.2X_1)^2+(0.45X_2)^2+(0.15X_3)^2 +2(0.04)X_1X_2+2(-0.005)X_1X_3+2(-0.01)X_2X_3$$

S. T.

$$\begin{cases}0.25X_1+0.3X_2+0.1X_3\geqslant 0.2\\ X_1+X_2+X_3=1\\ X_1,\ X_2,\ X_3\geqslant 0\end{cases}$$

模型（见图4－6）中的公式分别是：

B18＝(B6＊B15)^2＋(C6＊C15)^2＋(D6＊D15)^2

　　＋2＊C8＊B15＊C15＋2＊D8＊B15＊D15＋2＊D9＊C15＊D15

B21＝SUMPRODUCT(B5:D5,B15:D15)

B22＝SUM(B15:D15)

C18＝SQRT(B18)

其中，B18为目标单元格，B21和B22是约束条件左边值（LHS）所在单元格。C18单元格用来计算目标函数值的平方根，即标准差。

3. 启动Solver定义并求解模型。

4. 分析投资风险。

（1）假设投资收益率服从正态分布，根据模型求解出的标准差（C18单元格中的数值），利用Excel函数NORMDIST（），计算投资不亏损（即总回报率不低于0）的概率。例如，若预期收益率20%，标准差为0.1327，可输入公式：

＝1－NORMDIST（0，0.2，0.1327，TRUE）

（2）以一定的概率（例如95%）作保证，利用Excel函数NORMINV（），计算收益率的置信区间。例如，若预期收益率20%，标准差为0.1327，其上限值的公式为：

＝NORMINV（0.95，0.2，0.1327）

其下限值的公式为：

＝0.2－NORMINV（0.95，0.2，0.1327）

5. 分析收益率和风险之间的关系。

（1）改变模型中的参数，求解不同收益率约束条件下的最优解及标准差（见表4－2）。

表4－2　　不同收益率约束条件下的最优解及标准差

预期收益率	投资比例			风险
右边值	股票1	股票2	股票3	标准差
0.05				
0.10				
0.15				

续表

预期收益率	投资比例			风险
右边值	股票 1	股票 2	股票 3	标准差
0.20				
0.25				
0.30				

（2）采用绘制折线图的方法，对收益率和风险之间的相互变化情况进行分析（见图 4－7）。

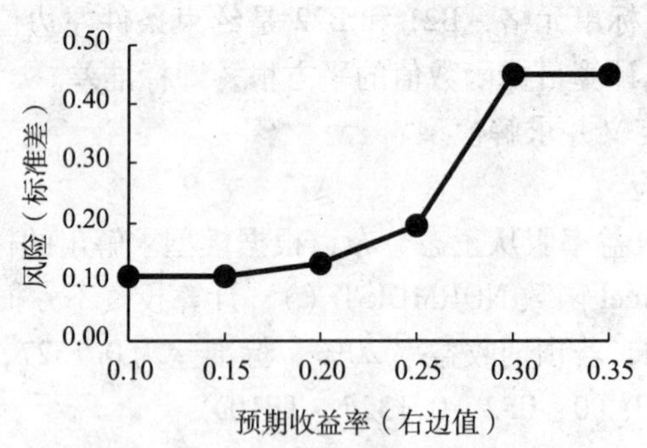

图 4－7　预期收益率与风险

四、实验总结

1. 有价证券投资组合优化模型具有广泛的用途。它可以用来解决各类风险与收益之间权衡的决策问题。

2. 有价证券投资组合优化模型的目标函数为方差和协方差。根据求解结果计算出标准差，可进行投资风险分析。

3. 由于 Solver 在求解非线性规划之后所提供敏感性报告缺乏决策分析价值，可以选择模型中一项参数作为分析的对象，通过设定不同的数值并多次求解模型来观察该参数的变化对最优解的影响。

五、思考题

1. 有价证券投资组合优化模型中，可否将风险设定为约束条件，而将预期收益率设定为目标函数？

2. 例 4.2（见图 4－6）投资组合优化模型的最优解是怎样的？其决策含义是什么？

3. 对于图4－6所示的投资组合优化问题，投资不亏损（即总回报率不低于0）的概率是多少？如果以95%的概率作保证，投资预期收益率的置信区间是怎样的？

4. 如何分析风险和预期收益率之间的相互关系？

实验三：全局最优解与局部最优解

一、实验目的与要求

1. 理解区分非线性规划模型全局最优解和局部最优解的重要性；
2. 掌握存在全局最优解和局部最优解的非线性规划模型求解方法和技术；
3. 熟练掌握Premium Solver的使用操作技术。

二、实验准备

1. 掌握非线性规划模型全局最优解和局部最优解的概念；
2. 熟练掌握非线性规划模型的初值试算法；
3. 将Premium Solver软件安装到计算机上；
4. 启动Excel，并加载Premium Solver软件。

三、实验步骤

1. 建立模型。

例4.3：设有以下非线性规划模型：

$$\text{Max}\quad (X-1)(X-2)(X-3)(X-4)(X-5)$$

S. T.

$$\begin{cases} X \geqslant 1 \\ X \leqslant 5 \end{cases}$$

可建立以下电子表格模型（见图4－8）：

2. 启动Solver定义模型。

在“规划求解参数”对话框中，指定单元格B9为目标单元格，B10为可变单元格，并添加以下约束条件：

B12 > = D12

B13 < = D13

	A	B	C	D	E
1	初值试算法				
2					
3	目标函数：	MaxY=(X-1)(X-2)(X-3)(X-4)(X-5)			
4	决策变量：	X			
5	约束条件：	X>=1			
6		X<=5			
7					
8	模型：				
9	Max	0.0000			
10	X=	5.0000			
11	S.T.				
12		5.0000	>=	1	
13		5.0000	<=	5	
14					
15	B9：	=(B10-1)*(B10-2)*(B10-3)*(B10-4)*(B10-5)			
16	B12：	=B10			
17	B13：	=B10			
18					

图4-8　局部最优解与全局最优解

3. 设定不同的初始值试算。

（1）将可变单元格的初始值设定为5，求解模型；

（2）将可变单元格的初始值设定为4，求解模型；

（3）将可变单元格的初始值设定为3，求解模型；

（4）将可变单元格的初始值设定为2，求解模型；

（5）将可变单元格的初始值设定为1，求解模型。

4. 确定全局最优解。

根据多次求解模型的结果，确定哪些解是模型的局部最优解，哪个解是模型的全局最优解。

5. 使用Premium Solver求解。

（1）卸载Excel Solver。选择“工具”菜单下的“加载宏”命令，在弹出的“加载宏”对话框中，去掉“规划求解”选项前的勾选“√”的标记。

（2）加载Premium Solver软件。安装Premium Solver软件，并打开Premium Solver的Solver. xla文件。该文件为Premium Solver软件的主程序文件。此时，Excel“工具”菜单下，将出现“Solver…”命令。

（3）启动 Premium Solver。选择 Excel“工具”菜单下的“Solver…”命令。

（4）定义并求解模型。在系统弹出的“Solver Perameters”对话框中，按下“Premium”按钮，并按下“Standard GRG Nonlinear”右边下拉菜单按钮，选择“Standard Evolutionary”选项，表示采用遗传算法来求解非线性规划问题（见图 4－9）。若选择“Standard GRG Nonlinear”，则表示选择标准版的 Solver 非线性规划求解法，即等同于没有选择“采用线性模型”的标准版 Solver 算法；若选择“Standard Simplex LP”，则表示选择标准版的 Solver 线性规划求解法，即等同于选择了“采用线性模型”的标准版 Solver 算法。

定义模型的方法与标准版 Solver 相同。模型定义完成之后，按下“Options”（选项）按钮，系统弹出“Solver Options”对话框（见图 4－10）。为了能够尽快求得最优解，最好勾选“Require Bounds on Variables”选项。并在约束条件中，设定各可变单元格取值的上限和下限。本例中，可添加如下约束条件：

B10＞＝1

B10＜＝5

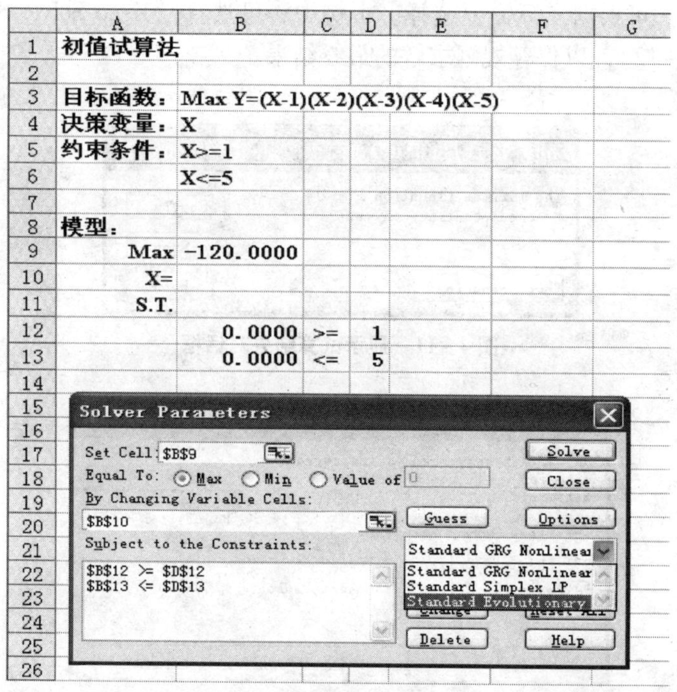

图 4－9 选择遗传算法

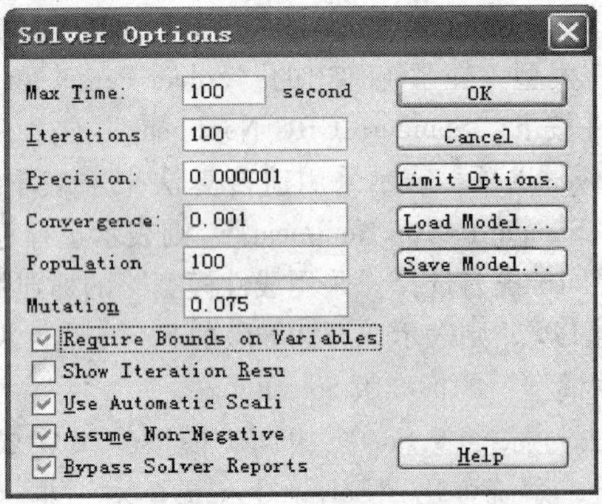

Solver Options

Max Time: 100 second
Iterations 100
Precision: 0.000001
Convergence: 0.001
Population 100
Mutation 0.075
☑ Require Bounds on Variables
☐ Show Iteration Resu
☑ Use Automatic Scali
☑ Assume Non-Negative
☑ Bypass Solver Reports

OK | Cancel | Limit Options. | Load Model... | Save Model... | Help

图 4－10　遗传算法选项

在模型求解过程中，Premium Solver 可能遇到设定的边界值等情况。此时，系统弹出“Show Trial Solution”（显示试算结果）对话框，可选择“Continue”选项继续求解，或选择“Stop”选项结束求解（见图 4－11）。

如果 Premium Solver 顺利求得全局最优解，会弹出“Solver Results”（求解结果）对话框。可根据实际需要选择。本例中，可选择“Keep Solver Solution”选项（见图 4－12），以保存规划求解的最终结果。

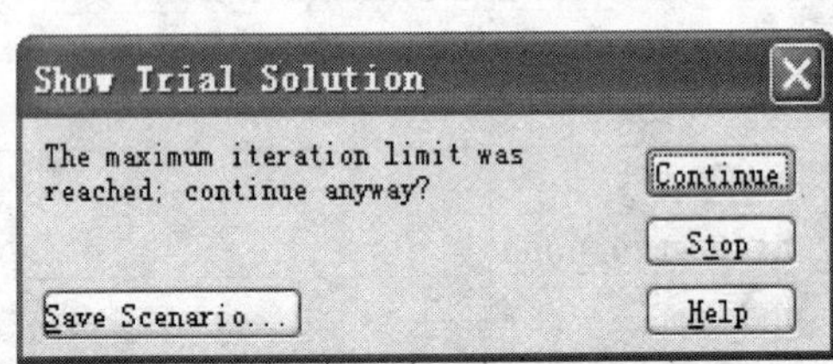

图 4－11　显示试算结果对话框

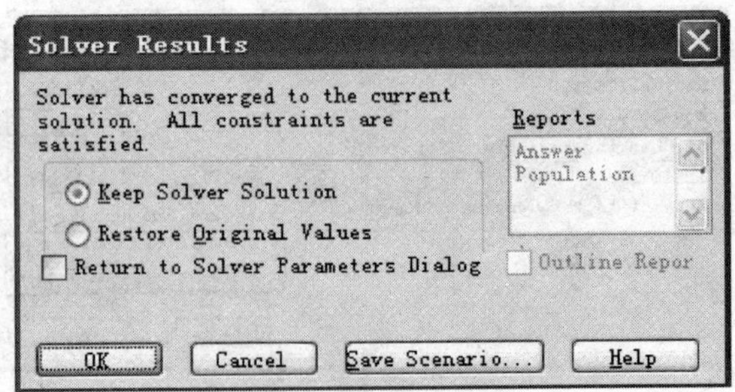

图 4－12　求解结果对话框

四、实验总结

1. 局部最优解是在决策变量某一特定取值范围内的最优解；而全局最优解是在决策变量允许取值范围内的最优解。

2. Excel 标准版 Solver 求解所得的“最优解”是在决策变量初始值附近所搜索到的第一个“最优解”。如果模型存在局部最优解和全局最优解，该最优解不一定是全局最优解。

3. 对于存在局部最优解和全局最优解的简单（小规模）非线性规划问题，在使用 Excel 标准版 Solver 求解时，可采用初值试算法求得模型的全局最优解。

4. Premium Solver 软件采用了遗传算法，能够有效摆脱局部最优解的困扰，并最终求得全局最优解。

五、思考题

1. 什么是全局最优解？什么是局部最优解？

2. 如何用 Excel 标准版 Solver 解决存在局部最优解和全局最优解的非线性规划模型的求解问题？

3. 在例 4.3 中，有哪些局部最优解？其全局最优解是怎样的？

4. Premium Solver 软件有何优越性？在使用的过程中应注意哪些问题？

实验四：可分规划

一、实验目的与要求

1. 进一步理解非线性规划的局限性。

2. 理解可分规划原理、建模技术及其应用价值。

二、实验准备

1. 掌握可分规划原理，理解完全可分和近似可分规划的基本概念。

2. 熟练掌握可分规划技术及建模方法。

3. 准备一个可分规划决策问题，收集相关数据，并写出数学形式的可分规划模型。

4. 启动 Excel，并加载 Solver 软件。

三、实验步骤

1. 分析问题。

例 4.4：某公司生产两种产品，产品 1 和产品 2，每一单位产品可获得利润、所需生产资源以及可用资源总量，如表 4－3 所示。

表 4－3　　公司生产基本数据

	产品 1	产品 2	可用总量
单位利润	300	500	
设备 A	1		2
设备 B		2	12
人工	3	2	18

根据以上数据，建立产品组合优化模型。模型求解的结果如图 4－13 所示，即每个生产周期分别生产 2 单位的产品 1 和 6 单位的产品 2，可获利润为 3600 单位。

	A	B	C	D	E	F
1	产品组合优化模型					
2		产品1	产品2			利润
3	可变单元格	2	6			
4	目标函数	300	500			3600
5	约束条件：					
6	设备A	1		2	<=	4
7	设备B		2	12	<=	12
8	人工	3	2	18	<=	18
9						
10	F4：	=SUMPRODUCT（$B$3:$C$3,B4:C4）				
11	D6：	=SUMPRODUCT（B6:C6,$B$3:$C$3）				
12	D7：	=SUMPRODUCT（B7:C7,$B$3:$C$3）				
13	D8：	=SUMPRODUCT（B8:C8,$B$3:$C$3）				
14						

图 4－13　产品组合优化模型

现假定该公司所生产产品市场需求的季节性较强。鉴于下一个生产周期内市场需求将增加，公司管理层考虑通过加班来增加产量。以加班的形式增加生产可以使两种设备的可用时间增加50%（即分别增加2个单位和6个单位），使人工可用时间增加1/3（即6个单位）。但由于加班生产会增加人工费用、设备的维护费用等，因此，两种产品的单位利润会分别由300单位、500单位下降到200单位和100单位。生产每单位产品对资源的需要量不变。问公司应如何安排下一个生产周期的生产？

这是一个可分规划问题。由于在加班生产的情况下，两种产品的单位利润发生了变化，活动水平与利润的比例性假设已不能满足。因此，原线性规划问题变成了非线性规划问题，不能直接用原线性规划模型来解决。但由于生产活动水平在正常和加班两种条件下，分别保持与利润之间的比例性，因此可以利用可分规划技术，建立一个完全可分规划模型来解决这一非线性规划问题。

2. 分解活动并重新定义决策变量。

将原模型中的2种活动分解为4种，即正常班生产产品1（在模型中表示为“产品1R”，见图4－14）、正常班生产产品2（“产品2R”）、加班生产产品1（“产品1O”）、加班生产产品2（“产品2O”）。显然，4种活动对目标函数值的单位贡献为常量，且系数分别为300、500、200和100。

3. 添加相关约束条件。

由于正常班生产不能用加班所带来的可用资源增加量，因此，在活动被分解之后，需要增加新的约束条件。在图4－14所示的模型中，分别用“R”（表示正常班可用资源约束）和“O”（表示加班可用资源约束）作了标识。

4. 启动Solver并求解可分规划模型。

注意：可分规划模型实际上是线性规划模型。因此，在“规划求解选项”对话框中的“采用线性模型”的选项一定要勾选，即其前面的勾选框中必须有“√”的标记。

5. 分析可分规划的敏感性报告。

在模型求解结束时，在“规划求解结果”对话框中，选中“敏感性报告”选项。由于可分规划模型是线性规划模型，除了求得最优解之外，还可以获得具有重要决策分析价值的敏感性报告，可为公司管理层谋划未来发展提供参考信息。

6. 用Solver定义并求解自己准备的可分规划模型。

	A	B	C	D	E	F	G	H
1	产品组合优化可分规划模型							
2		产品1R	产品1O	产品2R	产品2O			利润
3	可变单元格							
4	目标函数	300	200	500	100			0
5	约束条件：							
6	设备AR	1					<=	4
7	设备BR			2			<=	12
8	人工R	3		2			<=	18
9	设备AO		1				<=	2
10	设备BO				2		<=	6
11	人工O		3		2		<=	6
12								
13	H4：	=SUMPRODUCT（$B$3:$E$3,B4:E4）						
14	F6：	=SUMPRODUCT（B6:E6,$B$3:$E$3）						
15	F7：	=SUMPRODUCT（B7:E7,$B$3:$E$3）						
16	F8：	=SUMPRODUCT（B8:E8,$B$3:$E$3）						
17	F9：	=SUMPRODUCT（B9:E9,$B$3:$E$3）						
18	F10：	=SUMPRODUCT（B10:E10,$B$3:$E$3）						
19	F11：	=SUMPRODUCT（B11:E11,$B$3:$E$3）						
20								

图4－14　产品组合优化可分规划模型

四、实验总结

1. 可分规划是对于违背线性规划比例性假设的活动，通过分解活动和重新定义决策变量，使之满足比例性假设，进而用线性规划来解决相关决策问题的一种建模技术，即将非线性规划模型线性化的建模技术。

2. 由于线性规划具有成熟的求解方法，其敏感性报告具有丰富的信息和重要的决策分析价值，因此，可分规划技术具有十分重要的实用价值。

五、思考题

1. 什么是线性规划的比例性假设？

2. 为什么说可分规划是一种具有十分重要实用价值的建模技术？

3. 举例说明什么是完全可分规划？什么是近似可分规划？

4. 建立可分规划模型的关键是什么？

5. 例4.4可分规划模型的最优解是怎样的？其决策含义是什么？

6. 例4.4可分规划模型的敏感性报告对公司未来发展提供了哪些具有重要决策意义的信息？

综合思考题

1. 非线性规划模型有何特点？

2. Excel 标准版 Solver 所采用的求解非线性规划模型的算法是什么？有何局限性？

3. Premium Solver 软件采用了何种求解非线性规划模型的新算法？该软件有何优越性？在使用的过程中应注意哪些问题？

4. 为什么要使用可分规划技术？在哪些情况下需要并且可以采用可分规划技术？采用可分规划技术有何好处？

5. 根据对自己准备的有关非线性规划问题的实验和研究情况，撰写一份综合实验报告或管理科学研究报告。

第五
实验单元

目标规划

- 实验一：目标规划模型
- 实验二：加权目标规划
- 实验三：优先目标规划

实 验 目 的

1. 理解目标规划的基本思想；
2. 掌握加权目标规划原理及其应用；
3. 掌握优先目标规划原理及其应用；
4. 能够熟练地建立目标规划电子表格模型并求解；
5. 能够运用目标规划解决现实多目标优化决策问题。

知 识 要 点

一、决策问题多目标性

线性规划具有单一目标函数的特征，即在一组线性约束条件下，寻求一个线性目标函数的最大值或最小值。在线性规划模型中，所有的约束条件都同等重要，而且是必须得到满足的硬约束。因此，线性规划模型的最优解是绝对意义上的最优解。然而，许多现实的优化决策问题具有多目标性。其主要表现是：

（1）目标数量的多重性。决策者所追求的目标有多个，决策方案的优劣难以用单一的指标来衡量。由于不同的目标具有不同的计量单位，因此，不能简单地将这些目标值加在一起，建立一个单一的目标函数。

（2）目标重要程度不同。组织所追求的目标不仅数量多，而且不同目标的重要性也各不相同。对决策者来说，各目标通常具有一定的优先顺序。

（3）目标之间的矛盾性。不同的目标之间可能是相互冲突的，追求其中的某些目标，可能必须以放弃另外一些目标作为代价。

二、目标规划模型

1. 目标规划的基本思想。

目标规划（Goal Programming，GP）是用于解决多目标优化决策问题的规划技术。目标规划的有关概念和基本数学模型是在 1961 年由美国学者查恩斯（A. Charnes）和库伯（W. W. Cooper）首次在《管理模型及线性规划的工业应用》一书中提出的。当时是作为求解一个没有可行解的线性规划问题而引入的一种方法。这种方法把规划问题表达为尽可能地接近预期的目标。1965 年，尤吉·艾吉里（Yuji Ijiri）在处理多目标决策问题，分析各类目标的重要性时，引入了赋予各目标一个优先因子及加权系数的概念，并进一步完善了目标规划的数学模型。其后，查斯基莱恩（U. Jaashelainen）和李（Sang Lee）给出了表达和求解目标规划问题的方法。

目标规划的基本思想是：决策者提出想要实现的目标，并确定预期目标值，然后再以所实现目标值与预设目标值之间的偏差量（或偏差惩罚值）最小化为目标函数，来建立和求解数学规划模型，从而得到相对最优解，也称为满意解。

2. 目标规划模型的数学形式。

具有 n 个决策变量，m 个系统约束，k 个目标约束的目标规划模型的标准数学形式为：

$$\mathrm{Min}\sum_{l=1}^{k}(U_l+E_l)$$

S. T.

$$\begin{cases}\sum_{j=1}^{n}a_{ij}x_j\leqslant(=,\geqslant)b_i,\ (i=1,2,\cdots,n)\\ \sum_{j=1}^{n}c_{lj}x_j+U_l-E_l=q_l,\ (l=1,2,\cdots,k)\\ x_j\geqslant 0,\ (j=1,2,\cdots,m)\\ U_l,\ E_l\geqslant 0,\ (l=1,2,\cdots,k)\end{cases}\tag{5.1}$$

模型中的第二组约束条件为“等于”型的目标约束条件。目标约束条件是目标规划中特有的一种相对约束条件，也称为软约束条件。右边值 $q_l(l=1,2,\cdots,k)$ 为决策者预设目标值。等式中引进了非负偏离变量 U_l 和 $E_l(l=1,2,\cdots,k)$。其中，U_l 为负向偏离变量，表示低于设定目标值的数量；E_l 为正向偏差变量，表示超出设定目标值的数量。由于在一次决策中，目标的实现值不可能既超过预设值又未达到预设值，故有

$$U_l\times E_l=0$$

超额实现预设目标值时，有：$U=0$，$E>0$；

没有实现预设目标值时，有：$U>0$，$E=0$；

恰好实现预设目标值时，有：$U=0$，$E=0$。

3. 建立目标规划模型的基本步骤。

(1) 根据具体多目标优化决策问题，建立一个初始线性规划模型；

(2) 引进非负偏离变量 U_l 和 $E_l(l=1, 2, \cdots, k)$，建立目标约束条件；

(3) 建立使偏离值（或加权偏离值）最小化的目标函数。

三、加权目标规划模型

1. 加权目标规划的基本概念。

在多目标优化决策问题中，不同目标的重要程度、指标性质、计量单位和数量级别等各有不同。因此，将它们的偏离值不加区分、一视同仁地简单相加作为目标函数通常是不合理的。与此同时，决策者对不同目标的偏好各不相同。他们往往会对一些重要的和关键性的目标更加关注，宁可让其他一些目标偏离值更大一些，也要尽可能使主要目标或关键目标达到或接近预设目标值。此外，不同目标的偏离方向也具有不同的意义。有些目标值的正向偏离可能正好是决策者所期望的，而有些目标值的正向偏离则可能恰好是决策者所不希望的。因此，有必要给予目标规划模型中不同的偏离变量不同的权重。这种对目标函数中偏离变量给予不同权重的目标规划称为加权目标规划（Weighted Goal Programming，WGP）。

2. 加权目标规划模型的数学形式。

具有 n 个决策变量，m 个系统约束，k 个目标约束的加权目标规划模型的标准数学形式为：

$$\text{Min} \sum_{l=1}^{k} (w_l^U U_l + w_l^E E_l)$$

S. T.

$$\begin{cases} \sum_{j=1}^{n} a_{ij} x_j \leqslant (=, \geqslant) b_i, \ (i=1, 2, \cdots, n) \\ \sum_{j=1}^{n} c_{lj} x_j + U_l - E_l = q_l, \ (l=1, 2, \cdots, k) \\ x_j \geqslant 0, \ (j=1, 2, \cdots, m) \\ U_l, \ E_l \geqslant 0, \ (l=1, 2, \cdots, k) \end{cases} \tag{5.2}$$

模型中的第二组约束条件为目标约束条件，右边值 $q_l(l=1, 2, \cdots, k)$ 为预设目标值；目标函数中的系数 w_l^U，$w_l^E(l=1, 2, \cdots, k)$ 分别为第 l 个目标负向偏离和正向偏离的惩罚权重。如果所有的惩罚权重系数均为 1，则加权目标规划模型（5.2）退化为等权重的目标规划模型（5.1）。

在加权目标规划模型中，由于目标函数的优化方向是使目标函数值达到最小，权重越大，意味着对相应目标偏离1个单位的惩罚越重，因此，偏离变量权重也称为惩罚权重（Penalty Weights）。权重系数为正表示惩罚；系数为负表示奖励；系数为零表示不惩罚，也不奖励。

四、优先目标规划模型

1. 优先目标规划的基本概念。

在多个目标之间存在着优先级别差异的情况下，决策者可能希望按照一定的先后顺序，逐个地使所追求的目标达到或接近于预设目标值。普通的加权目标规划模型虽然可以反映决策者对不同目标的重视程度或偏好程度，但在模型求解过程中，存在着不同优先级别的目标偏离值的可替代性。由于加权的偏离变量总和最小的解就是最优解，如果给定的权重不能真正体现出目标的重要程度，则最优解中优先级别高的目标，其偏离变量不一定优先等于或最接近于0。在这样的情况下，就需要用优先目标规划（Preemptive Goal Programming，PGP，简称优先规划，Priority Programming，PP）方法来解决这种具有优先级别的多目标优化决策问题。

2. 优先因子。

通过引进优先因子 p_r，（r = 1，2，…，k），可以将加权目标规划模型推广为优先规划模型。所谓优先因子实际上可以看成是在数量级别上相差很大的惩罚权重系数，即 p_r 远远大于 p_{r+1}，亦即，对于一个很大的正数 M，总是有以下不等式成立：

$$p_r > M\,p_{r+1},\ r = 1,\ 2,\ \cdots,\ k$$

这里 M 的取值应根据目标值偏离变量的取值范围来确定，一般应比偏离变量的最大可能取值大一个数量级。

不同的优先因子代表着不同的优先等级。在求解优先目标规划模型的过程中，要依次保证高一级目标的偏离量最小化，而无须顾及其他低级别目标偏离量的大小；而优化低一级目标时是以保证高一级目标已达到最小偏离值不变为前提的，绝不能因为要使低一级目标更好地实现，而使得高一级目标已经实现的最小偏离值增大。这样，如果将优先因子按照从大到小的顺序，依次赋予按照优先级别排列的决策目标（即将 p_1，p_2，…，p_k 分别赋予第1，2，…，k级优先的目标），在求解优先目标规划模型时，优先级别高的目标具有比低一级的目标绝对的优先权，总是会率先达到或尽可能接近于预设的目标值。

如果有多个目标可归为同一个优先级别，则可以被赋予相同的优先因子；而它们之间的相对重要程度的区别，则可以通过赋予不同的惩罚权重系数来得以体现。重要的目标，就赋予较大的权重系数；反之，就赋予较小的权重系数。

3. 优先目标规划模型的数学形式。

具有 n 个决策变量，m 个系统约束，k 个目标约束的优先目标规划模型的标准数学形式为：

$$\text{Min} \sum_{r=1}^{k} p_r \sum_{l=1}^{k} (w_l^U U_l + w_l^E E_l)$$

S. T.

$$\begin{cases} \sum_{j=1}^{n} a_{ij} x_j \leqslant (=, \geqslant) b_i, (i = 1, 2, \cdots, n) \\ \sum_{j=1}^{n} c_{lj} x_j + U_l - E_l = q_l, (l = 1, 2, \cdots, k) \\ x_j \geqslant 0, (j = 1, 2, \cdots, m) \\ U_l, E_l \geqslant 0, (l = 1, 2, \cdots, k) \end{cases} \tag{5.3}$$

模型中的第二组约束条件为目标约束条件，右边值 $q_l (l=1, 2, \cdots, k)$ 为预设目标值；目标函数中的系数 w_l^U，$w_l^E (l=1, 2, \cdots, k)$ 分别为第 l 个目标负向偏离和正向偏离的惩罚权重；$p_r (r=1, 2, \cdots, k)$ 为第 r 个目标的优先因子。显然，如果所有的优先因子均为 1，则优先规划模型（5.3）退化为加权目标规划模型（5.2）；如果所有的优先因子和所有的惩罚权重系数均为 1，则优先目标规划模型（5.3）退化为等权重的目标规划模型（5.1）。因此，模型（5.3）可以看成是线性目标规划的一般数学形式。

4. 优先目标规划的求解方法。

（1）引进优先因子。在决策变量和决策目标较少的情况下，可以通过引进优先因子的方法来建立和求解优先规划模型。需要注意的是，在决策变量较多，尤其是决策目标数量较多的情况下，用引进优先因子方法求解优先规划，并不十分方便，原因在于如果最大和最小两极的优先因子的数量级别相差太大，可能会影响模型求解的精度，甚至有可能导致错误的结果。

（2）递次优化。用递次优化方法求解优先规划问题，过程清楚，容易理解。更为重要的是，在管理实践中，确定目标的优先顺序通常要比给目标赋予权重来表示其相对重要程度容易得多。因此，递次优化的方法不失为一种建立和求解优先目标规划的实用方法。

用递次优化的方法建立并求解优先规划模型的基本步骤如下：

①将决策者所追求的目标按照其重要程度排出优先顺序。

②先对优先级别最高的第一个目标进行优化，即以第一个目标的偏离变量的和（或加权和）为目标函数，使之最小化，求得模型的最优解。

③根据优化得到的结果，添加新的约束条件（约束条件的左边为非负偏离变量，右边值为经过优化以后已经达到的最小偏离值），这样，可以确保在第一个目标的偏离值（最优值）保持不变的条件下，接着优化第二个目标。然后再添加新的约束条件，并确保在第一个和第二个目标的最优值保持不变的条件下，优化第三个目标。此后，按照目标优先级别从高到低反复添加新的约束条件并求解，直至最后一个目标值得到优化为止。所得结果即为优先目标规划的相对最优解。

除了以上两种方法之外，一些软件开发商已经开发出了专门用于求解优先目标规划的计算机软件。对于需要经常求解优先目标规划的用户来说，使用专用软件自然要方便得多。

实验一：目标规划模型

一、实验目的与要求

1. 理解决策问题的多目标性和目标规划的基本思想；
2. 掌握目标规划原理及其应用；
3. 熟练掌握通过引进偏离变量建立目标规划模型的基本方法；
4. 能够熟练地建立目标规划电子表格模型并求解。

二、实验准备

1. 掌握目标规划的基本思想和建立模型的方法；

2. 自己准备一个多目标优化决策问题，收集相关数据，并写出数学形式的目标规划模型；

3. 启动 Excel，并加载 Solver 软件。

三、实验步骤

1. 建立目标规划模型。

例 5.1：某工厂计划在下一个生产周期内生产甲、乙两种产品，有关数据资料如表 5－1 所示。工厂的决策问题是要优化产品的生产结构。目标包括两个方面：一是要使获得的利润尽可能最大化，决策者的预设目标值为 50000 单位；二是要使产品结构尽可能适应市场的需要。具体来说，根据工厂对市场的调查和预测，产品甲的销路不是太好，应尽可能少生产，预设目标值为 100 单位；产品乙的销路较好，应尽可能多生产，预设目标值为 300。试建立此决策问题的目标规划模型并求解。

表 5－1　　　　工厂决策问题数据

	产品甲	产品乙	资源总量
钢材	9	4	3600
煤炭	4	5	2000
设备台时	3	10	3000
单件利润	70	120	

（1）建立初始线性规划模型。定义 X_1 和 X_2 分别为下一个生产周期内甲、乙两种产品的生产量，则上述决策问题的数学模型为：

$$\begin{cases}\text{Max} \quad 70X_1 + 120X_2 \\ \text{Min} \quad X_1 \\ \text{Max} \quad X_2\end{cases}$$

S. T.

$$\begin{cases}9X_1 + 4X_2 \leqslant 3600 \\ 4X_1 + 5X_2 \leqslant 2000 \\ 3X_1 + 10X_2 \leqslant 3000 \\ X_1,\ X_2 \geqslant 0\end{cases}$$

（2）建立目标约束条件。定义 U_1、U_2、U_3 分别为本例中利润、产品甲生产量、产品乙生产量等 3 个目标的负向偏离变量，E_1、E_2、E_3 分别为 3 个目标的正向偏离变量，根据决策者对个目标预设的目标值，可建立如下 3 个目标约束条件：

$70X_1 + 120X_2 + U_1 - E_1 = 50000$

$X_1 + U_2 - E_2 = 100$

$X_2 + U_3 - E_3 = 300$

（3）建立目标函数。根据目标规划的基本思想，多目标规划问题的最优解必须可使得各目标实现值与预设值之间偏差值之和最小化，因此有

$$\text{Min} \quad U_1 + U_2 + U_3 + E_1 + E_2 + E_3$$

综合以上结果，可得到例 5.1 完整的目标规划模型：

$$\text{Min}\quad U_1+U_2+U_3+E_1+E_2+E_3$$

S. T.

$$\begin{cases}9X_1+4X_2\leqslant 3600\\4X_1+5X_2\leqslant 2000\\3X_1+10X_2\leqslant 3000\\70X_1+120X_2+U_1-E_1=50000\\X_1+U_2-E_2=100\\X_2+U_3-E_3=300\\X_1,\ X_2,\ U_1,\ U_2,\ U_3,\ E_1,\ E_2,\ E_3\geqslant 0\end{cases}$$

2. 建立电子表格目标规划模型。

例 5.1 的电子表格目标规划模型，如图 5－1 所示。

注意：模型的可变单元格为 B5∶I5。

有关单元格的公式分别为：

J5：＝SUM（D5∶I5）

J7：＝SUMPRODUCT（$B$5∶$I$5，B7∶I7）

J8：＝SUMPRODUCT（$B$5∶$I$5，B8∶I8）

J9：＝SUMPRODUCT（$B$5∶$I$5，B9∶I9）

J10：＝SUMPRODUCT（$B$5∶$I$5，B10∶I10）

J11：＝SUMPRODUCT（$B$5∶$I$5，B11∶I11）

J12：＝SUMPRODUCT（$B$5∶$I$5，B12∶I12）

	A	B	C	D	E	F	G	H	I	J	K	L	M
1	目标规划模型												
2													
3		产品甲	产品乙	利润目标		甲产量目标		乙产量目标					
4		X_1	X_2	U_1	E_1	U_2	E_2	U_3	E_3	目标函数			
5										0			
6	约束条件：												
7	钢材	9	4							0	<=	3600	
8	煤炭	4	5							0	<=	2000	
9	设备台时	3	10							0	<=	3000	
10	利润目标	70	120	1	−1					0	=	50000	
11	甲产量目标	1				1	−1			0	=	100	
12	乙产量目标		1					1	−1	0	=	300	
13													

图 5－1　目标规划模型

3. 启动 Solver 定义并求解目标规划模型。

4. 用目标规划解决自己准备的多目标优化决策问题。

四、实验总结

1. 线性规划具有单一目标函数的特征，但许多现实决策问题具有多目标性。目标规划是用于解决多目标优化决策问题的规划技术。

2. 目标规划的基本思想是：决策者提出想要实现的目标并确定预期目标值，然后再以所实现目标值与预设目标值之间的偏差量（或偏差惩罚值）最小化为目标函数来建立和求解数学规划模型，从而得到相对最优解（也称为满意解）。

3. 建立目标规划模型的基本方法是：先根据具体多目标优化决策问题，建立一个初始线性规划模型；然后引进非负偏离变量，并建立目标约束条件；最后建立使偏离值（或加权偏离值）最小化的目标函数。

五、思考题

1. 决策问题的多目标性主要表现在哪些方面？

2. 解决多目标规划问题的基本思路是怎样的？

3. 目标规划模型中的目标约束条件有何特点？

4. 例 5.1 的最优解是怎样的？决策者预设的目标值实现的情况如何？

5. 如果你是本问题的决策者，你是否会接受模型求解的结果？为什么？

实验二：加权目标规划

一、实验目的与要求

1. 理解加权目标规划的基本思想；

2. 掌握加权目标规划原理及其应用；

3. 能够科学地确定符合决策者意愿和偏好的惩罚权重；

4. 能够熟练地建立加权目标规划电子表格模型并求解。

二、实验准备

1. 掌握加权目标规划的基本思想和建立模型的方法；

2. 自己准备一个多目标优化决策问题，收集相关数据，并写出数学形式的加权目标规划模型；

3. 启动 Excel，并加载 Solver 软件。

三、实验步骤

1. 确定偏离目标的惩罚权重。

为了确定偏离目标的惩罚权重，必须与决策者进行密切沟通。对于例 5.1，假定工厂决策者对于利润、产品甲生产量、产品乙生产量这 3 个目标的偏离变量确定的惩罚系数分别为每单位 1、50、100，并且对于符合决策者意愿的偏离（即，利润的正向偏离、产品甲生产量的负向偏离和产品乙生产量的正向偏离）不给予惩罚（即惩罚权重系数为零）。

根据给定的偏离目标的惩罚权重，加权目标规划模型的目标函数变为：

$$\text{Min} \quad U_1 + 100U_3 + 50E_2$$

2. 建立电子表格加权目标规划模型。

例 5.1 的电子表格加权目标规划模型，如图 5－2 所示。

注意：模型的可变单元格为 B6：I6。

	A	B	C	D	E	F	G	H	I	J	K	L	M
1	**加权目标规划模型**												
2													
3		**产品甲**	**产品乙**	**利润目标**		**甲产量目标**		**乙产量目标**					
4		X_1	X_2	U_1	E_1	U_2	E_2	U_3	E_3	**目标函数**			
5	**权重**			1			50	100		0			
6													
7	**约束条件：**												
8	**钢材**	9	4							0	<=	3600	
9	**煤炭**	4	5							0	<=	2000	
10	**设备台时**	3	10							0	<=	3000	
11	**利润目标**	70	120	1	−1					0	=	50000	
12	**甲产量目标**	1				1	−1			0	=	100	
13	**乙产量目标**		1					1	−1	0	=	300	
14													

图 5－2　加权目标规划模型

有关单元格的公式分别为：

J5：=SUMPRODUCT（$D$6:$I$6，D5:I5）

J8：=SUMPRODUCT（$B$6:$I$6，B8:I8）

J9：=SUMPRODUCT（$B$6:$I$6，B9:I9）

J10：=SUMPRODUCT（$B$6:$I$6，B10:I10）

J11：=SUMPRODUCT（$B$6:$I$6，B11:I11）

J12：=SUMPRODUCT（$B$6:$I$6，B12:I12）

J13：=SUMPRODUCT（$B$6:$I$6，B13:I13）

3. 启动Solver定义并求解加权目标规划模型。

4. 用加权目标规划解决自己准备的多目标优化决策问题。

四、实验总结

1. 加权目标规划的合理性在于：

（1）在多目标优化决策问题中，不同目标的重要程度、指标性质、计量单位和数量级别等各有不同。在很多情况下，将它们的偏离值不加区分地简单相加，作为目标函数是不合理的；

（2）决策者对不同目标的偏好各不相同。他们往往会对一些重要的和关键性的目标更加关注，宁可让其他一些目标偏离值更大一些，也要尽可能使主要目标或关键目标达到或接近预设目标值；

（3）不同目标的偏离方向也具有不同的意义。有些目标值的正向偏离正好是决策者所期望的，而有些目标值的正向偏离则可能恰好是决策者所不希望的。

2. 对目标函数中偏离变量给予不同权重的目标规划模型称为加权目标规划模型。偏离变量权重系数也称为惩罚系数。惩罚系数越大，将会促使该目标的偏离值尽可能达到越小。

五、思考题

1. 什么是惩罚权重？加权目标规划模型与普通等权重目标规划模型有何内在联系？

2. 例5.1的加权目标规划模型的最优解是怎样的？决策者预设的目标值实现的情况如何？

3. 如果你是本问题的决策者，你是否会接受加权目标规划模型求解的结果？为什么？

4. 对于例5.1的加权目标规划模型，如果将工厂决策者对于利润、产品甲生产量、产品乙生产量这3个目标的偏离变量确定的惩罚系数分别改为每单位100、

50、1，并且对于符合决策者意愿的偏离（即，利润的正向偏离、产品甲生产量的负向偏离和产品乙生产量的正向偏离）不给予惩罚（即惩罚权重系数为零），最优解将会发生怎样的变化？

5. 怎样才能科学地确定符合决策者意愿和偏好的惩罚权重？

实验三：优先目标规划

一、实验目的与要求

1. 理解优先目标规划的基本思想；

2. 掌握优先加权目标规划原理及其应用；

3. 能够熟练地运用引进优先因子的方法，建立优先目标规划电子表格模型并求解；

4. 能够熟练地运用递次优化的方法，建立优先目标规划电子表格模型并求解。

二、实验准备

1. 掌握优先目标规划的基本思想和建立模型的方法；

2. 自己准备一个多目标优化决策问题，收集相关数据，并写出数学形式的优先目标规划模型；

3. 启动 Excel，并加载 Solver 软件。

三、实验步骤

1. 确定偏离目标的优先因子。

对于例 5. 1，假设决策者确定的目标优先顺序为：产品乙的生产量目标为第一优先级，产品甲的生产量为第二优先级，利润为第三优先级，则不妨设定这 3 个目标的优先因子分别为 1000000、1000 和 1，从而得到以下优先目标规划模型的目标函数（本例假定惩罚权重相同，且均为 1）：

Min $U_1 + 1000U_2 + 1000000U_3 + E_1 + 1000E_2 + 1000000E_3$

2. 建立电子表格优先目标规划模型。

参照图 5 - 2 建立优先目标规划模型。

注意：由于本例假定惩罚权重相同，且均为 1，因此，模型中仅包含优先因子。否则，应将各偏离变量的惩罚权重系数和优先因子相乘，作为优先目标规划模型的目标函数系数。

3. 启动 Solver 定义并求解目标规划模型。

4. 用递次优化方法求解优先目标规划模型。

请参照图 5－3，针对例 5.1，建立优先目标规划模型。图 5－3 所示的是一个用递次优化方法求解的优先目标规划模型的示意图。模型的布局既考虑了逐步扩充模型和多次求解的需要，同时也兼顾了可读性。

	A	B	C	D	E	F	G	H	I
1	**优先目标规划模型**								
2									
3		产品丙	产品乙	产品丙					
4		X_1	X_2	X_3					
5		0	20	0					
6	约束条件：								
7	设备	3	1	2	20	<=	20		
8	劳动	2	1	3	20	<=	35		
9									
10	目标优先顺序：								
11					实现值	负向偏差	正向偏差		预设值
12	1.利润	8	4	2	80	0	0	=	80
13	2.产量	4	2	5	50	10	0	=	50
14	3.污染排放	2	1	3	30	10	0	=	30
15	4.占用资金	6	4	3	60	0	20	=	60
16									
17	优化步骤：					已达偏差			
18	1.利润偏差最小			0	=	0			
19	2.产量偏差最小			10	=				
20	3.污染排放偏差最小			10	=				
21	4.占用资金偏差最小			20	=				
22									

图 5－3　用递次优化方法求解优先目标规划模型

关于递次优化模型示意图，有以下几点需要说明：

（1）图中粗方框所包围的单元格区域为可变单元格，包括决策变量和目标偏离变量。由于这两组单元格区域不连续，因此在“规划求解参数”对话框的“可变单元格”编辑框中，两组单元格区域引用之间要用逗号“,”连接，表示单元格区域的联合运算。

（2）图中细方框所包围的单元格区域为目标函数和待添加的新约束条件区

域。在每一次优化之前，等号的左边为目标单元格，通过公式引用一个偏离变量。例如：

=F13

在每一次优化之后，应将已达到的偏离值填入到等号的右边单元格，以作为即将新添加的约束条件的右边值。

（3）图中“实现值”栏下的单元格为目标约束条件的左边值，需要输入计算公式。例如，单元格 E12 中的公式为：

=SUMPRODUCT（$B$5:$D$5，B12:D12）+F12 -G12

其他单元格的公式与之类似，此处不一一列举。“预设值”栏下的值是目标约束条件的右边值，为常量。

（4）图中显示的是第一次优化完毕，准备进行第二次优化时的情形。此时，启动“规划求解”工具后，在“规划求解参数”对话框中应输入的内容如图 5 -4 所示。因为是第二次优化，所以目标单元格为 $D$19，而新添加的一个约束条件为：

$D$18 =$F$18

它表示，作为前一次优化结果的第一个目标可以达到的最小目标偏离值为零的条件必须得到满足。

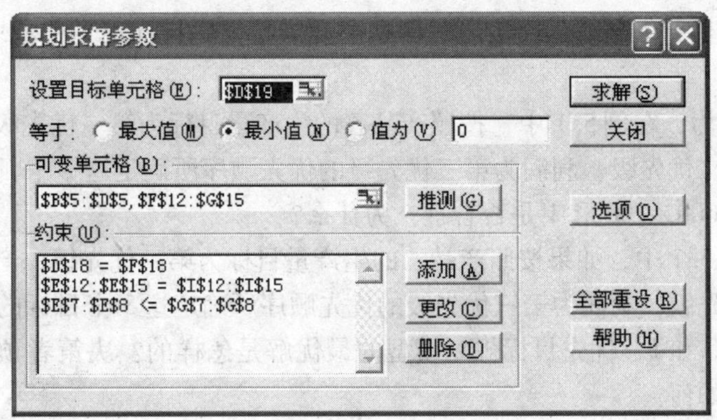

图 5 -4 “规划求解参数”对话框

5. 用优先规划解决自己准备的多目标优化决策问题。

四、实验总结

1. 在很多情况下，多个目标之间存在着优先级别的差异，即决策者可能希望按照一定的先后顺序，逐个地使所追求的目标达到或尽可能接近于预设目标值。在管理实践中，确定目标的优先顺序要比给目标赋予权重系数来表示其相对重要程度容易得多。

2. 通过引进优先因子，可以将加权目标规划模型推广为优先目标规划模型。优先因子可以看成是在数量级别上相差很大的惩罚权重系数，在求解优先目标规划时，优先级别高的目标总是率先达到或尽可能接近于预设目标值。

3. 用递次优化的方法求解优先目标规划问题基本步骤是：先将决策者所追求的目标按照其重要程度排出优先顺序；然后，对优先级别最高的目标进行优化，得到目标偏离值（或加权偏离值）最小的最优解；此后，再将优化过的目标偏离值保持不变作为新的约束条件添加到模型中，以确保在高级别的目标最优值保持不变的条件下，优化次一级的目标；不断重复这一过程，直至最后一个目标值得到优化为止。所得结果即为优先目标规划的相对最优解。

五、思考题

1. 什么是优先因子？加权目标规划与优先目标规划有何内在联系？

2. 例5.1的优先目标规划模型的最优解是怎样的？决策者预设的目标值实现的情况如何？

3. 如果你是本问题的决策者，你是否会接受优先目标规划模型求解的结果？为什么？

4. 你认为，在例5.1中，按照产品乙的生产量目标为第一优先级，产品甲的生产量为第二优先级，利润为第三优先级的优先顺序所确定这3个目标的优先因子分别为10000、100和1是否合理？为什么？

5. 在例5.1中，如果按照产品乙的生产量目标为第一优先级，产品甲的生产量为第二优先级，利润为第三优先级的优先顺序所确定这3个目标的优先因子分别为100、10和1，优先目标规划模型的最优解是怎样的？决策者预设的目标值实现的情况如何？

6. 如何科学而合理地确定优先目标规划模型的优先因子？

7. 用递次优化的方法建立和求解优先目标规划模型有哪几个基本步骤？这种求解方法有何优点和不足？

综合思考题

1. 什么是线性规划的单一目标特征？可否在普通线性规划模型中，添加约束条件来描述决策者对目标的追求和决策偏好？为什么？

2. 目标规划的基本思想是怎样的？其基本数学模型形式是怎样的？

3. 简单目标规划模型、加权目标规划模型、优先目标规划模型之间有何内在联系？

4. 如何在与决策者进行充分沟通的基础上，科学而合理地确定加权目标规划模型的惩罚权重系数和优先目标规划模型的优先因子？

5. 根据对自己准备的有关多目标优化决策问题的实验和研究情况，撰写一份综合实验报告或管理科学研究报告。

第六实验单元

风险型决策分析

▷ 实验一：决策树与 TreePlan 软件
▷ 实验二：风险型决策的敏感性分析
▷ 实验三：完全信息的价值
▷ 实验四：效用理论与风险型决策

实验目的

1. 理解风险型决策原理和方法；

2. 掌握风险型决策软件 Tree Plan 的使用操作技术；

3. 能够熟练地运用决策树进行风险型决策分析；

4. 能够熟练地运用 Excel 的“单变量求解”和“模拟运算表”等工具进行风险型决策的敏感性分析；

5. 能够理解并计算完全信息价值；

6. 能够运用效用理论进行风险型决策分析；

7. 能够运用风险型决策分析方法和技术研究及解决现实风险型决策问题。

知识要点

一、决策类型

决策是为了达到预定目标，在若干可供选择的行动方案中，确定一个最佳或满意方案的过程。根据决策环境（也称自然状态，即未来可能出现的与决策问题密切相关的情况）的不同，可将决策分为确定型、风险型和不确定型等三种决策类型。

1. 确定型决策。

确定型决策是指自然状态完全确定条件下的决策。在这一类决策问题中，由于自然状态是完全确定的，因此，每一个方案都只有一种确定的结果。决策者只需在多个可供选择的行动方案中，选择一个能够最大限度地达成预定目标的最佳行动方案即可。

2. 不确定型决策。

不确定型决策和风险型决策都是在决策环境不完全确定的情况下的决策。由于存在不可控制的自然状态，采取一种方案可能出现几种不同的结果。不确定型决策是指决策者对未来自然状态虽有一定程度的了解，但无法确定各种自然状态出现可能性大小情况下的决策。

3. 风险型决策。风险型决策是指决策者虽然对未来的自然状态不完全确定，但可以确定各种自然状态出现概率情况下的决策。两者之间的区别仅在于决策者对未来自然状态出现的概率是否为已知。

对于不确定型决策，决策者通常可以通过调查研究，利用经验信息，采用科学方法，对与决策问题密切相关的各种自然状态发生的概率进行估计，从而将不确定型决策转变为风险型决策。

二、决策准则

风险型决策准则主要有最大可能性准则、最大期望值准则和最大期望效用值准则。

1. 最大可能性准则。

最大可能性决策准则（Maximum Likelihood Criterion）的基本思想是将风险型决策问题转化为确定型决策问题，即在若干自然状态中，选取概率最大状态下的最大收益（或最小损失，也可视为负收益的最大值）方案作为最佳方案。

最大可能性准则适用的基本前提条件是：

（1）各种自然状态发生概率相差较大。在各种自然状态发生概率相差不大时，不宜采用此决策准则，因为在这种情况下，其他自然状态出现的概率基本相当，从而决策者作出正确或错误决策的可能性也基本相同。

（2）决策带有一次性试验的性质。根据小概率原理，小概率事件在一次性试验中是不会出现的。如果一项决策是一次性的或很少重复，则采用最大可能性准则是合理的；否则，决策者作出错误决策的可能性将增大，因为根据小概率原理，随着试验次数的增加，小概率事件出现的概率也将增大。

2. 最大期望值准则。

最大期望值准则（也称为贝叶斯决策准则，Bayes' Decision Rule）就是把每个可供选择的方案在各种自然状态下的收益值看成离散型的随机变量，并求出以各种自然状态出现概率为权重的各备择方案收益值的数学期望，从中选取一个收益值数学期望最大的行动方案作为最优方案的决策准则。

与最大可能性准则相对应，最大期望值准则的适用条件是：

（1）各种自然状态出现的概率相差不是很大。在这种情况下，决策者难以判断究竟以何种自然状态的出现为前提而进行方案的取舍。

（2）决策具有重复性试验的性质。尽管不能保证每一次的决策都正确，但在大量的决策中，决策者的判断可以不断地接近于实际情况。

3. 最大期望效用值准则。

根据对待风险态度的不同，决策者可分为风险回避者、风险偏好者和风险中性者。最大可能性准则和最大期望值准则适用于风险偏好者和风险中性者，但不适用于风险回避者。在风险型决策中，对于风险回避者，如果用效用来量化决策时所要综合考虑的收益和风险因素，并计算出各备选方案的综合效用值，然后选择效用值最大的备选方案作为最佳决策，这就是最大期望效用值决策准则。

最大期望效用值准则的适用条件是：

（1）决策者为风险回避者。

（2）决策者特定的货币效用函数（即将用货币单位计量的收益转换为反映决策者偏好的效用值的函数）可以获得。

三、决策树与 TreePlan 软件

1. 决策树。

决策树是风险型决策分析的重要工具，是一种描述决策问题的树形图，它能够直观地表示在多种方案和多种可能情况下的决策过程。

决策树由决策节点、事件节点和树枝所组成。决策节点（Decision Node）是决策树上需要进行决策的点，通常用方框“□”表示。事件节点（Event Node，也称为机会节点，Chance Node）是决策树上表示随机事件的点，通常用圆圈“○”表示。树枝（Branches）是由节点处分出的枝（线）。

2. TreePlan 软件。

为了能够方便地在电子表格环境下利用决策树进行风险型决策分析，麦克尔·密德唐（Michael Middleton）开发了 TreePlan 软件。该软件的文件名为 TreePlan. xla，可以在 Excel 加载宏的方式安装和运行。

四、风险型决策敏感性分析方法

对风险型决策进行敏感性分析的目的在于考察所选择的方案对参数（各自然状态出现的概率以及各备选方案在不同自然状态下的收益值）变化的敏感性程度，从而判断决策是否妥当，即是否具有较强的抗风险能力。

1. 试算法。

在风险型决策问题的敏感性分析中，一种简单而实用的方法就是试算法，即对

自然状态的概率、方案的收益值等在可能发生误差的范围内作几次变动，并观察最佳决策是否随之改变。如果这些数据变动后，最优方案保持不变，则说明所选择的方案比较稳定，抗风险能力较强；反之，如果这些数据稍加变动，最优方案就发生变化，则说明所选择的方案不稳定，抗风险能力较弱，决策时应更加谨慎。

2. “模拟运算表”工具。

Excel 的“模拟运算表”工具可以方便地用来进行模型中 1 个或两个因素变化的敏感性分析。一维“模拟运算表”可用于单因素敏感性分析。如果采用二维“模拟运算表”，就可以同时分析两个敏感性因素的变化对决策的影响。

3. “单变量求解”工具。

在单一因素的敏感性分析中，如果要找出导致最佳决策发生改变的敏感性因素临界值，可以使用 Excel 的“单变量求解”工具。

除了以上介绍的几种敏感性分析方法之外，一些专用的敏感性分析软件（如 SensIt 等）也可用于风险型决策的敏感性分析。

五、完全信息的价值

1. 完全信息价值的定义。

完全信息的价值（Expected Value of Perfect Information，EVPI）是指完全信息条件下的期望值与先验概率条件下的期望值之差，即因拥有完全信息而带来的增量期望值。用公式表示即为：

$$\text{EVPI} = \text{EP（完全信息）} - \text{EP（先验概率）}$$

在只知道先验概率的条件下，根据最大期望值准则进行决策得到的期望值称为先验概率条件下最佳决策的期望值（Expected Payoff，EP）(先验概率)。

现假设决策者可以获得完全信息（Perfect Information），即在决策之前能够准确地知道未来实际自然状态，并据此进行决策。这种条件下最佳决策的期望值称为完全信息条件下最佳决策的期望值，记为 EP（完全信息）。

完全信息的价值反映出通过获取新信息来改善决策所能够增加的经济利益的极限值。尽管在现实生活中，要获得完全信息事实上是不可能的，但只要获取新信息的代价低于完全信息的价值，就应该在决策过程中考虑获取新的信息。

2. 考虑获取新信息的风险型决策。

考虑获取新信息的风险型决策的一项重要内容是要用新信息去修正先验概率。经过修正的概率称为后验概率。

利用计算出的后验概率，可建立考虑获取新信息的新的决策树模型。在建立新模型时，应注意以下两个方面的问题：

（1）由于决策者首先要决定是否获取新信息，因此，决策树根节点处的备选方案应为“获取新信息”或“不获取新信息”；

（2）如果获取新信息需要增加成本，则应在相应备选方案的收益中扣除。

六、效用理论在风险型决策中的应用

1. 决策者对待风险的态度。

在风险型决策问题中，尽管用货币单位计量的期望收益大小是绝大多数决策者决定备选方案取舍的依据，但在很多情况下，这并不是，也不应该是唯一的依据。因为，这里有一个重要的假设，即货币的边际效用不变。但实际上，决策者对待风险的态度是不尽相同的，他们有的是风险回避者（Risk Averse），有的是风险偏好者（Risk Seekers），有的是风险中性者（Risk Neutral，见图6－1）。对于风险回避者来说，货币的边际效用递减；对于风险偏好者来说，货币的边际效用递增；对于风险中性者来说，货币的边际效用不变。

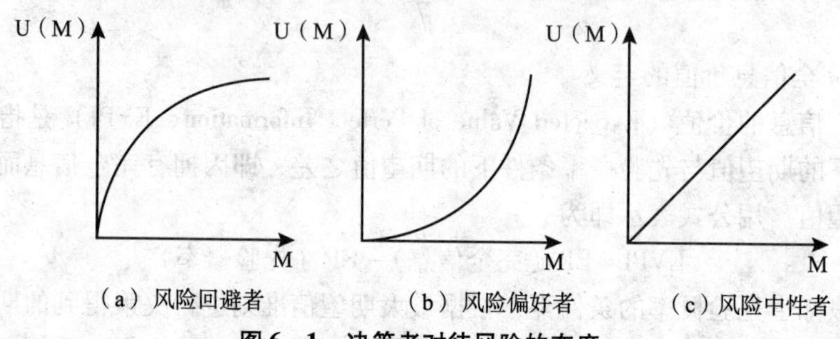

图6－1 决策者对待风险的态度

由于决策者对风险的态度不同，即使是对相同的问题，他们作出的选择也往往不一样。这是因为，能获得最高期望收益的备选方案并不一定是决策者最理想的方案，或者说，最大期望收益决策准则并不适用于每一个决策者或者适用于任何一个具体的决策问题。

2. 最大期望效用值决策准则。

效用是经济学上的一个重要概念，是用来衡量人们对某些事物的主观价值、态度、偏爱、倾向等的一个指标。在风险型决策中，决策者除了要追求尽可能高的期望收益之外，往往还要考虑很多其他因素，用效用来量化决策时所要综合考虑的诸多因素（包括收益和风险），并计算出各备选方案的综合效用值，然后选择效用值最大的备选方案作为最佳决策，这就是最大期望效用值决策准则。这一决策准则适用于风险回避者。

3. 指数效用函数与博彩程序。

用最大期望效用值准则进行风险型决策分析的最重要的任务就是要获得特定的决策者独特的效用函数。指数效用函数是一种较为常用的效用函数。

（1）指数效用函数。指数效用函数（Exponential Utility Function）是一种比较常用的货币效用函数，即将用货币单位计量的收益转换为反映决策者偏好的效用值的函数。指数效用函数的一种简单形式是：

$$U(M) = R(1 - e^{-\frac{M}{R}})$$

其中，M 为备选方案用货币单位计量收益（简称货币收益），R 为决策者的风险容忍度（Risk Tolerance）。

指数效用函数反映的是风险回避者对收益和风险的主观价值判断。R 的值越小，决策者就越倾向于回避风险；R 的值越大，决策者就越接近于风险中性。由于指数效用函数只包含 R 这一个待定参数，因此，只要确定了 R 的值，函数也就确定了，从而也就可以将货币收益值转换为效用值。

（2）博彩程序。博彩程序（Lottery Procedure）是指寻找一定数量的货币对决策者的效用的过程。

货币效用函数的属性是如果两个选择具有相同的期望效用，则决策者在这两个选择导致的行为上是无差异的。对于指数效用函数，要获得 R 的估计值，可以要求决策者在以下两项选择中，作出自己的选择：

$$\begin{cases} \text{A1：以 0.5 概率获得收益 R，以 0.5 概率损失 R/2；} \\ \text{A2：无收益，也无损失。} \end{cases}$$

如果决策者偏向于其中的某项选择，则更换 R 的值，并再次要求决策者作出选择，直到决策者认为两项选择无差异为止。此时的 R 值，可以作为决策者的风险容忍度的估计值。

在确定了决策者的风险容忍度之后，就可以使用 TreePlan 软件并运用最大期望效用值决策准则，来进行决策分析了。

实验一：决策树与 TreePlan 软件

一、实验目的与要求

1. 理解风险型决策准则和决策分析方法；

2. 掌握风险型决策软件（TreePlan）的使用操作技术；

3. 能够熟练地运用 TreePlan 软件建立决策树模型，并进行风险型决策分析。

二、实验准备

1. 理解最大期望值决策准则。

2. 掌握 TreePlan 软件的使用操作技术。

用 TreePlan 软件进行风险型决策分析的基本步骤是：

（1）创建决策树。在成功地加载 TreePlan 软件后，打开 Excel“工具”菜单将出现“Decision Tree”命令，执行该命令即可启动 TreePlan。使用快捷键“Ctrl + t”也可以随时启动 TreePlan。

初次启动 TreePlan 时，系统会弹出新建决策树对话框（见图 6 - 2），按下“New Tree”按钮，TreePlan 将生成默认的决策树（见图 6 - 3）。

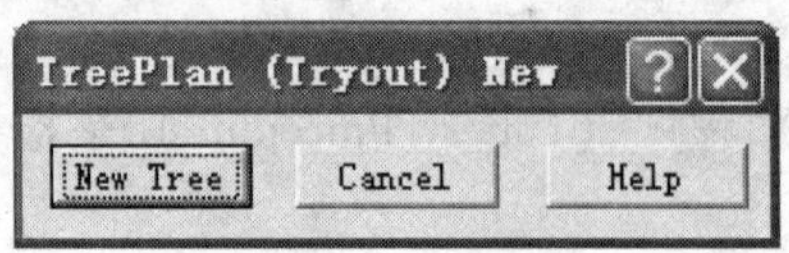

图 6 - 2　创建决策树

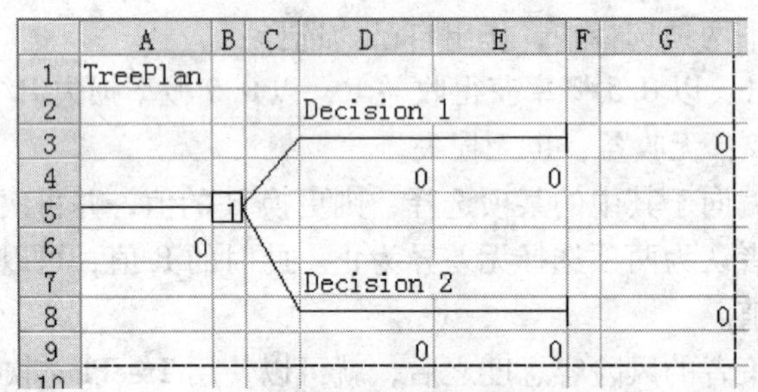

图 6 - 3　默认的决策树

此后，可选择初始决策树树枝末端的单元格，再次启动 TreePlan，此时，系统将弹出树枝末端对话框，用户可以定义节点类型并确定树枝的分支数量（见图 6 - 4）。这一过程可以反复进行，直至创建完成完整的决策树。

如果要对决策树进行修改和重新定义，可选择相应的决策节点或事件节点，再次启动 TreePlan，系统将弹出相应的对话框（事件节点对话框或决策节点对话框），供用户对决策树进行修改和重新定义（见图 6 - 5）。

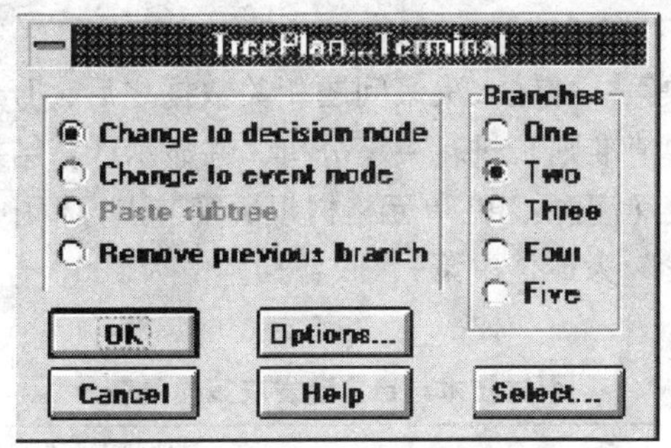

图 6-4　决策树树枝末端对话框

图 6-5　事件节点对话框

（2）编辑决策树。编辑决策树的文字标签。TreePlan 默认的决策标签为“Decision 1”、“Decision 2”等，事件标签为“Event 1”、“Event 2”等。用户可以根据自己的需要进行编辑和修改。

（3）输入决策问题的相关参数，即各种自然状态出现的概率和决策树末端的支付（损益）数值。

至此，一个完整的决策树模型就建成了（见图 6-6）。

例 6.1：风险型决策问题。某公司计划生产一种新产品。新产品的核心技术可采取引进和自主研发两种途径获得。采用引进的方式没有任何风险，但需要支付高昂的技术转让费。在产品生命周期内，公司可以在无风险的情况下获得现值为 90 万元的利润。如果采用自主研发的方式获得该项核心技术，则存在一定的风险，可能成功，也可能失败。根据过去的经验，公司自主研发相关技术成功的概率为 25%，失败的概率为 75%。一旦自主研发成功，公司可以获得现值为 700 万元的高额回报，而一旦失败，则会蒙受 100 万元的损失。这是一个典型的风险型决策问题。公司可供选择的方案及其在不同自然状态下的损益情况如表 6-1

所示。问公司应如何决策？

（4）确定最佳决策。在输入决策问题相关数据之后，TreePlan 将采用默认的决策准则（最大期望值准则）进行决策分析，并显示计算结果。如图 6－6 所示，最佳决策为自主研发（注意：B9 单元格树根决策节点方框中的数字为 1，表示第一分枝的选项“研发”为最佳决策），收益期望值为 100。

表 6－1　　引进技术与自主研发决策损益表

备择方案	自然状态及先验概率	
	成功	失败
	0.25	0.75
研发	700	-100
引进	90	90

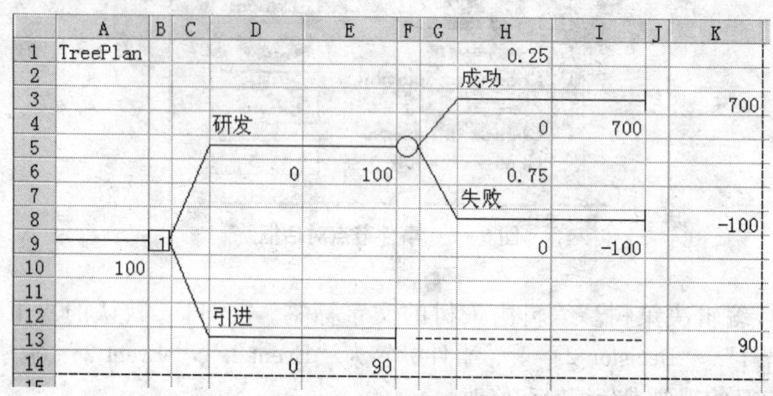

图 6－6　决策树模型

如果要改变决策准则，可选中决策树的一个决策节点或事件节点，并再次启动 TreePlan，在弹出的决策节点对话框或事件节点对话框中（见图 6－5），按下“Options…”按钮。此时，TreePlan 弹出选项（Options）对话框，用户可选择相应的决策准则（见图 6－7）。

其中，在确定性等值（Certainty Equivalents）选项中，可选择采用期望值（Use Expected Values）选项，或者采用指数效用函数（Use Exponential Utinity Function）选项；在决策节点（Decision Node EV/CE Choices）选项中，可选择最大化（利润）［Maximize（profits）］选项，或者最小化（成本）［Minimize（costs）］选项。

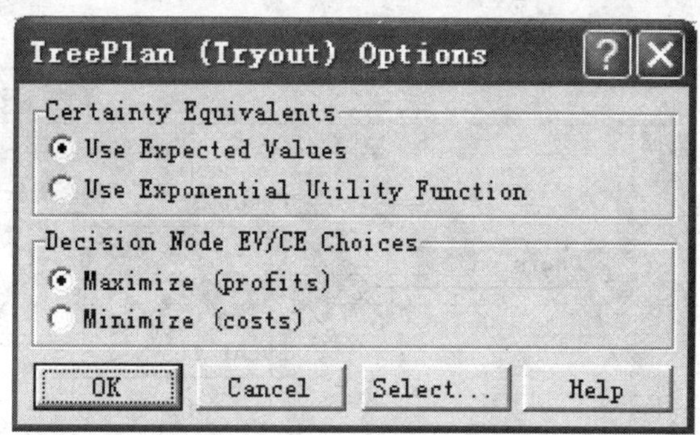

图6-7 TreePlan选项对话框

3. 自己准备一个风险型决策问题以备分析之用（建议预先画出决策树草图）。

4. 启动Excel，并加载TreePlan软件。

注意：如果加载TreePlan软件不成功，可能是因为系统宏安全性的级别设定得过高。此时，请选择Excel“工具”菜单下的“选项”命令，然后，在“安全性”选项卡中，按下“宏安全性”按钮，并在随后弹出的“安全性”选项卡中，选择“中”或者“低”选项，并按下“确定”按钮。

三、实验步骤

1. 创建决策树。

例6.2：某公司获得一块土地开发权。该土地的地底下可能蕴藏石油，其先验概率为0.3。该公司面临的决策是：

（1）转让开发权，可获得的收益为200万元；

（2）选择钻探。若选择钻探，则面临两种不确定的结果：若有石油，则收益为1800万元；若无石油，则收益为-300万元（见表6-2）。

表6-2　　决策—损益表

备择方案	自然状态及先验概率	
	有油	干涸
	0.30	0.70
钻探	1800	-300
转让	200	200

请按图 6－8 所示，创建决策树。

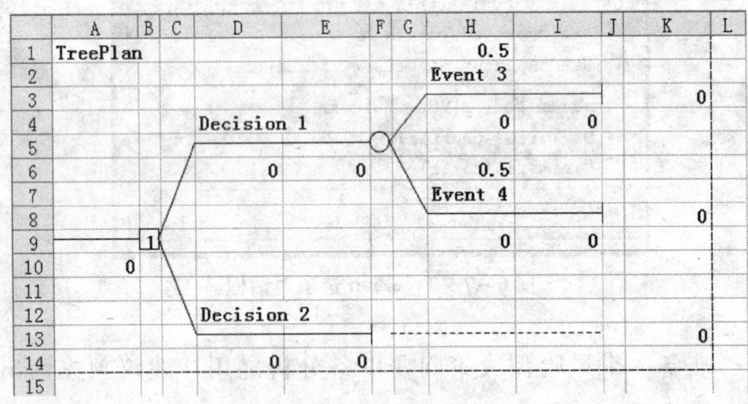

图 6－8　决策树

2. 输入决策问题的相关参数。

在决策树的相关单元格中，输入例 6.2 中的备选方案和事件名称、各种自然状态出现的概率及决策树末端的支付（损益）数值。

注意：有石油和干涸这两种自然状态的概率是相互联系的。输入一种自然状态的概率之后，另一种自然状态的概率最好用公式表示，以便进行敏感性分析。

3. 确定最佳决策。

在输入决策问题相关数据之后，TreePlan 将采用默认的决策准则（最大期望值准则）进行决策分析，并显示计算结果。

四、实验总结

1. 在决策分析中，决策可分为确定型决策、风险型决策和不确定型决策三种类型。风险型决策是指决策者虽然对未来自然状态不完全确定，但可以确定各种自然状态出现概率情况下的决策。

2. 最大期望值准则就是把每个可供选择的方案在各种自然状态下的收益值看成离散型的随机变量，并求出以各种自然状态出现概率为权重的各备选方案收益值的数学期望，从中选取一个收益值数学期望最大的行动方案作为最优方案的决策准则。

3. 决策树是一种描述决策问题的树形图，它能够直观地表示在多种备选方案和多种可能情况下的决策过程，是风险型决策分析的重要工具。TreePlan 软件能够使用户十分方便地在电子表格环境下，建立决策树模型并进行风险型决策分析。

五、思考题

1. 例6.2的最佳决策是什么？最大期望收益是多少？

2. 如果有石油的概率为0.1，最佳决策是否会改变？最大期望收益是多少？

3. 如果有石油的概率仍为0.3，但干涸自然状态下的收益变为-1000万元，最佳决策是否会改变？最大期望收益是多少？

4. 用TreePlan软件进行风险型决策分析有何优越性？

实验二：风险型决策的敏感性分析

一、实验目的与要求

1. 理解对风险型决策问题进行敏感性分析的重要性；

2. 能够熟练地运用Excel的“单变量求解”和“模拟运算表”工具进行风险型决策的敏感性分析；

3. 能够根据敏感性分析的结果，判断决策的抗风险能力。

二、实验准备

1. 掌握Excel的“模拟运算表”工具的使用操作方法（见图6-9）。

用“模拟运算表”工具进行敏感性分析的基本步骤是：

（1）建立决策树模型（见图6-10）。

（2）确定模型的输入单元格和输出单元格。所谓模型的输入单元格是指决策树模型中作为敏感性分析对象的参数所在的单元格。在模拟运算分析中，该单元格的作用类似于数学模型中的自变量。在例6.1中，如果以自主研发成功的概率作为敏感性分析的对象，则该项参数所在的单元格H1即为模型的输入单元格。所谓模型的输出单元格是指决策者所关注的模型计算结果所在的单元格。在模拟运算分析中，该单元格的作用类似于数学模型中的因变量（或函数）。在例6.1例中，决策者关注的是决策树根节点旁收益期望值，因此该值所在的单元格A10即为模型的输出单元格。

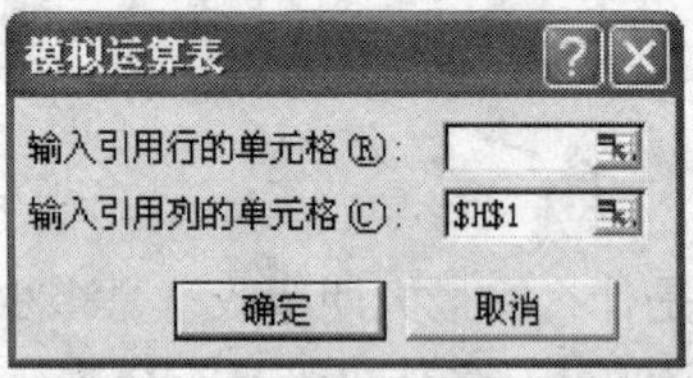

图 6-9 "模拟运算表"对话框

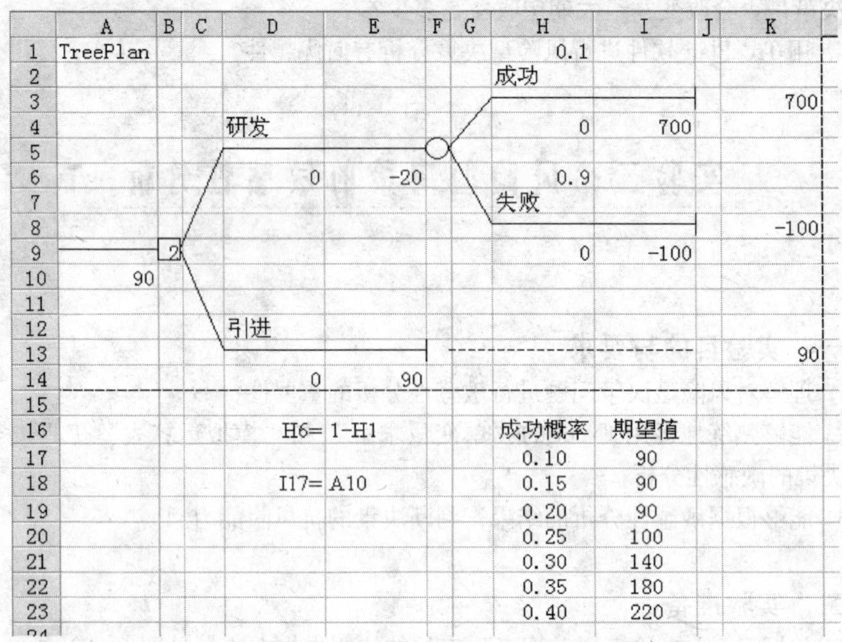

图 6-10 用"模拟运算表"进行单因素敏感性分析

(3) 建立模型中参数间的联系。模型输入参数发生变化如果会影响到其他参数，则应建立起相关参数之间的联系。在例 6.1 中，作为模型参数的"成功"与"失败"的概率之和必须为 1，因此要将这两个参数联系起来。由于 H1 将作为模型的输入单元格，所以可在单元格 H6 中输入公式：

=1 - H1

(4) 在工作表的合适区域输入一组数值。这一组数值将作为模型中输入单元格的取值，顺次代入输入单元格进行计算，一般按列输入（若输入的数据较多，且为等差或等比数值序列，可用"编辑"菜单中的"填充""序列"命令）。在例 6.1 中，可在单元格区域 H17∶H23 中输入 0.10，0.15，…，0.40 等一组数值 (见图 6-10)。

(5) 在第一个输入值右边单元格中，输入一个表示模型输出结果的公式。在示例中，因为模型的输出单元格为 A10，因此，可在单元格 I17 中输入公式：

=A10

(6) 选择包含输入数据和输出数据的单元格区域。本例中为单元格区域 H17:I23 (见图 6-10)。

(7) 在“数据”菜单栏中选择“模拟运算表”命令。在弹出的“模拟运算表”对话框的“输入引用列的单元格”中，输入“=H1”(见图 6-9)。在按下“确定”按钮以后，Excel 即将输入数据列中的各个数值逐个代入决策树模型的输入单元格进行计算，并将输出单元格的相应结果记录在数据表中（即输入数据列的右边，见图 6-10)。

从图 6-10 中敏感性分析的结果来看，如果研发成功的概率不超过 20%，最优决策为引进技术；如果研发成功的概率超过 25%，最优决策将会由引进技术变为自主研发。显然，导致这一最优决策发生变化的敏感性因素（研发成功概率）的临界值在 20% ~25% 之间。

2. 掌握 Excel 的“单变量求解”工具的使用操作方法。

在例 6.1 中，现已知在其他条件不变的情况下，导致最佳决策发生改变的研发成功概率的临界值在 20% ~25% 之间。如果将图 6-10 中 H1 单元格的初始值改为 0.25，单元格 A10 值将变为 100，说明最佳决策为自主研发。此时，为了找到最佳决策发生变化的研发成功概率的临界值，只需找到能够使得单元格 A10 的值等于 90 的 H1 单元格的值即可。为此，可在 Excel“工具”菜单栏中选择“单变量求解”命令。在弹出的“单变量求解”对话框中输入“目标单元格”(A10)、“目标值”(90) 和“可变单元格”(H1)，在按下“确定”按钮以后，系统即可求出问题的解（见图 6-11 和图 6-12)，即导致最优决策发生变化的自主研发成功概率的临界值。

从图 6-12 中可以看出，导致最佳决策发生改变的研发成功概率的临界值为 23.75%。由于此值非常接近原模型中的预估值 25%，可见最佳决策对研发成功

图 6-11 “单变量求解”对话框

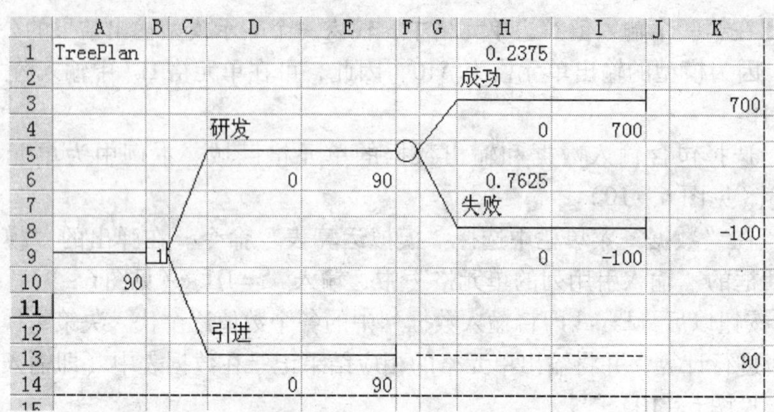

图 6-12 敏感性因素的临界值

的概率的变化极为敏感。

3. 熟练掌握 TreePlan 软件的使用操作技术。

4. 自己准备一个风险型决策问题以备进行敏感性分析之用。

5. 启动 Excel，并加载 TreePlan 软件。

三、实验步骤

1. 选择敏感性因素及一组输入值。

对于例 6.2，确定一个敏感性因素（如有石油的概率），并确定一组待输入的数值（如 0.1，0.2，…，0.8）。敏感性因素初始值所在的单元格即为输入单元格，树根节点下的期望值所在单元格即为输出单元格。

注意：为了进行敏感性分析，干涸的概率必须用公式表示，以便根据有石油的不同概率计算干涸的概率。

2. 建立一维模拟运算表。

将敏感性因素的待输入值，按列输入到工作表中，并在第一个输入数值的右边单元格中输入一个计算结果的公式，例如，如果输出单元格为 A10，则输入公式：=A10。然后，选择相应的单元格区域，启动"模拟运算表"工具，指定输入单元格之后，即可生成一个模拟运算表（见图 6-13）。

注意：输入单元格的初始值应等于模拟运算表输入数据的第一个值。

3. 建立二维模拟运算表。

如果要同时分析两个敏感性因素，如有石油的概率和有石油自然状态下的收益，可建立一个二维模拟运算表（见图 6-14）。

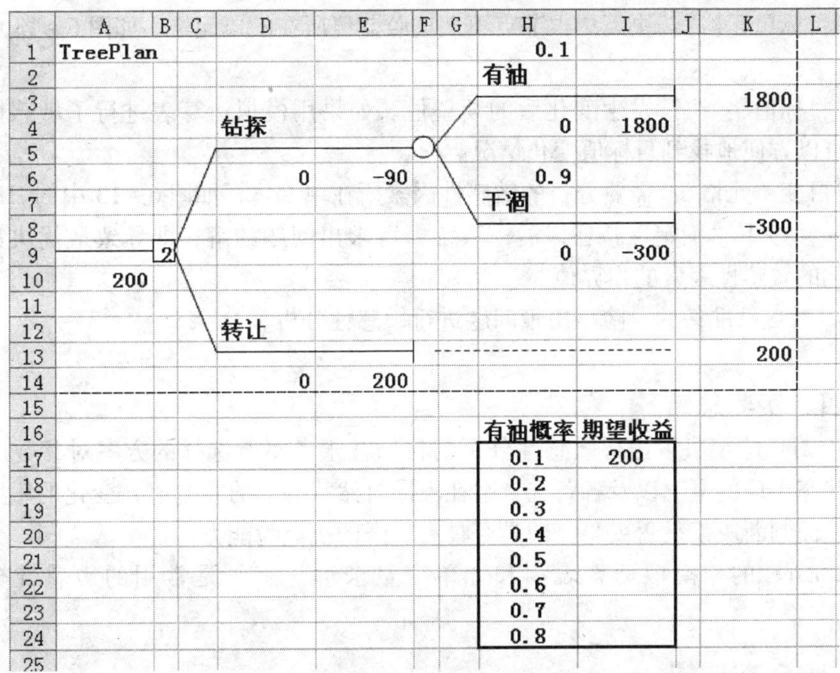

图 6－13　用模拟运算表进行敏感性分析

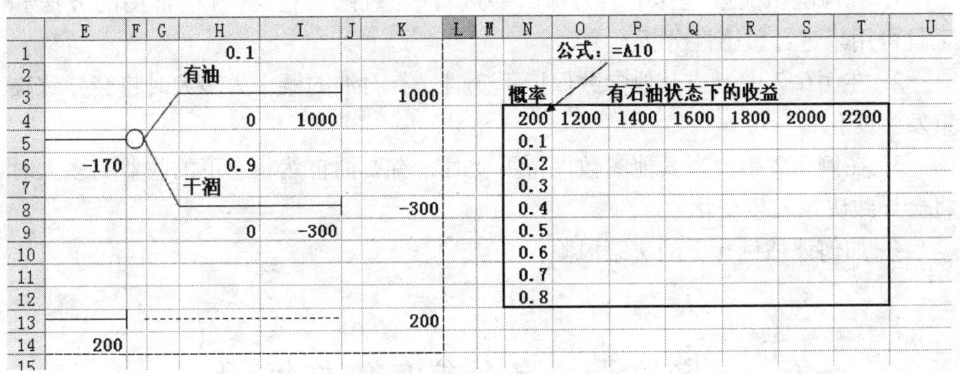

图 6－14　二维模拟运算

注意：二维模拟运算表的输出公式必须输入到行和列输入数据的交叉位置的单元格中。

4. 求解敏感性因素的临界值。

（1）在 Excel“工具”菜单栏中选择“单变量求解”命令。

（2）在弹出的“单变量求解”对话框中（见图 6－11）输入下列参数：

“目标单元格”：决策树根节点下期望收益值所在的单元格，如图 6 – 13 中的 A10。

“目标值”：决策发生变化后的期望值。如果用模拟运算表进行了敏感性分析，可以方便地找到目标值变化情况。

“可变单元格”：需要分析的敏感性因素所在单元格，如图 6 – 13 中的 H1。

（3）按下“确定”按钮以后，系统即可求出问题的解，即导致最优决策发生变化的敏感性因素的临界值。

5. 对自己准备的风险型决策问题进行敏感性分析。

四、实验总结

1. 对风险型决策进行敏感性分析的目的在于考察所选择的方案对参数（各自然状态出现的概率以及各备选方案在不同自然状态下的收益值）变化的敏感程度，从而判断决策是否妥当，即是否具有较强的抗风险能力。

2. Excel 的“模拟运算表”和“单变量求解”工具是常用的敏感性分析工具。

五、思考题

1. 在风险型决策过程中，为什么要进行敏感性分析？有哪些常用的方法和工具可用来进行敏感性分析？

2. 在例 6. 2 中，当其他参数保持不变时，有石油的概率为多大时将会导致决策发生变化？

3. 在例 6. 2 中，当其他参数保持不变时，有石油自然状态下的收益为多大时将会导致决策发生变化？

4. 如何评估例 6. 2 的决策风险？

实验三：完全信息的价值

一、实验目的与要求

1. 理解风险型决策中信息价值分析的重要意义；

2. 能够理解并计算完全信息价值；

3. 能够熟练地利用全概公式和逆概（贝叶斯）公式计算后验概率；

4. 能够熟练地建立考虑获取新信息的风险型决策树模型。

二、实验准备

1. 理解完全信息价值的定义及其决策意义。

2. 掌握完全信息价值的计算方法。

（1）计算 EP（先验概率）。在例6.1中，备选方案自主研发和引进技术的期望值分别为100和90单位，根据最大期望值决策准则，最佳决策为自主研发，因此，先验概率条件下最佳决策期望值为100（见表6－3），即

$$EP（先验概率）=100.$$

表6－3　　先验概率和完全信息条件下的最佳决策期望值

备选方案	自然状态及先验概率		期望值（EP）
	成功	失败	
	0.25	0.75	
研发	700	−100	100
引进	90	90	90
最大值	700	90	100

（2）计算 EP（完全信息）。如果决策者已知未来肯定成功，则最佳决策应为自主研发，因为在成功的条件下该方案具有最大收益，即700单位；反之，如果决策者已知未来肯定失败，则最佳决策应为引进技术，因为在失败的条件下该方案具有最大收益，即90单位。同时，由于成功和失败的概率分别为25%和75%，因此，完全信息条件下的最佳决策期望值为242.5，即

$$EP（完全信息）=700\times 0.25+90\times 0.75=242.5$$

由于EP（完全信息）表示完全信息条件下最佳决策的期望值，因此可以借助决策树来描述这一决策过程，并计算EP（完全信息）。这一决策树与普通的决策树之间的一个重要区别在于其根节点为事件节点（见图6－15）。

（3）计算完全信息的价值。

$$EVPI=EP（完全信息）-EP（先验概率）$$
$$=242.5-100=142.5$$

3. 掌握全概公式和逆概（贝叶斯）公式的含义并能够计算后验概率。

对于例6.1，假定决策者考虑请一家咨询机构来对公司自主研发新产品核心技术的可行性进行评估，然后根据评估结论进行决策。根据相关资料，实际自然

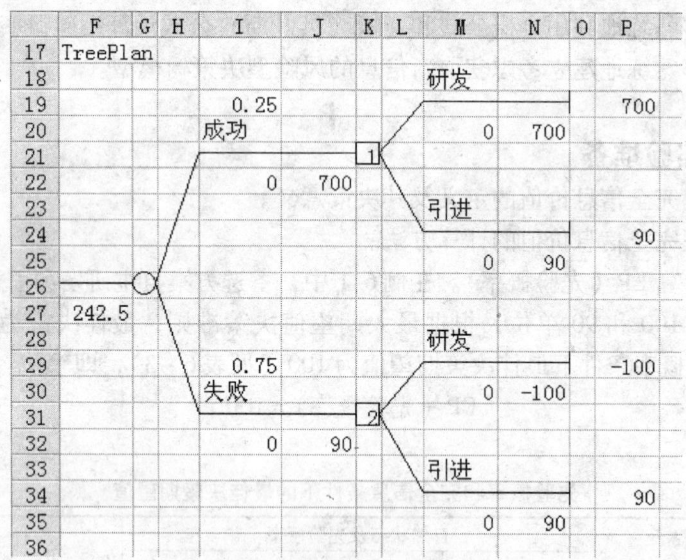

图 6－15　完全信息条件下的期望值

状态为“成功”而该咨询机构评估结论为“可行”和“不可行”的概率分别为60%和40%；实际自然状态为“失败”而评估结论为“可行”和“不可行”的概率分别为20%和80%（见表6－4）。当然这并不奇怪，因为任何一家评估机构都不可能得出百分之百准确的结论。

表 6－4　　实际自然状态与评估结论资料

实际自然状态	P（评估结论/自然状态）	
	可行	不可行
成功	0.6	0.4
失败	0.2	0.8

根据表6－4中的概率，可以计算出相关事件（即自然状态与评估结论不同组合）的联合概率：

$$P(\text{成功且可行}) = P(\text{成功})P(\text{可行/成功}) = 0.25 \times 0.6 = 0.15$$

$$P(\text{失败且可行}) = P(\text{失败})P(\text{可行/失败}) = 0.75 \times 0.2 = 0.15$$

$$P(\text{成功且不可行}) = P(\text{成功})P(\text{不可行/成功}) = 0.25 \times 0.4 = 0.10$$

$$P(失败且不可行) = P(失败)P(不可行/失败) = 0.75 \times 0.8 = 0.60$$

据此，可得到以下无条件概率：

$$P(可行) = P(成功且可行) + P(失败且可行) = 0.15 + 0.15 = 0.3$$

$$P(不可行) = P(成功且不可行) + P(失败且不可行) = 0.10 + 0.60 = 0.7$$

进而可利用贝叶斯公式，计算出给定评估结论条件下的各种自然状态的后验概率（见表6－5）：

$$P(成功/可行) = P(成功且可行) \div P(可行) = 0.15 \div 0.3 = 0.5$$

$$P(失败/可行) = P(失败且可行) \div P(可行) = 0.15 \div 0.3 = 0.5$$

$$P(成功/不可行) = P(成功且不可行) \div P(不可行) = 0.10 \div 0.7 = 0.1429$$

$$P(失败/不可行) = P(失败且不可行) \div P(不可行) = 0.60 \div 0.7 = 0.8571$$

表6－5　给定评估结论条件下的自然状态的后验概率

评估结论	P（自然状态/评估结论）	
	成功	失败
可行	0.5000	0.5000
不可行	0.1429	0.8571

4. 掌握根据后验概率建立考虑获取新信息的决策树模型的方法。

对于例6.1，在计算出后验概率之后，可建立考虑获取新信息的新的决策树模型。在建立新模型时，必须注意以下两个方面的问题：

（1）由于决策者首先要决定是否进行咨询，因此，决策树根节点处的备选方案为“咨询”或“不咨询”（见图6－16）；

（2）如果进行咨询需要增加成本，则应在相应备选方案的收益中扣除。在例6.1中假设此项成本为10单位，因此，在进行咨询的情况下，各备选方案的收益均减少10单位。

从图6－16中可以看出，公司的最佳决策是进行咨询（即请该咨询机构进行自主技术研发可行性评估），如果评估结论为“可行”，则自主研发；如果评估

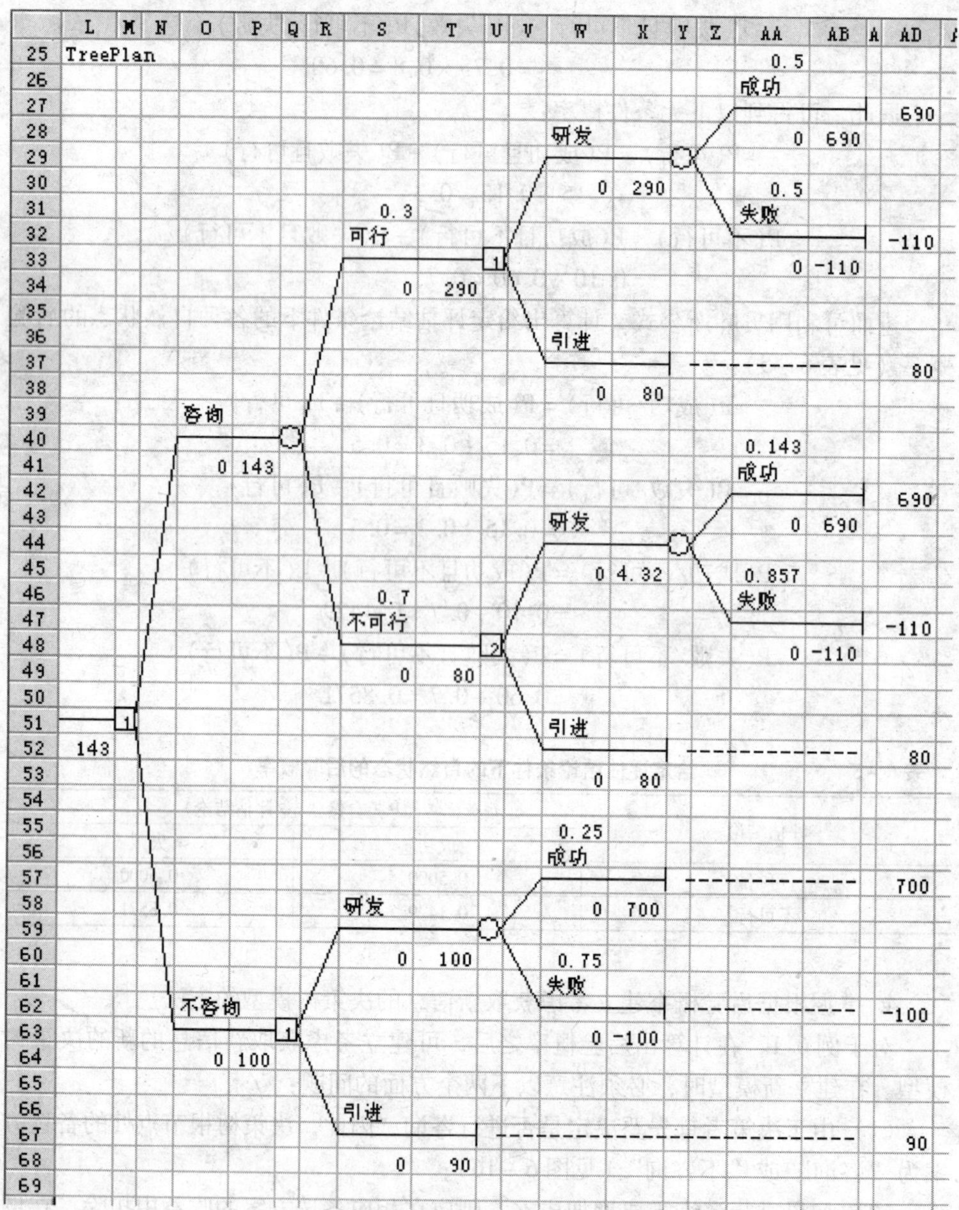

图 6-16　考虑获取新信息的决策树

结论为"不可行"，则引进技术。这一决策扣除咨询成本后的期望值为 143 单位，高于先验概率条件下的期望值，但低于完全信息条件下的期望值。当然，这一期望值的大小与咨询机构所提供信息的质量和获取该信息的成本有关。

5. 自己准备一个风险型决策问题以备分析之用。

6. 启动 Excel，并加载 TreePlan 软件。

三、实验步骤

1. 计算完全信息的价值。

（1）将表6－6中的数据输入工作表，并输入公式计算各备选方案的期望值、最大期望值，即 EP（先验概率），以及不同自然状态下所有备选方案的最大收益值。

（2）计算完全信息条件下的期望值，即 EP（完全信息）。先用 Excel 公式计算，然后建立决策树模型进行计算（见图6－17）。

注意：决策树的根节点为事件节点。

表6－6　先验概率和完全信息条件下的最佳决策期望值

备选方案	自然状态及先验概率		期望值（EP）
	有油	干涸	
	0.3	0.7	
钻探	1800	－300	
转让	200	200	
最大值			

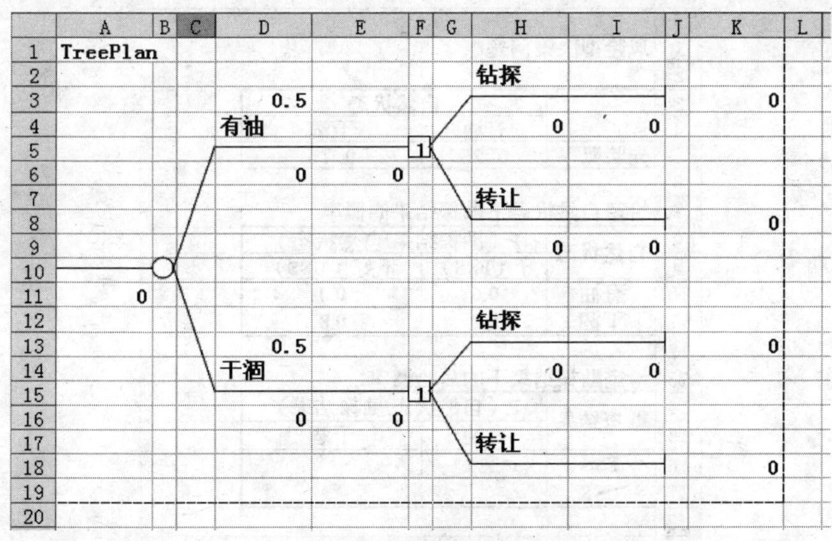

图6－17　完全信息条件下的期望值

（3）计算完全信息的价值。即：

EVPI = EP（完全信息）– EP（先验概率）

2. 计算后验概率。

假设某公司可对地下是否有石油进行勘探。该公司过去勘探的结果与实际自然状态的情况，如表 6 – 7 所示。

请根据上述资料，计算给定勘探结果条件下的后验概率。为便于分析问题，请按图 6 – 18 所示用 Excel 公式进行计算。图中 C16:D17 单元格中的公式分别为：

C16：= C5 * C10/(C5 * C10 + D5 * C11)

D16：= D5 * C11/(C5 * C10 + D5 * C11)

C17：= C5 * D10/(C5 * D10 + D5 * D11)

D17：= D5 * D11/(C5 * D10 + D5 * D11)

3. 建立考虑获取新信息的风险型决策模型。

利用计算出的后验概率，参照图 6 – 19 建立考虑获取新信息的新的决策树模型，并将有关参数输入到模型之中（暂不考虑获取新信息的成本，即勘探成本）。

表 6 – 7　　实际自然状态与勘探结果资料

实际自然状态	P（勘探结果/自然状态）	
	好（FSS）	不好（USS）
有油	0.6	0.4
干涸	0.2	0.8

	B	C	D	E
1	风险型决策问题			
2				
3		自然状态		
4		有油	干涸	
5	先验概率	0.25	0.75	
6				
7	给定自然状态下勘探结果的概率			
8	自然状态	P（勘探结果/自然状态）		
9		好（FSS）	不好（USS）	
10	有油	0.6	0.4	
11	干涸	0.2	0.8	
12				
13	给定勘探结果下的后验概率			
14	勘探结果	P（自然状态/勘探结果）		
15		有油	干涸	
16	FSS			
17	USS			
18				

图 6 – 18　后验概率

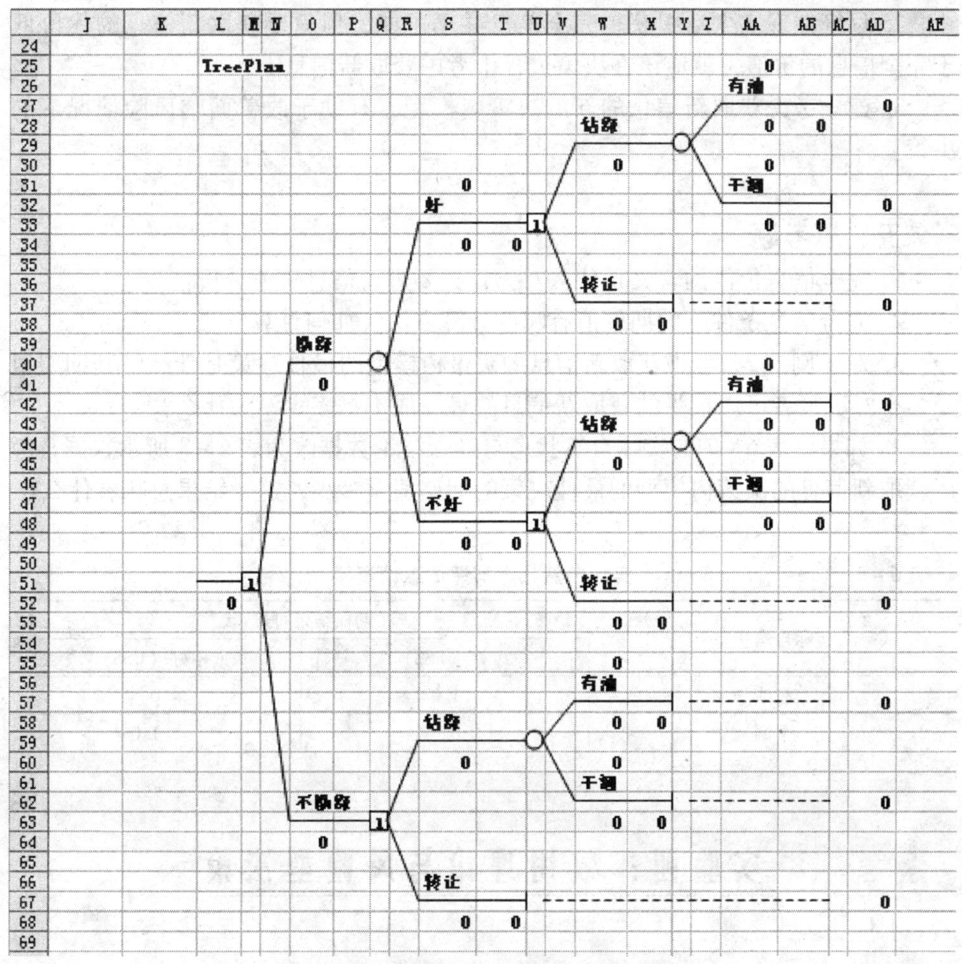

图 6－19　考虑获取新信息的新的决策树

注意：为了分析问题的方便，决策树模型中的数据最好使用单元格引用的方式输入。

4. 确定最佳决策。

四、实验总结

1. 完全信息的价值是指完全信息条件下的最佳决策期望值与先验概率条件下的最佳决策期望值之差，即因拥有完全信息而带来的增量期望值。它反映出通过获取新信息来改善决策所能够增加的经济利益的极限值。

2. 尽管在现实生活中获得完全信息并不可能，但只要获取新信息的代价低于完全信息的价值，就应该在决策过程中考虑获取新信息。

3. 建立考虑获取新信息的新的决策树模型，有助于改善面临风险情况下的决策。

五、思考题

1. 完全信息价值的含义是什么？为什么要进行信息价值分析？

2. 完全信息条件下的期望值有哪些计算方法？如何计算？

3. 对于例6.2，考虑获取新信息的决策树模型的最佳决策是什么？其期望值是多少？决策者可以接受的获取新信息的最高成本是多少？为什么？

4. 如果将表6－7的实际自然状态与勘探结论数据改为表6－8所示数据，考虑获取新信息的决策树模型的最佳决策的期望值是多少？这一结果意味着什么？

表6－8　实际自然状态与评估结论资料

实际自然状态	P（勘探结果/自然状态）	
	好（FSS）	不好（USS）
有油	1.0	0
干涸	0	1.0

实验四：效用理论与风险型决策

一、实验目的与要求

1. 理解效用理论的基本原理及其决策意义；

2. 理解最大期望效用值决策准则及其适用条件；

3. 能够熟练地运用博彩程序确定决策者的风险容忍度；

4. 能够运用效用理论进行风险型决策分析。

二、实验准备

1. 理解指数效用函数的特点，并能够熟练地运用博彩程序确定决策者的风险容忍度。

对于指数效用函数

$$U(M)=R(1-e^{-\frac{M}{R}})$$

其中，M 为备选方案用货币单位计量收益（简称货币收益），R 为决策者的风险容忍度。要求决策者在以下两项选择中，作出自己的选择：

$$\begin{cases}\text{A1：以 0.5 概率获得收益 R，以 0.5 概率损失 R/2；}\\ \text{A2：无收益，也无损失。}\end{cases}$$

如果决策者偏向于其中的某项选择，则更换 R 的值，并再次要求决策者作出选择，直到决策者认为两项选择无差异为止。此时的 R 值，可以作为决策者的风险容忍度的估计值。

2. 掌握用 TreePlan 软件根据最大期望效用值进行决策分析的步骤。

在确定了决策者的风险容忍度之后，就可以使用 TreePlan 软件并运用最大期望效用值决策准则，来进行决策分析了。其基本步骤是：

（1）输入风险容忍度 R 的值。选择 Excel“插入”菜单栏的“名称”命令的“定义”子命令，此时，系统弹出“定义名称”对话框（见图 6－20）。在该对话框中，选择 TreePlan 已定义为风险容忍度的名称“RT”，并在“引用位置”栏中输入 R 的值（系统的默认值为 999 999 999 999）。

对于例 6.1，不妨将风险容忍度定为 999。

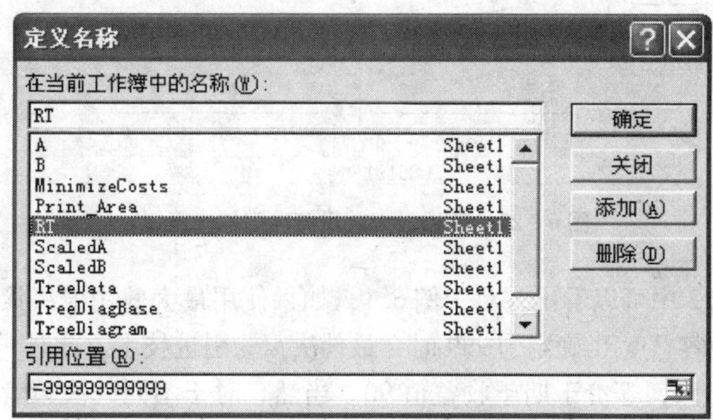

图 6－20　定义名称对话框

（2）设定使用指数效用函数选项。启动 TreePlan，并在弹出的对话框（决策节点对话框或事件节点对话框）中，按下“Options”（选项）按钮，并选中所弹出“Options”对话框中的“Use Exponential Utility Function”（使用指数效用函数）选项（见图 6－21）。

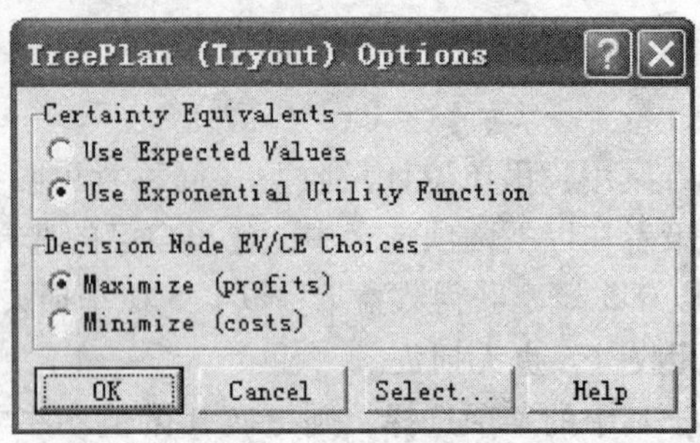

图 6－21 "Options"对话框

（3）输入决策问题的相关参数。在输入各种自然状态出现的概率和决策树末端的支付（损益）数值之后，TreePlan 将按照最大效用值决策准则，对风险型决策问题进行分析和计算，并在决策树模型中显示结果（见图 6－22）。

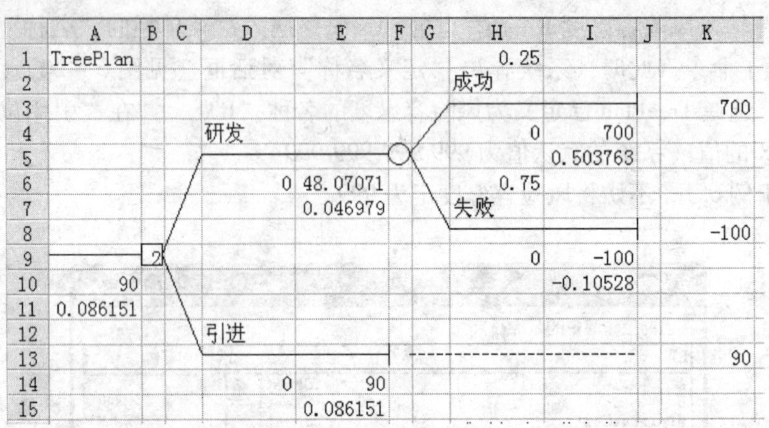

图 6－22 使用最大效用值准则的决策树

从图 6－22 中可以看出，对于例 6.1，如果使用最大效用值决策准则进行决策，并将风险容忍度 R 确定为 999 时，最佳决策为引进技术。此时，最大期望效用值为 0.086151，等价于期望收益值 90。当然，对于不同的决策者来说，由于风险容忍度不同，其最佳决策也可能不同。

3. 自己准备一个风险型决策问题以备分析之用。

4. 启动 Excel，并加载 TreePlan 软件。

三、实验步骤

1. 创建决策树；

2. 用博彩程序确定决策者的风险容忍度；

3. 用 TreePlan 软件根据最大期望效用值决策准则进行风险型决策分析；

4. 确定最佳决策；

5. 对决策进行敏感性分析；

6. 运用最大效用值准则，对自己准备的风险型决策问题进行分析。

四、实验总结

1. 根据对待风险态度的不同，决策者可分为风险回避者、风险偏好者和风险中性者。

2. 在风险型决策中，如果用效用来量化决策时所要综合考虑的收益和风险因素，并计算出各备选方案的综合效用值，然后选择效用值最大的备选方案作为最佳决策，这就是最大期望效用值决策准则。这一决策准则适用于风险回避者。

3. 指数效用函数

$$U(M)=R(1-e^{-\frac{M}{R}})$$

是一种常用的货币效用函数，即将用货币单位计量的收益转换为反映决策者偏好的效用值的函数。其中，M 为备选方案用货币单位计量收益（简称货币收益），R 为决策者的风险容忍度。要获得 R 的估计值，可以要求决策者在以下两项选择中，作出自己的选择：

$$\begin{cases}\text{A1：以 0.5 概率获得收益 R，以 0.5 概率损失 R/2；}\\ \text{A2：无收益，也无损失。}\end{cases}$$

如果决策者偏向于其中的某项选择，则更换 R 的值，并再次要求决策者作出选择，直到决策者认为两项选择无差异为止。此时的 R 值，可以作为决策者的风险容忍度的估计值。

4. TreePlan 软件具有按照最大期望效用值决策准则进行风险型决策分析的功能。

五、思考题

1. 效用理论对风险型决策分析有何指导意义？

2. 最大期望效用值决策准则的含义及适用条件是什么？

3. 风险容忍度的含义是什么？如何获得特定决策者独特的风险容忍度的估计值？

4. 如何将 TreePlan 软件的决策准则设定为最大期望效用值决策准则？

5. 如何确定特定决策者对于特定决策问题的风险容忍度？

6. 如何改变 TreePlan 软件默认的风险容忍度参数？

7. 在例6.2中，如果风险的容忍度为999，其最佳决策是什么？如果风险的容忍度为999 999，其最佳决策是什么？

综合思考题

1. 决策可分为哪几种类型？它们之间的区别何在？

2. 风险型决策有何特点？

3. 什么是决策树？其基本构成要素有哪些？

4. 在风险型决策分析过程中，为什么要进行敏感性分析？

5. 有哪些常用的方法和工具可用来进行风险型决策的敏感性分析？

6. 完全信息价值的含义是什么？为什么要进行信息价值分析？信息的价值与信息的质量（准确性）之间有何关系？

7. 效用理论对风险型决策分析有何指导意义？

8. 风险容忍度的含义是什么？为什么不同的决策者有着不同的风险容忍度？如何获得决策者风险容忍度的估计值？

9. 根据对自己准备的有关风险型决策问题的实验和研究情况，撰写一份综合实验报告或管理科学研究报告。

第七实验单元

时间序列分析

- 实验一：移动平均
- 实验二：指数平滑
- 实验三：线性趋势
- 实验四：季节因子
- 实验五：预测误差分析与控制

实 验 目 的

1. 理解时间序列分析方法在预测方面的重要性；

2. 掌握时间序列分析的基本方法和技术；

3. 理解时间序列分析的优点和局限性；

4. 能够熟练地建立时间序列预测模型；

5. 理解移动平均、指数平滑、包含线性趋势、季节因子的指数平滑模型等时间序列预测模型之间的内在联系；

6. 能够熟练地对预测误差进行分析和控制；

7. 能够正确运用时间序列分析方法解决实际预测问题。

知 识 要 点

一、时间序列及其主要分量

1. 预测原理与方法。

预测是管理科学研究不可或缺的技术。没有科学的预测方法和技术，就没有实用的管理决策模型，也就不可能有科学的决策。预测是对即将在特定时间和空间出现事件的描述。广义的预测包括定性预测和定量预测；管理科学研究侧重于定量预测。定量预测是指通过采集历史数据和样本数据，借助于数学模型，将数据映射到未来的空间。

定量预测的具体方法很多，但根据预测所依据的数据和模型的性质的不同，可以将定量预测方法分为回归分析和时间序列分析两大基本类型。

回归分析是一种常用的预测方法。回归分析所依据的数据是样本数据，其基本逻辑思路是：一个变量的变化是由一系列原因引起的，只要找到了变化的原因及其变化规律，就可以预测未来的结果。因此，回归分析也称为因果分析。

时间序列分析所依据的数据是时间序列数据。所谓时间序列是指按时间先后顺序排列的数据序列。用时间序列分析方法进行预测的基本逻辑思路是：时间序列的未来变化是由其过去值和现在值所决定的，其基本假设是：一个变量变化的规律存在于该变量的历史数据序列之中。

2. 时间序列的主要分量。

时间序列分析的基本任务就是要从时间序列中分解出导致变量变化的各种随时间的变化而变化的分量。时间序列变化的主要分量有趋势分量、季节分量、周期分量和随机分量：

（1）趋势分量（Trend，T），指数据随时间变化逐渐上升或下降的分量。

（2）季节分量（Seasonality，S），指随季节的变化而上下波动的分量。

（3）周期分量（Cycles，C），指按照一定的时间长度重复性波动的分量。季节性波动是一种时间长度固定的特殊周期波动，其波动周期以季节作为时间长度。因此，季节分量本质上也是一种周期分量。

（4）随机分量（Random Variations，R），指由偶然因素引起的扰动。由于这种扰动无规律可循，因而不可预测。

时间序列分析采用的基本数学模型形式有两种，即加法模型和乘法模型：

$$D = T + S + C + R$$

$$D = T \times S \times C \times R$$

事实上，通过适当的数学变换，即对模型两边取对数，乘法模型可以转变为加法模型，因此可以将加法模型视为时间序列分析的基本数学模型。

二、移动平均法

1. 基本模型。

时间序列数据变化的因素可分为系统因素和偶然因素。由于平均数是代表随机变量一般水平的指标，可以有效地过滤掉时间序列的随机波动，因此，它可以反映时间序列的系统因素所决定的一般水平。如果取时间序列的一定数量的近期值的平均数作为下一个时期的预测值，则参与“平均”的数据和计算结果会随着时间的推移而发生位移，因此，这种计算平均数的方法称为移动平均（Moving Average）法。其数学模型是：

$$F_{t+1} = (D_1 + D_2 + \cdots + D_n)/n$$

其中，D_t = 第 t 期实际值（t = 1，2，…，n）；

F_{t+1} = 第 t + 1 期预测值；

n = 近期值的个数。

Excel 提供了“移动平均”分析工具，但通常情况下，使用 AVERAGE () 函数也可以十分方便地进行移动平均分析。

2. 移动平均法的局限性。

作为一种预测方法，移动平均法的优点在于其计算方法简单。其局限性主要表现在：

（1）存在系统滞后现象。尽管移动平均值提供了由历史数据的简单的平均值所代表的趋势信息，但这种信息的更新并不及时，从而存在着严重的滞后现象。这种系统的滞后性一般表现为：当实际值迅速上升时，预测值往往偏低；当实际值快速下降时，预测值往往偏高；预测值由上升到下将或者由下降到上升的转折点，往往要落后实际值一定的时期。

（2）存在权重确定的主观性。简单的移动平均预测模型赋予每一项数据的权重均为1。这里事实上存在一个逻辑上的矛盾，即用若干数据的移动平均值而不采用所有数据的平均值作为预测值，显然是假设最新数据具有更为重要的信息价值；而采用相同的权重又显然是与这一假设相违背的。尽管从理论上说，可采用加权移动平均法来克服这一局限性，但在实践中要科学合理地确定权重却并不是一件容易的事情。

（3）存在时间间隔确定的主观性。从移动平均法的数学模型不难看出，移动平均法的预测结果显然与参与“平均”的数据个数（n）密切相关。尽管 n 的选取很重要，但在实践中却很难找到确定 n 的客观依据，难以避免时间间隔确定的主观性。

三、指数平滑法

1. 基本模型。

指数平滑（Exponential Smoothing）模型的基本形式是：

$$F_{t+1} = \alpha D_t + (1 - \alpha) F_t$$

其中：D_t = 第 t 期实际值；

F_{t+1} = 第 t + 1 期预测值；

α = 平滑系数，$(1 - \alpha)$ 称为阻尼系数。

用指数平滑模型进行预测，首先必须确定 F 的初始值（即 F_0）。一般情况下，可取时间序列的第一个值为初始预测值，即

$$F_0 = D_0$$

Excel 提供了“指数平滑”分析工具，但通常情况下，使用公式也可以十分

方便地进行指数平滑分析。

2. 指数平滑法的局限性。

指数平滑法克服了移动平均法存在的相同权重的局限性。在时间序列中，最近数据权重较大。指数平滑法的局限性主要表现在：

（1）平滑系数的选取带有一定的主观性。一般来说，平滑系数 α 的取值在 0.2 到 0.8 之间较为合理。α 的值越大，则时间序列的近期值的影响越大，权重系数的衰减速率就越快；反之，α 的值越小，则时间序列的近期值的影响越小，权重系数的衰减速率就越慢。在实际应用过程中，有一些辅助方法有助于科学、合理地选取平滑系数。

（2）存在系统滞后现象。和移动平均法一样，指数平滑预测值也存在着较为严重的滞后现象。

四、包含线性趋势的指数平滑法

1. 基本模型。

移动平均法和指数平滑法之所以会产生较为严重的滞后现象，主要是因为模型中没有充分考虑时间序列变化的趋势分量。

现假设 G_t 为时间序列的一期线性趋势分量估计值（即一期增量），则指数平滑模型变为：

$$S_t = \alpha D_t + (1-\alpha)(S_{t-1} + G_{t-1})$$

这相当于在上一期预测值的基础上增加了一个增量。

注意：这里 S_t 不作为 D_t 的下一期预测值，而只是一个修正后的预测基准值（Baseline），故将其下标表示为 t 而不是 t+1。

G_t 的值是一个随时间的变化而变化的变量，也采用指数平滑法获得，即：

$$G_t = \beta(S_t - S_{t-1}) + (1-\beta)G_{t-1}$$

其中，β 为计算趋势分量的平滑系数。

将以上基准值和线性趋势值相加，即得到时间序列 D_t 的未来预测值 F_{t+1}，即：

$$F_{t+1} = S_t + G_t$$

这就是所谓含有线性趋势的指数平滑模型（Exponential Smoothing With Linear Trend，简称为线性趋势模型）。其完整形式可表示为：

$$\begin{cases} F_{t+1} = S_t + G_t \\ S_t = \alpha D_t + (1-\alpha)(S_{t-1} + G_{t-1}) \\ G_t = \beta(S_t - S_{t-1}) + (1-\beta)G_{t-1} \end{cases}$$

在上述模型中，如果令所有的 $G_t=0$，则模型退化为普通的指数平滑模型。

2. 初始值的确定。

为了使线性趋势模型能够用于预测，必须确定 S 和 G 的初始值。一般情况下可取

$$S_0 = D_0$$
$$G_0 = (D_t - D_0)/t$$

五、包含线性趋势和季节因子的指数平滑法

1. 季节因子的概念。

季节因子（Seasonal Factors）是指时间序列数据中相同季节的平均值与总体平均值之比，即：

季节因子 = 季节平均值/总体平均值

季节因子所反映的是时间序列数据随季节的变化而变化的特征。如果季节平均值与总体平均值没有显著差异，则季节因子的值大体等于 1。

2. 含有季节因子和线性趋势的指数平滑模型。

设 C_{t-N} 为季节因子，则在基准值的计算中要消除季节因素的影响，即：

$$S_t = \alpha(D_t/C_{t-N}) + (1-\alpha)(S_{t-1} + G_{t-1})$$

注意：这里 N 表示一个完整的季节周期所含时期数。例如，1 年有 12 月，如果以一年为一个完整的季节周期，以一个月为一个时期，则取 N = 12。与此同时，公式中使用 C_{t-N} 而不是 C_t 的原因在于，某一时期的季节因子可获得的最新数据是一个周期以前的，因此要在下标上有所体现。

G_t 的含义和计算公式与在线性趋势模型中完全相同，即：

$$G_t = \beta(S_t - S_{t-1}) + (1-\beta)G_{t-1}$$

季节因子 C_t 的值是一个随时间的变化而变化的变量，也用指数平滑法计算，即：

$$C_t = \gamma(D_t/S_t) + (1-\gamma)C_{t-N}$$

这样，时间序列 D_t 的未来预测值为

$$F_{t+1} = (S_t + G_t)C_{t+1-N}$$

注意：公式中的季节因子应为 C_{t+1-N} 而不是 C_{t-N}，这是因为预测时必须用与预测时期相对应的季节因子。这就是同时含有线性趋势和季节因子的指数平滑模型，简称线性趋势—季节因子模型。该模型的完整形式可表示为：

$$\begin{cases} F_{t+1} = (S_t + G_t)C_{t+1-N} \\ S_t = \alpha(D_t/C_{t-N}) + (1-\alpha)(S_{t-1} + G_{t-1}) \\ G_t = \beta(S_t - S_{t-1}) + (1-\beta)G_{t-1} \\ C_t = \gamma(D_t/S_t) + (1-\gamma)C_{t-N} \end{cases}$$

不难看出，C_t 等于 1 时，上述模型退化为线性趋势模型；当 G_t 等于 0，且 C_t 等于 1 时，上述模型退化为普通指数平滑模型。

3. 初始值的确定。

对于同时含有线性趋势和季节因子的指数平滑模型，其初始值的确定比较复杂，且估计方法比较多。一般来说，对于数据规模较大的时间序列来说，初始值的差异对预测值的影响并不大，且随着时间的推移，其影响会越来越小。因此，可采用以下简便方法来确定模型的初始值：

（1）线性趋势初始值的估计必须用季节时期对应的数据，以消除季节性因素的影响。例如，在只有 3 个完整周期的数据中，可以用第 1 和第 3 个周期的第一个时期的数据来估计 G_0，即

$$G_0 = (D_{1+2N} - D_1)/2N$$

（2）基准值的初始值一般可用第一个完整季节周期的平均数（用以排除季节因素的影响）减去半个周期的趋势值（排除趋势因素的影响）作为估计值。即

$$S_0 = \sum D_i/N - G_0(N/2)$$

（3）季节因子的初始值一般用可获得的完整季节周期的数据，按定义来计算。

六、预测误差的分析与控制

1. 衡量预测误差的常用指标。

时间序列预测模型面临的一个重要问题是不清楚预测值的概率分布，从而不能很好地把握预测精度。因此，在时间序列分析中，对误差进行计量、分析和控制是十分重要的。

预测误差（Error）可定义为预测值与实际值之差，即

$$e_i = F_i - D_i$$

衡量预测误差的常用指标有平均方差（或标准差）、平均绝对误差和平均绝对误差率。

（1）平均方差。平均方差（Mean Squared Error，MSE）是 n 次预测的误差平方的平均数。其计算公式为：

$$MSE = \frac{\sum_{i=1}^{n} e_i^2}{n}$$

平均方差反映了每次预测误差平方的一般水平。标准差（Standard Error，SE）是平均方差的平方根，其计算公式为：

$$SE = \sqrt{\frac{\sum_{i=1}^{n} e_i^2}{n}}$$

平均方差可作为计算标准差的基础。标准差可作为事前估计预测误差大小的依据。

（2）平均绝对误差。平均绝对误差（Mean Absolute Deviation，MAD）是 n 次预测的绝对误差的平均数，其计算公式为：

$$MAD = \frac{\sum_{i=1}^{n} |e_i|}{n}$$

平均绝对误差反映了历次预测绝对误差的一般水平。不同预测方法或不同时期的平均绝对误差之间可以相互比较。平均绝对误差可以作为事前估计预测误差大小的依据。平均绝对误差虽然可以和标准差一样解决误差正负值相互抵消的问题，但它不具备在进一步的预测中作为估计置信区间依据的统计性质。

（3）平均绝对误差率。平均绝对误差率（Mean Absolute Percentage Error，MAPE）是 n 次预测的绝对误差率的平均数，其计算公式为：

$$MAPE = \frac{\sum_{i=1}^{n} (|e_i|/D_i)}{n} \times 100\%$$

一般来说，平均绝对误差率可以对不同预测对象的预测误差进行比较，同时，由于它是一个相对指标，从而能够比较直观地反映预测值与实际值偏离程度的一般水平。

2. 预测误差的控制。

在指数平滑模型（包括含有线性趋势的指数平滑模型，以及同时含有线性趋势和季节因子的指数平滑模型）中，平滑系数的选取对预测结果及误差有直接的影响。因此，分析平滑系数的变化对预测误差的影响程度，以及选取合理的平滑系数，是时间序列分析中的一项十分重要的工作。

1. 用“模拟运算表”工具分析平滑系数的变化对预测误差的影响。

利用Excel的“模拟运算表”工具，可以方便地分析1个或两个平滑系数的变化对预测误差的影响，并可为选取合适的平滑系数提供重要信息。由于模拟运算表最多只能够有两个维度，因此每次最多只能够分析两个平滑系数。如果要分析两个以上的平滑系数，需要多次使用“模拟运算表”工具。

2. 用“规划求解”工具优化平滑系数。

利用Excel的“规划求解”工具（即Solver），可以对指数平滑模型中1个或者几个平滑系数的取值进行优化。

在“规划求解参数”对话框中，应将模型的目标单元格设定为预测误差衡量指标所在单元格；优化方向为最小化；可变单元格为平滑系数预设值所在单元格；约束条件为各平滑系数的值大于等于0，且小于等于1。

注意：由于平滑系数与预测误差衡量指标之间的关系为非线性关系，因此，应采用非线性规划模型，即“规划求解选项”对话框中的“采用线性模型”不能被勾选。

实验一：移动平均

一、实验目的与要求

1. 掌握移动平均法基本原理和计算方法；
2. 能够熟练地建立移动平均预测模型并进行预测；
3. 理解移动平均法的优点和局限性。

二、实验准备

1. 掌握Excel提供的AVRAGE（）函数的功能及格式；
2. 掌握Excel“移动平均”分析工具的使用方法；
3. 掌握Excel“图表向导”的使用方法；
4. 观测或收集一组时间序列数据备用；
5. 启动Excel。

三、实验步骤

1. 输入原始数据。

将预先准备好的时间序列数据输入工作表。

例 7.1：已知某商店最近 12 个月销售额的时间序列数据，如图 7－1 所示。试用移动平均法，并取 n＝3，预测下一个月的销售额。

	A	B	C	D
1	移动平均预测模型			
2	时期	销售额（万元）	预测值	
3	0	1214		
4	1	1252		
5	2	1304		
6	3	1384	1256.7	
7	4	1279		
8	5	1583		
9	6	1470		
10	7	1739		
11	8	1573		
12	9	1836		
13	10	2041		
14	11	1983		
15	12			
16				
17	C6：	＝AVERAGE(B3：B5)		
18	C7－C15：	可复制C6单元格的公式		
19				

图 7－1　移动平均预测模型

2. 建立移动平均预测模型并进行预测。

（1）确定移动平均的时间间隔。例如，可取 3 个近期值（即 n＝3），预测下一个时期的值。此时，在 C6 单元格输入以下公式：

＝AVERAGE(B3：B5)

（2）复制公式并进行预测。将 C6 单元格的公式复制到 C7—C15 单元格中（可采用“复制”和“粘贴”的方法，也可以使用“填充柄”进行复制），即可得到相应时期的预测值。

预测模型建立后，一旦获得最新的实际值，即可采用复制公式的方法，获得下一个时期的新的预测值。

3. 绘制实际值和预测值的折线图。

为直观反映预测值与实际值之间的差距，观察模型的预测效果，可利用 Excel“图表向导”绘制折线图。

（1）选择单元格区域。例如，B3∶C15。

（2）启动“图表向导”工具。可在工具栏中单击“图表向导”图标，也可以选择“插入”菜单栏的“图表”工具。此时，系统弹出“图表向导”选项卡（见图 7－2）。

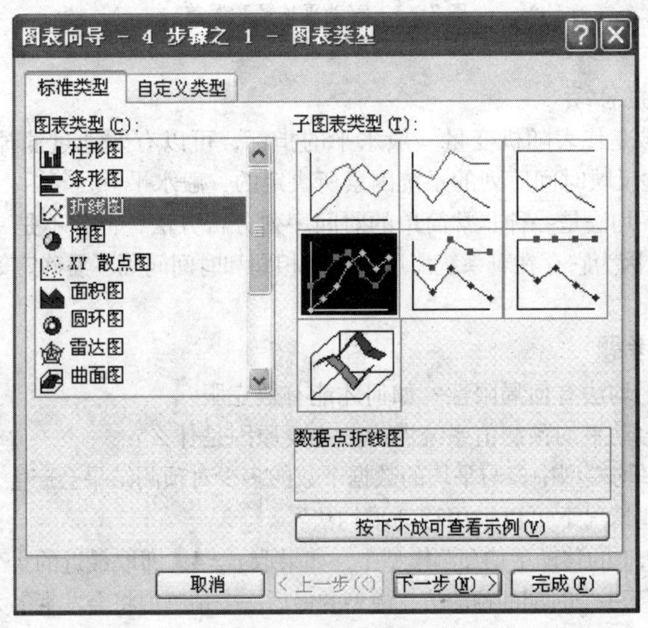

图 7－2　图表向导

（3）选择图表类型。在“图表类型”选项卡中，选择“折线图”。

（4）完成绘图。如果要对图表的其他参数和选项进行设定，可按“下一步”按钮。如果只是绘制简单的图表，可直接按下“完成”按钮。

本例所生成的折线图（经过了适当的编辑和美化）如图 7－3 所示。从图中可以看出，用移动平均法进行预测存在明显的系统滞后现象。

4. 用自己准备的数据，建立移动平均预测模型并进行预测。

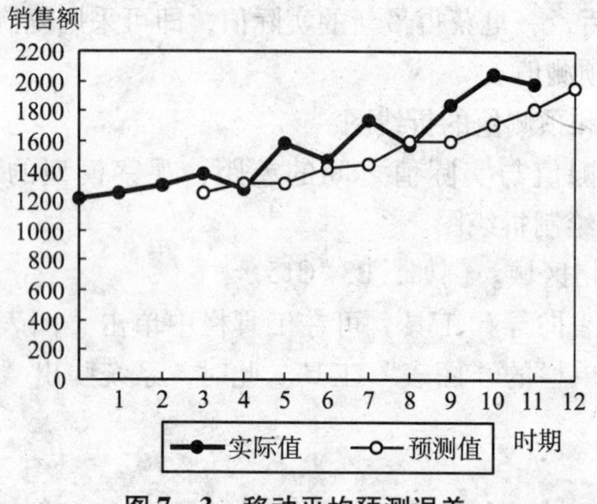

图 7-3 移动平均预测误差

四、实验总结

1. 平均数是代表随机变量一般水平的指标，可以有效地过滤掉时间序列的随机波动，并反映时间序列的系统因素所决定的一般水平。

2. 移动平均法是一种非常简单的时间序列分析方法，但并不是一种非常实用的预测方法，因为它存在着系统滞后、权重相同和时间间隔不易确定等局限性。

五、思考题

1. 移动平均法有何局限性？如何才能有效克服？

2. 导致移动平均预测值系统滞后的主要原因是什么？

3. 移动平均模型中参与平均的数据个数的多少对预测结果会产生怎样的影响？

4. 在哪些情况下可以采用移动平均法？

5. 在例 7.1 的移动平均预测模型中，如果取 n =4，即取最近的 4 个时期的数据的平均数作为下一个时期的预测值，模型的最后一个预测值将会发生多大的变化？

实验二：指数平滑

一、实验目的与要求

1. 掌握指数平滑法的基本原理和计算方法；

2. 能够熟练地建立指数平滑预测模型并进行预测；

3. 理解指数平滑法的优点和局限性；
4. 理解移动平均和指数平滑预测模型之间的内在联系。

二、实验准备

1. 掌握 Excel“指数平滑”分析工具的使用方法；
2. 掌握 Excel“图表向导”的使用方法；
3. 观测或收集一组时间序列数据备用；
4. 启动 Excel。

三、实验步骤

1. 输入原始数据。

将预先准备好的时间序列数据输入工作表（仍采用例 7.1 的数据，见图 7-4）。

	A	B	C	D
1	指数平滑预测模型			
2	时期	销售额（万元）	预测值（万元）	
3	0	1214	1214.0	
4	1	1252	1214.0	
5	2	1304		
6	3	1384		
7	4	1279		
8	5	1583		
9	6	1470		
10	7	1739		
11	8	1573		
12	9	1836		
13	10	2041		
14	11	1983		
15	12			
16				
17	α =	0.3		
18	C3：	= B3		
19	C4：	= \$B\$17*B3 + (1 - \$B\$17) *C3		
20	C5 - C15：	可复制C4单元格的公式		
21				

图 7-4　指数平滑预测模型

2. 建立指数平滑预测模型并进行预测。

（1）确定平滑系数。

例如，可取 $\alpha=0.3$，并将该数值输入到某一单元格中（本例中为 B17）。

（2）确定初始值。

例如，本例中可取 $F_0=D_0=1214$。在 C3 单元格中输入以下公式：

=B3

（3）预测下一个时期的值。

本例中在 C4 单元格输入以下公式：

=$B$17 * B3 + (1 -$B$17) * C3

（4）复制公式并进行预测。

将 C4 单元格的公式复制到 C5—C15 单元格中，即可得到各相应时期的预测值。

预测模型建立后，一旦获得最新的实际值，即可采用复制公式的方法，获得下一个时期的新的预测值。

3. 绘制实际值和预测值的折线图。

从图 7－5 中可以看出，指数平滑预测值与移动平均预测值一样存在较为明显的系统滞后现象。

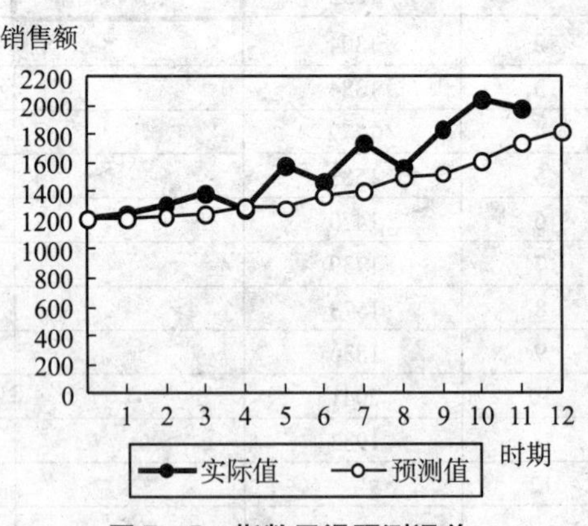

图 7－5　指数平滑预测误差

4. 选用不同的平滑系数。

在指数平滑模型建立后，可改变平滑系数的取值，并观察预测值和所绘制的图表的变化情况。

5. 用自己准备的数据，建立指数平滑预测模型并进行预测。

四、实验总结

1. 指数平滑法的优点在于它克服了移动平均法数据权重相同的问题。

2. 指数平滑法存在着系统滞后和平滑系数不易确定等局限性。

3. 选取合适的平滑系数是提高指数平滑法预测精度的关键。

五、思考题

1. 指数平滑法有何局限性？如何才能有效克服？

2. 导致指数平滑预测值系统滞后的主要原因是什么？

3. 指数平滑模型中的平滑系数值的大小对预测结果会产生怎样的影响？

4. 在哪些情况下可以采用指数平滑法？

5. 在图 7－4 所示的指数平滑模型中，如果将平滑系数 α 的值改为 0.6，模型的最后一个预测值将会发生多大的变化？

实验三：线性趋势

一、实验目的与要求

1. 理解时间序列趋势分量的含义及其对修正移动平均和指数平滑方法所导致的系统滞后问题的重要性；

2. 理解包含线性趋势的指数平滑模型原理；

3. 掌握包含线性趋势的指数平滑模型初始值的估计方法；

4. 能够熟练地建立包含线性趋势的指数平滑模型并进行预测；

5. 理解移动平均、指数平滑和包含线性趋势的指数平滑等预测模型之间的内在联系。

二、实验准备

1. 掌握包含线性趋势的指数平滑模型原理；

2. 掌握包含线性趋势的指数平滑模型初始值的估计方法；

3. 观测或收集一组包含趋势分量的时间序列数据备用；

4. 启动 Excel。

三、实验步骤

1. 输入原始数据。

将预先准备好的时间序列数据输入工作表（仍采用例 7.1 的数据，见图 7－6）。

2. 建立包含线性趋势的指数平滑预测模型并进行预测。

（1）确定平滑系数。

例如，可取 $\alpha=0.3$，$\beta=0.3$，并将该数值输入到 2 个单元格中（本例中为 C2 和 D2）。

	A	B	C	D	E	F
1	线性趋势指数平滑模型					
2		α，β =	0.3	0.3		
3	时期	销售额（万元）	基准值	趋势值	预测值	
4	t	D_t	S_t	G_t	F_t	
5	0	1214	1214.0	69.9		
6	1	1252	1274.3	67.0	1283.9	
7	2	1304				
8	3	1384				
9	4	1279				
10	5	1583				
11	6	1470				
12	7	1739				
13	8	1573				
14	9	1836				
15	10	2041				
16	11	1983				
17	12					
18						
19	C5：	= B5				
20	D5：	= (B16 – B5)/11				
21	C6：	= $D$1*B7 + (1 – $D$1)*(C6 + D6)				
22	D6：	= $D$2*(C7 – C6) + (1 – $D$2)*D6				
23	E6：	= C7 + D7				
24						

图 7－6　线性趋势指数平滑模型

（2）确定初始值。

例如，本例中可取

$$S_0 = D_0 = 1214$$
$$G_0 = (D_t - D_0)/t$$
$$= (1983 - 1214)/11 = 69.9$$

在 C5 和 D5 单元格中，分别输入以下公式：

= B5

= (B16 - B5)/11

（3）计算下一个时期的基准值和趋势值。

本例中，在 C6 和 D6 单元格分别输入以下公式：

=$D$1 * B7 + (1 -$D$1) * (C6 + D6)

=$D$2 * (C7 - C6) + (1 -$D$2) * D6

并将以上公式分别复制到 C7∶C16 和 D7∶D16 单元格中。

（4）计算下一个时期的预测值并进行预测。

在 E6 单元格中输入公式：

= C5 + D5

将该公式复制到 E7∶E17 单元格中，即可得到各相应时期的预测值。

预测模型建立后，一旦获得最新的实际值，即可采用复制公式的方法，获得下一个时期的新的预测值。

3. 绘制实际值和预测值的折线图。

从图 7 - 7 中可以看出，包含线性趋势的指数平滑预测模型可有效地克服移动平均和普通指数平滑预测模型的系统滞后现象。

4. 选用不同的平滑系数。

在包含线性趋势的指数平滑模型建立后，可改变基准值和趋势值的平滑系数（α 和 β）的取值，并观察预测值和所绘制的图表的变化情况。

5. 用自己准备的数据，建立类似的模型并进行预测。

提示：图 7 - 6 所示模型基本上是一个可通用的模型，只需直接将时间序列数据输入到工作表中，并对相关单元格的数据和公式作适当改动即可用于对包含线性趋势的时间序列进行预测分析。

四、实验总结

1. 包含线性趋势的指数平滑模型可以有效地克服移动平均和普通指数平滑模型存在的系统滞后的问题。

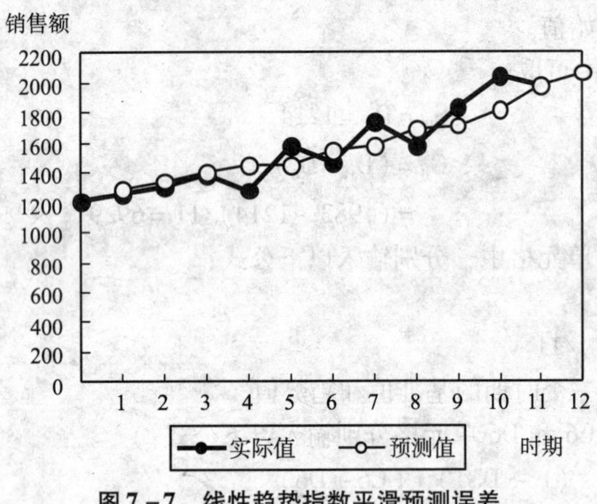

图 7-7 线性趋势指数平滑预测误差

2. 选取基准值和趋势值合适的平滑系数是提高包含线性趋势的指数平滑模型预测精度的关键。

3. 如果所有的线性趋势值均为 0，即 $G_t=0$，则包含线性趋势的指数平滑模型将退化为普通的指数平滑模型。

五、思考题

1. 含有线性趋势的指数平滑模型有何特点？它为什么可以有效地克服移动平均和普通指数平滑预测模型的系统滞后问题？

2. 含有线性趋势的指数平滑模型与普通指数平滑模型之间有何内在联系？

3. 平滑系数取值的大小对预测结果会产生怎样的影响？

5. 在图 7-6 所示的包含线性趋势的指数平滑模型中，如果将基准值和趋势值的平滑系数分别改为 $\alpha=0.5$，$\beta=0.6$，模型的最后一个预测值将会发生多大的变化？

实验四：季节因子

一、实验目的与要求

1. 理解时间序列季节分量的含义及季节因子定义；

2. 理解包含线性趋势和季节因子的指数平滑模型原理；

3. 掌握包含线性趋势和季节因子的指数平滑模型初始值的估计方法；

4. 能够熟练地建立包含线性趋势和季节因子的指数平滑模型并进行预测；

5. 理解移动平均、指数平滑、包含线性趋势、季节因子等预测模型之间的内在联系。

二、实验准备

1. 掌握包含线性趋势和季节因子的指数平滑模型原理；

2. 掌握包含线性趋势和季节因子的指数平滑模型初始值的估计方法；

3. 观测或收集一组包含趋势分量和季节分量的时间序列数据备用；

4. 启动 Excel。

三、实验步骤

1. 输入原始数据并对数据进行初步分析。

将预先准备好的时间序列数据输入工作表。

例 7.2：已知某商店最近 3 年每个月销售额（单位：万元）的时间序列数据（如图 7－8 所示）。试分析影响销售额的主要因素，并取 0.2 作为基准值、趋势值和季节因子的平滑系数，预测下一个月的销售额。

（1）考察趋势分量。计算年度月平均数，在 B15 单元格中输入公式：

= AVERAGE（B3 : B14）

并将该公式复制到 C15 和 D15 单元格中。

从年度月平均值看，销售额呈逐年上升的趋势，大体上每年增长约 10 万元。

在 B16 单元格中输入公式：

= AVERAGE（B3 : D14）

此公式计算 3 年的月平均数。可以看出该平均数接近于第 2 年的月平均数，但高于第 1 年的月平均数，低于第 3 年的月平均数。这也说明了销售额呈较为明显的逐年上升趋势。

（2）考察季节分量。计算同月平均数（即季节平均数），在 E3 单元格中输入公式：

= AVERAGE（B3 : D3）

并将该公式复制到 E4 : E14 单元格中。

从相同月份的平均值看，销售额呈现明显的波动现象。

在 F3 单元格中输入公式：

= E3/$B$16

	A	B	C	D	E	F	G
1	影响销售额的主要因素						
2		第 1 年	第 2 年	第 3 年	同月平均	季节因子	
3	1 月	219	236	243	232.7	1.3278	
4	2 月	216	239	238	231.0	1.3183	
5	3 月	218	221	224	221.0	1.2613	
6	4 月	185	194	194	191.0	1.0900	
7	5 月	154	161	162	159.0	0.9074	
8	6 月	147	131	153	143.7	0.8199	
9	7 月	124	110	138	124.0	0.7077	
10	8 月	93	101	128	107.3	0.6126	
11	9 月	127	131	151	136.3	0.7781	
12	10 月	148	157	165	156.7	0.8941	
13	11 月	161	189	194	181.3	1.0349	
14	12 月	198	217	241	218.7	1.2479	
15	年度平均	165.8	173.9	185.9			
16	3年平均	175.2					
17							

图 7－8　影响销售额的主要因素

并将该公式复制到 F4 : F14 单元格中。

此公式计算每个月份的季节因子。通过计算季节因子可以发现，销售额从 1 月份开始逐渐下降，在 8 月份达到低谷，此后逐渐回升。其中，5～10 月的销售额低于平均值，季节因子小于 1；其他月份高于平均值，季节因子大于 1。

（3）绘制折线图。可将 3 年每个月的销售额时间序列绘制成折线图，以观察这一时间序列变化的趋势因素和季节因素的影响。

2. 建立包含线性趋势和季节因子的指数平滑预测模型并进行预测。

（1）确定平滑系数。

例如，可取 $\alpha = 0.2$，$\beta = 0.2$，$\gamma = 0.2$，并将该数值输入到 3 个单元格中（本例中为 D2、D3 和 D4）。

（2）确定初始值。

①线性趋势初始值的估计必须用季节时期对应的数据，以消除季节性因素的影响。本例只有 3 个完整周期的数据，可以用第 1 和第 3 个周期的第一个时期的数据来估计 G_0，即：

$$G_0 = (D_{1+2N} - D_1)/2N$$

$$G_0 = (B43 - B19)/24 = (243 - 219)/24 = 1$$

在 D18 单元格中输入公式：

=(B43－B19)/24

这就是每 1 个月的线性趋势值的初始估计值。

②基准值的初始值一般可用第一个完整季节周期的平均数（用以排除季节因素的影响）减去半个周期的趋势值（排除趋势因素的影响）作为估计值。即：

$$S_0 = \sum D_i/N - G_0(N/2)$$

例如，对于本例，可取：

$$S_0 = AVERAGE(B19:B30) - 6 * D18 = 166 - 6 * 1 = 160$$

在 C18 单元格中，输入以下公式：

=AVERAGE（B19:B30）－6＊D18

这就是用第 1 年的月平均值，减去半个周期（约 6 个月，实际应为 5.5 个月）的线性趋势值所得到的基准值的初始估计值。

③季节因子的初始值一般用可获得的完整季节周期数据计算。本例中，在 E7 单元格中，输入以下公式：

=AVERAGE（B19，B31，B43)/AVERAGE（$B$19:$B$54)

将该公式复制到 E8:E18 单元格中，即可得到从 1～12 月份每个月季节因子的初始估计值。

（3）计算下一个时期的趋势值、基准值和季节因子。

本例中，在 C19、D19 和 E19 单元格分别输入以下公式：

=$D$1＊(B19/E7)＋(1－$D$1)＊(C18＋D18)

=$D$2＊(C19－C18)＋(1－$D$2)＊D18

=$D$3＊(B19/C19)＋(1－$D$3)＊E7

将以上公式分别向下复制到 C20:C54、D20:D54 和 E20:E54 单元格中。

（4）计算下一个时期的预测值并进行预测。在 F20 单元格中输入公式：

=(C19＋D19)＊E8

将该公式向下复制到 F21:F55 单元格中，即可得到各相应时期的预测值。本例的预测模型如图 7－9 所示（请注意，为简洁起见，图中省略了许多行）。

预测模型建立后，一旦获得最新的实际值，即可采用复制公式的方法，获得下一个时期的新的预测值。

	A	B	C	D	E	F	G
1	含有线性趋势和季节因子的指数平滑模型						
2			α =	0.20			
3			β =	0.20			
4			γ =	0.20			
5	时期	销售额（万元）	基准值	趋势值	季节因子	预测值	
6	t	Dt	St	Gt	Ct	Ft	
7	1 月				1.3278		
8	2 月				1.3183		
9	3 月				1.2613		
…	…	…	…	…	…	…	
16	10 月				0.8941		
17	11 月				1.0349		
18	12 月		159.8	1.0	1.2479		
19	1	219	161.7	1.2	1.3332		
20	2	216	163.0	1.2	1.3197	214.6	
21	3	218					
…	…	…	…	…	…	…	
29	11	161					
30	12	198					
31	13	236					
…	…	…	…	…	…	…	
42	24	217					
43	25	243					
…	…	…	…	…	…	…	
52	34	165					
53	35	194					
54	36	241					
55	37						
56							
57	E7：	= AVERAGE(B19,B31,B43)/AVERAGE($B$19 : $B$55)					
58	D18：	= (B43 – B19)/24					
59	C18：	= AVERAGE(B19:B30) – 6*D18					
60	C19：	= $D$1*(B19/E7) + (1 – $D$1)*(C18 + D18)					
61	D19：	= $D$2*(C19 – C18) + (1 – $D$2)*D18					
62	E19：	= $D$3*(B19/C19) + (1 – $D$3)*E7					
63	F20：	= (C19 + D19)*E8					
64							

图 7 – 9　含有线性趋势和季节因子的指数平滑模型

3. 绘制实际值和预测值的折线图。

从图 7－10 可以直观看出，模型的预测效果如何。

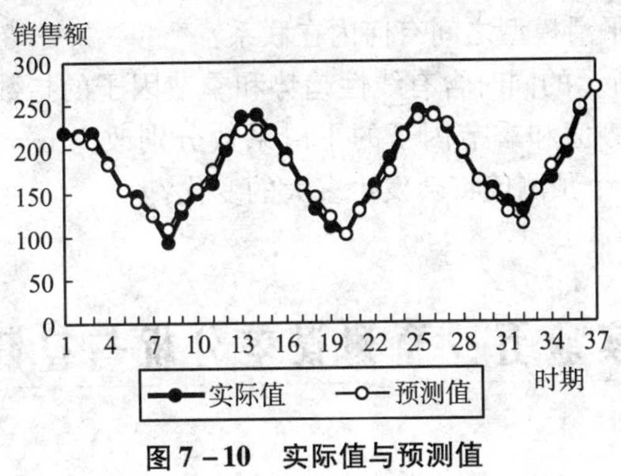

图 7－10　实际值与预测值

4. 选用不同的平滑系数。

在包含线性趋势和季节因子的指数平滑模型建立后，可改变基准值、趋势值和季节因子的平滑系数（α、β 和 γ）的取值，并观察预测值和所绘制的图表的变化情况。

5. 用自己准备的数据，建立类似的模型并进行预测。

四、实验总结

1. 包含线性趋势和季节因子的指数平滑模型，不仅可以有效地克服移动平均和普通指数平滑法存在的系统滞后的问题，而且还考虑了季节因素对时间序列数据变化的影响，因此，它更一般化，其适用性也更强。

2. 选取基准值、趋势值和季节因子合适的平滑系数是提高包含线性趋势和季节因子的指数平滑法预测精度的关键。

3. 如果所有的季节因子均为 1，即 $C_t=1$，则包含线性趋势和季节因子的指数平滑模型将退化为仅包含线性趋势的指数平滑模型；如果所有的季节因子均为 1，即 $C_t=1$，且所有的线性趋势值均为 0，即 $G_t=0$，则包含线性趋势和季节因子的指数平滑模型将退化为普通的指数平滑模型。

五、思考题

1. 什么是季节因子？如何计算季节因子？

2. 含有线性趋势和季节因子的指数平滑模型有何特点？

3. 对于同时含有线性趋势和季节因子的指数平滑模型，如何估计基准值、线性趋势值和季节因子的初始值？

4. 普通指数平滑模型、含有线性趋势的指数平滑模型与同时含有线性趋势和季节因子的指数平滑模型之间有何内在联系？

5. 在图 7－9 所示的同时含有线性趋势和季节因子的指数平滑模型中，如果将基准值、线性趋势值和季节因子的平滑系数分别改为 $\alpha=0.5$，$\beta=0.4$，$\gamma=0.3$，模型的最后一个预测值将会发生多大的变化？

实验五：预测误差分析与控制

一、实验目的与要求

1. 理解时间序列分析不清楚预测值的概率分布和不能把握预测精度的局限性；

2. 理解测量和控制预测误差的重要性；

3. 理解衡量预测误差的常用指标及其计算方法；

4. 能够根据研究的目的选取合适的预测误差衡量指标；

5. 能够对预测误差进行科学的分析和控制。

二、实验准备

1. 掌握衡量预测误差的常用指标的定义及其计算方法；

2. 熟练掌握利用折线图（或散点图）进行预测误差分析和判断的方法；

3. 对预测精度（或预测误差）设定可接受的水平；

4. 启动 Excel。

三、实验步骤

1. 计算预测误差测量指标。

利用预测模型的实际值和预测值，可以计算出用不同指标计量的预测误差。本例中，分别计算平均误差、平均方差、平均绝对误差和平均绝对误差率等指标（见图 7－11）。在 E4、F4、G4 和 H4 单元格中，分别输入下列公式：

= C4 － B4

= E4^2

= ABS（E4）

= G4/B4 * 100

分别将上述公式复制到 E5：E14、F5：F14、G5：G14 和 H5：H14 单元格中。

在 E15 单元格中，输入下列公式：

= AVERAGE（E4：E14）

将上述公式复制到 F15、G15 和 H15 单元格中，所得指标即为衡量预测误差的常用指标。

	A	B	C	D	E	F	G	H	I
1	时期	销售额	预测值		误差	平均方差	平均绝对误差	平均绝对误差率	
2		α =	0.30		E	MSE	MAD	MAPE(%)	
3	0	1214	1214.0						
4	1	1252	1214.0		−38.0	1444.0	38.0	3.04	
5	2	1304	1225.4						
6	3	1384	1249.0						
7	4	1279	1289.5						
8	5	1583	1286.3						
9	6	1470	1375.3						
10	7	1739	1403.7						
11	8	1573	1504.3						
12	9	1836	1524.9						
13	10	2041	1618.2						
14	11	1983	1745.1						
15	12		1816.4		−182.6				
16									

图 7－11　衡量预测误差的常用指标

2. 选择预测误差分析指标。

平均绝对误差率是一个相对指标，它可以对不同预测对象的预测误差进行比较，能够比较直观地反映预测值与实际值偏离程度的一般水平，是常用的预测误差测量和分析指标。

3. 分析平滑系数对预测误差的影响。

在指数平滑模型（包括含有线性趋势的指数平滑模型，以及同时含有线性趋势和季节因子的指数平滑模型）中，平滑系数的选取对预测结果及误差有直接的影响。因此，分析平滑系数的变化对预测误差的影响程度，以及选取合理的平滑系数，是时间序列分析中的一项十分重要的工作。

利用 Excel 的“模拟运算表”工具，可以方便地分析 1 个或 2 个平滑系数的变化对预测误差的影响。当然，这首先还要选择作为考察对象的误差衡量指标。

表 7-1 所反映的是对于例 7.1 采用普通指数平滑预测模型（见图 7-4）时，α 取值与平均绝对误差率之间的关系的分析结果。从表中可以看出，当取 α=0.6 时，平均绝对误差率最低，为 8.05%。

表 7-1　　α 取值与平均绝对误差率

α =	0.1	0.2	0.3	0.4	0.5	0.6	0.7	0.8	0.9
MAPE（%）	8.05	12.99	10.74	9.26	8.47	8.05	8.08	8.26	8.71

4. 优化预测模型平滑系数。

在大量的情况下，可以利用 Excel 的“规划求解”工具（即 Solver），对指数平滑模型中 1 个或者几个平滑系数的取值进行优化。

针对例 7.1 采用普通指数平滑预测模型（见图 7-4），在“规划求解参数”对话框中，可以将平均绝对误差率指标所在的单元格（本例中为 D15）设定为“目标单元格”，将平滑系数 α 的取值所在的单元格（本例中为 C2）设定为“可变单元格”，再添加一个约束条件（α≤1），这样就可以建立一个求最小化的非线性规划模型，求解该模型，即可得到最佳的平滑系数 α 的取值（见图 7-12 和图 7-13）。本例中，模型求解的结果为 α=0.62。

注意：由于模型为非线性规划模型，因此“规划求解选项”对话框中的“采用线性模型”不能被勾选。

四、实验总结

1. 在时间序列分析中，对误差进行计量、分析和控制是十分重要的。

2. 衡量时间序列预测误差的常用指标有平均方差或标准差、平均绝对误差和平均绝对误差率。一般来说，平均绝对误差率可以对不同预测对象的预测误差进行比较，能够比较直观地反映预测值与实际值偏离程度的一般水平，是一个比较适用的指标。

3. 在指数平滑模型（包括含有线性趋势的指数平滑模型，以及同时含有线性趋势和季节因子的指数平滑模型）中，平滑系数的选取对预测结果及误差有直接的影响。因此，分析平滑系数的变化对预测误差的影响程度，以及选取合理的

	A	B	C	D	E
1	时期	销售额（万元）	预测值	平均绝对误差率	
2		a =	0.62	MAPE	
3	0	1214	1214.0		
4	1	1252	1214.0	3.04	
5	2	1304	1237.6	5.09	
6	3	1384	1278.9	7.60	
7	4	1279	1344.2	5.10	
8	5	1583	1303.7	17.64	
9	6	1470	1477.3	0.49	
10	7	1739	1472.7	15.31	
11	8	1573	1638.2	4.15	
12	9	1836	1597.7	12.98	
13	10	2041	1745.8	14.46	
14	11	1983	1929.2	2.71	
15	12		1962.6	8.05	
16					
17	C3:	= B3			
18	C4:	= C$2*B3 + (1 – C$2)*C3			
19	D4:	= ABS(C4 – B4)/B4*100			
20	D15:	= AVERAGE(D4:D14)			
21					

图 7－12　最优平滑系数非线性规划模型

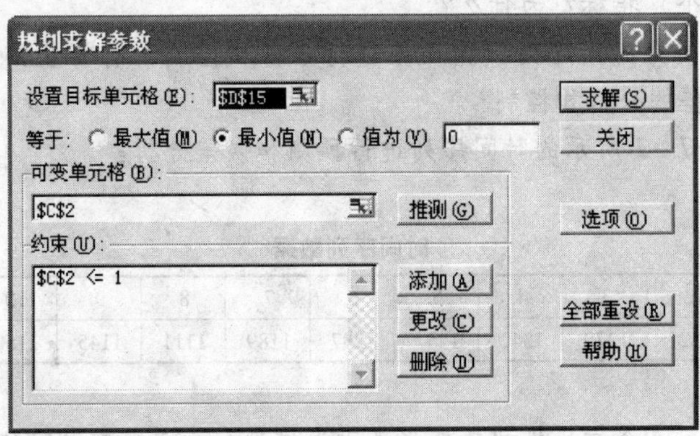

图 7－13　最优平滑系数非线性规划模型参数设定

平滑系数，是时间序列分析中的一项十分重要的工作。

4. Excel 的“模拟运算表”和“规划求解”工具可用来进行时间序列预测误差的分析和控制。

五、思考题

1. 为什么要对预测误差进行测量、分析和控制？

2. 在含有线性趋势和季节因子的指数平滑模型中，影响预测误差的主要因素是什么？

3. 衡量预测误差的常用指标有哪些？其计算公式是怎样的？

4. Excel 提供了哪些方法和工具可用来进行预测误差的分析和控制？

综合思考题

1. 什么是时间序列？时间序列数据变化的主要分量有哪些？

2. 用移动平均法预测时间序列变化趋势的合理性何在？

3. 移动平均和指数平滑模型有何局限性？如何才能有效克服？

4. 含有线性趋势和季节因子的指数平滑模型有何特点？模型的初始值应如何科学地进行估计？

5. 衡量预测误差的常用指标有哪些？其计算公式是怎样的？你更偏爱使用哪一个（或几个）指标？为什么？

6. 为什么要对时间序列预测误差进行分析和控制？有哪些方法和工具可用来进行预测误差的分析和控制？

7. 对下表 7－2 所示的时间序列进行预测和误差分析：

表 7－2　　时间序列数据

t	1	2	3	4	5	6	7	8	9	10	11	12
Y	1212	1321	1278	1341	1257	1287	1189	1111	1145	1150	1298	1331

（1）建立一个含有线性趋势的指数平滑模型，预先确定基准值和趋势值的平滑系数，对以上时间序列数据的变化进行预测，并计算出当 t＝13 时，Y 的预测值；

(2) 选取平均绝对误差率作为衡量预测误差的指标，利用 Excel 的“模拟运算表”工具，分析基准值和趋势值的平滑系数的变化对预测误差的影响；

(3) 选取平均绝对误差率作为衡量预测误差的指标，利用 Excel 的“规划求解”工具，对模型中基准值和趋势值的平滑系数值进行优化。

8. 根据对自己准备的有关时间序列预测问题的实验和研究情况，撰写一份综合实验报告或管理科学研究报告。

第八
实验单元

相关与回归分析

▷ 实验一：相关分析
▷ 实验二：线性回归分析
▷ 实验三：非线性回归分析
▷ 实验四：模型的统计检验

实 验 目 的

1. 理解相关分析的本质及其重要性；
2. 理解回归分析的基本原理；
3. 熟练掌握 Excel 相关分析和回归分析工具的使用操作技术；
4. 能够用 Excel 提供的有关函数进行相关分析和回归分析；
5. 能够根据具体问题设计回归预测模型并估计模型参数；
6. 能够对模型进行统计检验并判断模型的预测功能；
7. 能够运用相关分析和回归分析方法研究和解决现实问题。

知 识 要 点

一、相关关系与相关系数

1. 相关关系。

现实世界中的各种现象之间相互联系、相互制约、相互依存，某些现象发生变化时，另一些现象也随之发生变化。现象间的依存关系大致可分为两种类型：一类是函数关系；另一类是相关关系。

函数关系是指现象之间存在一种严格的确定性的依存关系，表现为某一现象发生变化另一现象也随之发生变化，而且有确定的值与之相对应。

相关关系是指客观现象之间确实存在的，但数量上不是严格对应的依存关系。对于某一现象的每一数值，可以有另一现象的若干数值与之相对应。

广义的相关关系包括线性相关和非线性相关关系。线性相关是指当一个变量变动时，另一变量随之发生大致均等的变动。非线性相关是指一个变量变动时，另一个变量也随之发生变动，但这种变动不是均等的。狭义的相关关系仅指线性相关关系。

2. 相关系数。

相关系数是用以反映变量之间线性相关关系密切程度的统计指标。这一系数由英国著名统计学家卡尔·皮尔逊（Karl Pearson）首先提出，因此又称为“皮尔逊相关系数”。变量X和Y之间的线性相关系数（常用$\rho_{x,y}$表示），是两个变量之间的协方差与这两个变量的标准差的乘积之比，其计算公式为：

$$\rho_{x,y}=\frac{Cov(X,\ Y)}{\sigma_x \cdot \sigma_y}$$

其中：

$$Cov(X,\ Y)=\frac{1}{n}\sum_{i=1}^{n}(x_i-\mu_x)(y_i-\mu_y)$$

$$\sigma_x=\sqrt{\frac{n\sum x^2-\left(\sum x\right)^2}{n^2}},\ \sigma_y=\sqrt{\frac{n\sum y^2-\left(\sum y\right)^2}{n^2}}.$$

式中的μ_x和μ_y分别为变量X和Y的数学期望值。

相关系数的值介于-1与+1之间，即$-1\leqslant\rho\leqslant+1$。其性质如下：

（1）当$\rho>0$时，表示两个变量正相关，即当一个变量的值增加或减少时，另一个变量的值也随之增加或减少；$\rho<0$时，两个变量为负相关，即当一个变量的值增加或减少时，另一个变量的值反而减少或增加。

（2）当$|\rho|=1$时，表示两个变量为完全线性相关，即一个变量的数量完全由另一个变量的数量变化所确定，实际上就是函数关系。

（3）当$\rho=0$时，表示两个变量间无线性相关关系，变量之间彼此互不影响，其数量变化相互独立，也称为零相关。

（4）当$0<|\rho|<1$时，表示两个变量之间存在一定程度的线性相关。$|\rho|$越接近于1，表示两个变量之间线性相关关系越密切；$|\rho|$越接近于0，表示两个变量的线性相关性越弱。

3. 相关系数的计算方法。

（1）根据相关系数的定义，利用Excel的COVAR（）和STDEVP（）函数计算；

（2）利用Excel的CORREL（）函数计算；

（3）使用Excel的“相关系数”工具计算。

二、线性回归分析

1. 回归分析的概念。

回归分析的基本思想和方法以及“回归”（Regression）名称的由来归功于英国统计学家F. Galton（1822~1911年）。他和他的学生、现代统计学的奠基者之

—K. Pearson（1856～1936年）在研究父母身高与其子女身高的遗传问题时发现，父辈身高增加一个单位，儿子身高仅增加大约半个单位左右。平均来说，高个子父辈的儿子们的平均身高要低于他们父辈的平均身高，低个子父辈的儿子们的平均身高要高于他们的父辈的平均身高，即子代的身高有回归到父辈平均身高的趋势。为了描述这种有趣的现象，F. Galton引进了“回归”这个词来描述父辈身高与子代身高之间的关系。

尽管“回归”这个名称的由来具有其特定的含义，但现在人们借用这个名词，把研究一个变量（Y，即因变量或被解释变量）与另一个或多个变量（X，即自变量或解释变量）之间的统计关系的数学方法称为“回归分析”。

2. 回归分析的基本步骤。

利用回归分析方法，可以对具有因果关系的变量之间的关系进行测定与描述，确定一个数学表达式，以便用于对因变量的变化进行估计与预测。回归分析的主要内容和步骤是：

（1）根据相关理论和对问题的分析判断，将变量分为自变量和因变量；

（2）设法找出合适的数学方程式（即回归模型）描述变量之间的关系；

（3）对回归模型进行统计检验，以判断模型是否有效；

（4）用回归模型进行预测或其他分析。

3. 普通最小二乘法。

普通最小二乘法（Ordinary Least Square，OLS）是一种常用的线性回归模型参数估计方法。

设k个变量的总体线性回归模型的一般表达式为：

$$Y_i = \beta_1 + \beta_2 X_{2ii} + \beta_3 X_{3i} + \cdots + \beta_k X_{ki} + u_i$$

其中，i＝1，2，…，N；N为总体容量。将该回归模型写成矩阵的形式即为：

$$\begin{bmatrix} y_1 \\ y_2 \\ y_3 \\ \vdots \\ y_N \end{bmatrix} = \begin{bmatrix} 1 & x_{21} & x_{31} & \cdots & x_{k1} \\ 1 & x_{22} & x_{32} & \cdots & x_{k2} \\ 1 & x_{23} & x_{33} & \cdots & x_{k3} \\ \vdots & \vdots & \vdots & \vdots & \vdots \\ 1 & x_{2N} & x_{3N} & \cdots & x_{kN} \end{bmatrix} \begin{bmatrix} \beta_1 \\ \beta_2 \\ \beta_3 \\ \vdots \\ \beta_k \end{bmatrix} + \begin{bmatrix} \mu_1 \\ \mu_2 \\ \mu_3 \\ \vdots \\ \mu_N \end{bmatrix}$$

$$(N \times 1) \qquad (N \times k) \qquad (K \times 1) \quad (N \times 1)$$

即

$$Y = X\beta + U$$

上式即为k个变量线性回归模型的一般（矩阵）表达式。

对于未知的总体回归函数 $Y = X\beta + U$，设其样本回归函数为：

$$Y = X\hat{\beta} + e$$

于是，有

$$e = Y - X\hat{\beta} = Y - \hat{Y}$$

其中，X、Y 称为样本观测值，$\hat{Y}$、$\hat{\beta}$称为 Y 和 β 的估计值，e 称为残差项，是 u 的样本估计量。

回归分析的主要任务就是要采用适当的方法，充分利用样本所提供的信息，使得样本回归函数尽可能地接近于真实的总体回归函数。这里，常用的准则是使得 Y 的观测值与其估计值 $\hat{Y}$ 之间的离差 e 的平方和达到最小，即：

$$\text{Minimize} \quad e^Te = (Y - \hat{Y})^T(Y - \hat{Y})$$

因为

$$\hat{Y} = X\hat{\beta}$$

所以

$$\begin{aligned} e^Te &= (Y - X\hat{\beta})^T(Y - X\hat{\beta}) \\ &= Y^TY - Y^TX\hat{\beta} - (X\hat{\beta})^TY + (X\hat{\beta})^TX\hat{\beta} \\ &= Y^TY - Y^TX\hat{\beta} - (Y^TX\hat{\beta})^T + \hat{\beta}^TX^TX\hat{\beta} \end{aligned}$$

由于中间的两项为纯量，它们的值相等，即：

$$\underset{(1\times n)}{Y^T}\ \underset{(n\times k)}{X}\ \underset{(k\times 1)}{\hat{\beta}} = (Y^TX\hat{\beta})^T$$

因此，有

$$e^Te = Y^TY - 2Y^TX\hat{\beta} + \hat{\beta}^TX^TX\hat{\beta}$$

要使 e^Te 达到最小，必须使得

$$\frac{\partial e^Te}{\partial \hat{\beta}} = 0$$

即：

$$\frac{\partial e^Te}{\partial \hat{\beta}} = -2(Y^TX)^T + 2(X^TX)\hat{\beta} = 0$$

亦即：

$$(Y^TX)^T = (X^TX)\hat{\beta}$$

当 $(X^TX)^{-1}$存在时，可得：

$$\hat{\beta} = (X^TX)^{-1}X^TY$$

$\hat{\beta}$即为 β 的普通最小平方估计量（OLSE）。

4. 普通最小二乘估计量计算方法。

（1）根据普通最小平方估计量$\hat{\beta}$的表达式，利用 Excel 的 MINVERSE（）、

MMULT（）和 TRANSPOSE（）等矩阵运算函数计算。

注意：为了获得线性回归函数的截距项（常数项），X 矩阵的第一列元素的值，必须全部设定为 1。

（2）利用 Excel 的 LINEST（）函数计算。

（3）利用 Excel 的“回归”分析工具计算。Excel 提供了一个专门的“回归”分析工具，该工具采用普通最小二乘法，对线性回归模型的回归系数进行估计，并计算一些重要的统计量，以便对回归模型进行统计检验。

以上各种方法各有其优缺点，需要根据具体情况，灵活采用。

三、模型的统计检验

为了判断回归模型的优劣，可以利用 Excel“回归”分析工具提供的输出报告中的相关统计量对模型进行统计检验。“回归”分析工具提供的基本输出报告包括以下 3 个部分：

1. 回归统计。

回归统计部分包括多元相关系数（也称复相关系数，“Multiple R”）、可决系数 R^2（“R Square”，也称为拟合优度）、调整后的可决系数（“Adjusted R Square”）、回归标准差（“标准误差”）以及样本个数（“观测值”）。

R^2 是可以由解释变量解释的平方和在总平方和中所占的比重，其值在 0 到 1 之间。R^2 等于 0 意味着解释变量完全不能解释被解释变量的变化；R^2 等于 1 意味着解释变量完全解释了被解释变量的变化。

2. 方差分析。

方差分析是对 Y 的离差平方和（“SS”）的分析，包括总离差平方和（“总计”，通常记为 TSS）、有解释的平方和（“回归分析”，通常记为 ESS）、剩余平方和（“残差”，通常记为 RSS）；各平方和的自由度（“df”）；均方（即按自由度平均的平方和，“MS”）以及由此计算出的 F 统计量（即两个均方之比，F）和相应的显著水平（“Significance F”）。

要计算 F 统计量的临界值，可使用 FINV（）函数。

3. 回归系数。

回归系数部分包括回归模型的回归系数（“Coefficients”），即截距（“Intercept”）和斜率的估计值以及它们的估计标准误差（“标准误差”）、t 统计量（“t Stat”）、大小双边拖尾概率值（“P-value”），以及一定概率保证的估计值的上下限值（系统默认为“Upper 95%”和“Lower 95%”）。

要计算 t 统计量的临界值，可使用 TINV（）函数。

四、非线性回归分析

非线性回归分析的基本方法是将非线性回归模型转化为线性回归模型，然后利用线性回归分析方法，求得模型中的回归系数。将非线性模型线性化的常用方法有变量代换和数学变换两种方法。

1. 变量代换法。

变量代换就是用新的变量去代换原模型中的非线性表达式，从而使原模型在形式上变为线性回归模型的一种方法。

例如：对于包含有两个自变量的二次多项式回归模型

$$Y = a_0 + a_1X_1 + a_2X_2 + a_3X_1X_2 + a_4X_1^2 + a_5X_2^2 + e$$

若令

$$X_3 = X_1X_2；\ X_4 = X_1^2；\ X_5 = X_2^2$$

用这 3 个新变量去代换原模型的后 3 项中的非线性表达式，则原模型变为线性回归模型：

$$Y = a_0 + a_1X_1 + a_2X_2 + a_3X_3 + a_4X_4 + a_5X_5 + e$$

利用线性回归分析方法，可求得原模型中的 6 个回归系数，并且这 6 个回归系数可以直接代回原模型中，从而获得一个非线性回归模型。

2. 数学变换。

许多非线性回归模型可以通过适当的数学变换和变量代换而将其转化为标准的线性回归模型形式。

例如，柯布—道格拉斯（Coob—Dauglas）生产函数模型：

$$Y = AK^{\alpha}L^{\beta}e^{u}$$

其中，Y 表示产出量，K 表示资本投入量，L 表示劳动投入量，A 为技术系数，α 和 β 分别为 K 和 L 的产出弹性系数，A、α 和 β 均为待估的未知参数。

对原模型的两边取对数，得到

$$LnY = LnA + \alpha LnK + \beta LnL + u$$

若令

$$Q = LnY；\ A_0 = LnA；\ X_1 = LnK；\ X_2 = LnL$$

则可得到线性回归模型：

$$Q = A_0 + \alpha X_1 + \beta X_2 + u$$

应用线性回归分析方法可估计和计算出原模型的未知参数。

实验一：相关分析

一、实验目的与要求

1. 理解相关系数的定义及相关分析的意义；

2. 能够利用 Excel 提供的有关函数计算两个变量间的相关系数；

3. 熟练掌握 Excel“相关系数”工具的使用操作技术。

二、实验准备

1. 掌握 Excel 提供的 CORREL（）、COVAR（）和 STDEVP（）等函数的功能及格式。

（1）CORREL（）函数。

功能：计算两个变量之间的线性相关系数。

格式：= CORREL（array1，array2）

参数：①Array1 为第一组数值单元格区域；

②Array2 为第二组数值单元格区域。

说明：

①参数可以是数字，或者是涉及数字的名称、数组或引用；

②如果数组或引用包含文本、逻辑值或空单元格，这些数值将被忽略，但是包含零值的单元格将计算在内；

③如果 array1 和 array2 的数据点的数目不同，函数 CORREL（）返回错误值 #N/A。

④如果 array1 或 array2 为空，或者其数值的标准偏差等于零，函数 CORREL（）返回错误值#DIV/0!。

（2）COVAR（）函数。

功能：返回协方差，即每对数据点的偏差乘积的平均数，利用协方差可以决定两个数据集之间的关系。

格式：= COVAR（array1，array2）

参数：①Array1 为第一个所含数据为整数的单元格区域。

②Array2 为第二个所含数据为整数的单元格区域。

说明：

①参数必须是数字，或者是包含数字的名称、数组或引用。

②如果数组或引用参数包含文本、逻辑值或空白单元格，则这些值将被忽略；但包含零值的单元格将计算在内。

③如果 array1 和 array2 所含数据点的个数不等，则函数 COVAR（）返回错误值#N/A。

④如果 array1 和 array2 当中有一个为空，则函数 COVAR（）返回错误值#DIV/0!。

（3）STDEVP（）函数。

功能：返回以参数形式给出的整个样本总体的标准差。标准差反映相对于平均值（mean）的离散程度。

格式：=STDEVP（number1，number2，…）

参数：Number1，number2，…为对应于样本总体的 1 到 30 个参数。也可以不使用这种用逗号分隔参数的形式，而用单个数组或对数组的引用。

说明：

①文本和逻辑值（TRUE 或 FALSE）将被忽略。如果不能忽略逻辑值和文本，则请使用 STDEVPA（）函数。

②函数 STDEVP（）假设其参数为整个样本总体，其标准差的计算使用“有偏差”和“n”方法。如果数据代表样本总体中的样本，应使用函数 STDEV（）函数来计算标准差。

③对于大样本容量，函数 STDEV（）和 STDEVP（）计算结果大致相等。

2. 准确理解 Excel“相关系数”工具对话框中各项参数的内容。

分析多个变量彼此之间的相关性，可以使用 Excel 的“相关系数”分析工具。其操作步骤是：

（1）选择“工具”菜单的“数据分析”子菜单。选择“数据分析”工具中的“相关系数”选项（见图 8-1），并按下“确定”按钮。

（2）在“相关系数”对话框中，输入“输入数据区域”、“分组方式”、是否含有数据分组标志、“输出区域”等内容（见图 8-2），然后按下“确定”按钮，即可得到各个变量的相关系数矩阵。

在图 8-2 中，“相关系数”工具计算的结果为一个下三角矩阵，该矩阵给出了 4 个变量 Y、X_1、X_2、X_3 中每两个变量之间的相关系数，如变量 X_1 与 X_2 之间的相关系数为 0.9569，可以断定 X_1 与 X_2 之间存在着高度的正线性相关关系。

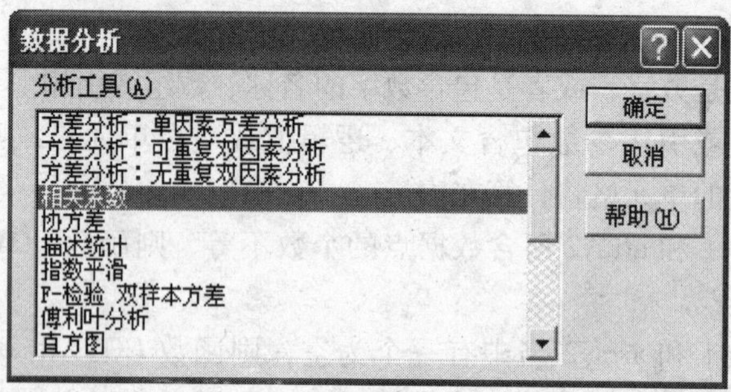

图 8-1 “数据分析”工具

	A	B	C	D	E	F	G	H	I	J	K	L
1	序号	Y	X_1	X_2	X_3							
2	1	398	298	29	40			Y	X1	X2	X3	
3	2	424	315	36	44		Y	1				
4	3	463	345	46	50		X1	0.9789	1			
5	4	545	395	62	63		X2	0.9919	0.9569	1		
6	5	602	428	71	72		X3	0.9310	0.8425	0.9324	1	
7	6	686	511	71	76							
8	7	709	517	79	80							
9	8	784	544	104	98							
10	9	922	590	149	134							
11	10	1221	781	211	154							
12	11	1578	997	287	196							
13	12	1926	1193	372	248							
14	13	2090	1268	438	282							
15	14	2162	1237	499	303							
16	15	2210	1180	564	334							
17	16	2253	1125	489	515							
18	17	2366	1165	533	534							
19	18	2476	1168	587	572							
20												

相关系数
输入
输入区域(I): $B$1:$E$19
分组方式: 逐列(C) 逐行(R)
标志位于第一行(L)
输出选项
输出区域(O): $G$2
新工作表组(P):
新工作薄(W)
确定
取消
帮助(H)

图 8-2 相关分析

3. 选择若干个随机变量，观测或收集随机变量的一组数据备用。

4. 启动 Excel，并加载 Excel“分析工具库”。

三、实验步骤

1. 将所准备的包含若干随机变量的数据输入电子表格。

2. 使用 Excel 提供的 COVAR（）和 STDEVP（）函数，计算两个变量之间的相关系数。

例：计算随机变量 X 和 Y 之间的相关系数，其中：

X =3，2，4，5，6；Y =9，7，12，15，17

（1）先计算两个变量之间的协方差及两个变量的标准差。可在 A1、A2、A3 单元格中，分别输入以下公式：

=COVAR({3，2，4，5，6}，{9，7，12，15，17})

=STDEVP({3，2，4，5，6})

=STDEVP({9，7，12，15，17})

（2）计算 X 和 Y 之间的相关系数。可在任一单元格输入以下公式：

=A1/(A2 * A3)

以上公式可合并为一个公式：

=COVAR({3，2，4，5，6}，{9，7，12，15，17})/(STDEVP({3，2，4，5，6}) * STDEVP({9，7，12，15，17}))

3. 用 CORREL（）函数计算相关系数。

可在任一单元格输入以下公式：

=CORREL({3，2，4，5，6}，{9，7，12，15，17})

注意：以上公式必须以数组公式的形式输入，即在输入公式之后，同时按下 Ctrl + Shift + Enter 键。

4. 用 Excel 的“相关系数”分析工具进行相关分析。

（1）将图 8 –2 所示的数据输入电子表格，启动 Excel 的“相关系数”分析工具进行相关分析。其操作步骤是：

①选择“工具”菜单的“数据分析”子菜单。选择“数据分析”工具中的“相关系数”选项（见图 8 –1），并按下“确定”按钮。

②在“相关系数”对话框中，输入“输入数据区域”、“分组方式”、是否含有数据分组标志、“输出区域”等内容（见图 8 –2），然后按下“确定”按钮，即可得到各个变量的相关系数矩阵。

（2）对于自己准备的数据，利用 Excel 的“相关系数”分析工具进行相关分析。

四、实验总结

1. 相关关系是指客观现象之间确实存在的，但数量上不是严格对应的依存关系。相关系数是用以反映变量之间线性相关关系密切程度的统计指标。

2. 两个变量之间的线性相关系数是两个变量之间的协方差与这两个变量的标准差的乘积之比。利用 Excel 所提供的 COVAR（）和 STDEVP（）函数，可根据相关系数的定义计算两个变量之间的线性相关系数。

3. Excel 所提供的 CORREL（）函数，可计算两个变量之间的线性相关系数。

4. Excel 所提供的"相关系数"工具可以用来进行相关系数的计算和分析。

五、思考题

1. 什么是相关关系？广义的相关关系和狭义的相关关系有何区别？

2. 线性相关系数是如何定义的？如何利用 Excel 所提供的有关函数计算？

3. Excel 所提供 CORREL（）函数的功能和格式是怎样的？使用该函数应注意哪些问题？

4. 使用 Excel 所提供的"相关系数"工具有哪些优越性？

实验二：线性回归分析

一、实验目的与要求

1. 理解回归分析的基本概念；

2. 理解普通最小二乘法的基本原理；

3. 熟练掌握回归分析常用的 Excel 函数的功能和语法规则；

4. 熟练掌握 Excel"回归"分析工具的使用操作技术。

二、实验准备

1. 掌握 Excel 提供的 MINVERSE（）、MMULT（）、TRANSPOSE（）和 LINEST（）等函数的功能及语法规则。

（1）MINVERSE（）函数。

功能：返回数组矩阵的逆矩阵。

格式：=MINVERSE（array）

参数：Array 是具有相等行数和列数的数值数组。

说明：

①Array 可以是单元格区域，例如 A1:C3；数组常量如{1，2，3；4，5，6；7，8，9}；或区域和数组常量的名称。

②如果在 Array 中单元格是空白单元格或包含文字，则函数 MINVERSE（）

返回错误值#VALUE!。

③如果 Array 的行和列的数目不相等，则函数 MINVERSE（）也返回错误值#VALUE!。

④公式必须以数组公式的形式输入，即在输入公式之后，按 Ctrl + Shift + Enter。

⑤函数 MINVERSE（）的精确度可达十六位有效数字，因此运算结果因位数的取舍可能会导致小的误差。

⑥对于一些不能求逆的矩阵，函数 MINVERSE（）将返回错误值#NUM!。不能求逆的矩阵的行列式值为零。

（2）MMULT（）函数。

功能：返回两数组的矩阵乘积。结果矩阵的行数与 array1 的行数相同，矩阵的列数与 array2 的列数相同。

格式：= MMULT（array1，array2）

参数：Array1，array2 是要进行矩阵乘法运算的两个数组。

说明：

①Array1 的列数必须与 array2 的行数相同，而且两个数组中都只能包含数值。

②Array1 和 array2 可以是单元格区域、数组常量或引用。

③在以下情况下，MMULT（）返回错误值#VALUE!：

A. 任意单元格为空或包含文字。

B. array1 的列数与 array2 的行数不相等。

C. 结果数组的容量等于或大于总计 5461 个单元格。

④公式必须以数组公式的形式输入，即在输入公式之后，按 Ctrl + Shift + Enter。

（3）TRANSPOSE（）函数。

功能：返回转置单元格区域，即将一行单元格区域转置成一列单元格区域，反之亦然。

格式：= TRANSPOSE（array）

参数：Array 为需要进行转置的数组或工作表中的单元格区域。所谓数组的转置就是，将数组的第一行作为新数组的第一列，数组的第二行作为新数组的第二列，余此类推。

说明：公式必须以数组公式的形式输入，即在输入公式之后，按 Ctrl + Shift + Enter。

（4）LINEST（）函数。

功能：使用最小二乘法计算对已知数据进行最佳直线拟合，并返回描述此直线的数组。因为此函数返回的数值为数组，故必须以数组公式的形式输入。

格式：= LINEST（known_y's，known_x's，const，stats）

参数：

①Known_y's 是关系表达式 y = mx + b 中已知的 y 值集合。如果数组 known_y's 在一列中，则 known_x's 的每一列都被当作单独的变量。如果数组 known_y's 在一行中，则 known_x's 的每一行都被当作单独的变量。

②Known_x's 是关系表达式 y = mx + b 中已知的可选 x 值集合。数组 known_x's 中包括一个或多个变量集合。如果只用到一个变量，只要 known-y's 和 known-x's 维数相同，它们可以是任何形状的选定区域。如果用到不止一个变量，known_y's 必须是向量（就是说，必须是一行或一列的区域）。如果省略 known_x's，则假设该数组是｛1，2，3，…｝，其大小与 known_y's 相同。

③Const 为一逻辑值，指明是否强制使常数 b 为 0。如果 const 为 TRUE 或省略，b 将被正常计算。如果 const 为 FALSE，b 将被设为 0，并同时调整 m 值使 y = mx。

④Stats 为一逻辑值，指明是否返回附加回归统计值。如果 stats 为 TRUE，函数 LINEST（）返回附加回归统计值。如果 stats 为 FALSE 或省略，函数 LINEST（）只返回系数 m 和常数项 b。

说明：对于直线回归方程

$$y = m_1x_1 + m_2x_2 + \cdots + b$$

式中的因变量 y 是自变量 x 的函数。m 的值是与每个 x 值相对应的回归系数，b 是常数项。函数 LINEST（）返回的数组是｛m_n，m_{n-1}，…，m_1，b｝；返回的附加回归统计值及其排列顺序如图 8－3 所示。

	A	B	C	D	E	F
1	m_n	m_{n-1}	…	m_2	m_1	b
2	se_n	se_{n-1}	…	se_2	se_1	se_b
3	r_2	se_y				
4	F	d_f				
5	ss_{reg}	ss_{resid}				

图 8－3　附加回归统计值返回的顺序

附加回归统计值的含义如下：se_1，se_2，…，se_n 为回归系数 m_1，m_2，…，m_n 的标准误差；se_b为常数项 b 的标准误差；r^2 为判定系数；se_y 为 y 估计值的标准误差；F 为 F 统计量；df 为自由度；ss_{reg}为回归平方和；ss_{resid}为残差平方和。

2. 准确理解 Excel“回归”分析工具对话框中各项参数的内容。Excel 提供了一个专门的“回归”分析工具，该工具采用普通最小二乘法，对线性回归模型的回归系数进行估计，并计算一些重要的统计量，以便对回归模型进行统计检验。

要使用“回归”分析工具，可选择 Excel“工具”菜单的“数据分析”子菜单，并选择“回归”选项（见图 8－4）。按下“确定”按钮后，系统弹出“回归”分析对话框（见图 8－5）。

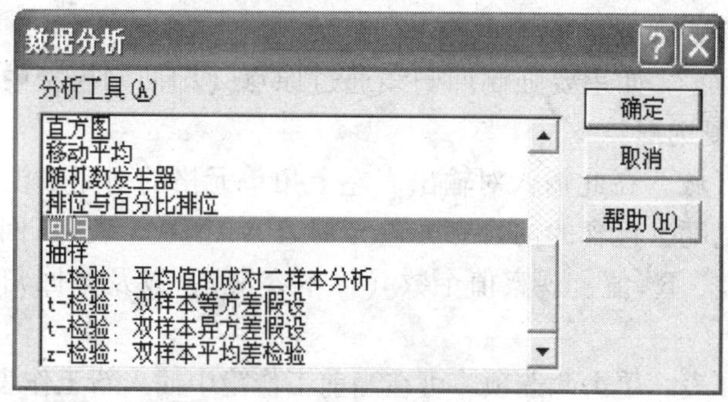

图 8－4　“数据分析”工具

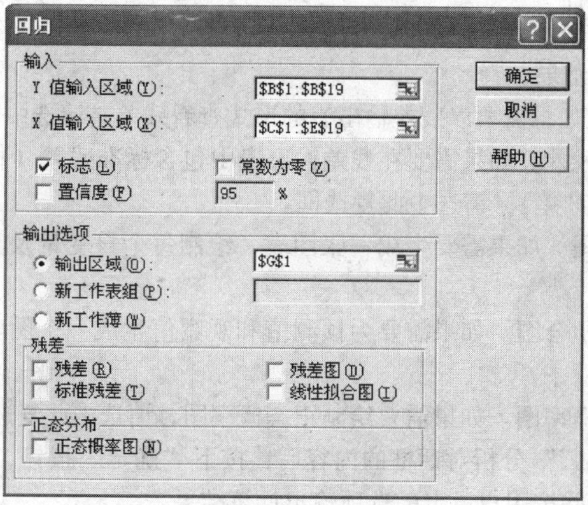

回归
输入
Y 值输入区域(Y)：$B$1:$B$19
X 值输入区域(X)：$C$1:$E$19
☑ 标志(L)　☐ 常数为零(Z)
☐ 置信度(F)　95 %
输出选项
◉ 输出区域(O)：$G$1
○ 新工作表组(P)：
○ 新工作薄(W)
残差
☐ 残差(R)　☐ 残差图(D)
☐ 标准残差(T)　☐ 线性拟合图(I)
正态分布
☐ 正态概率图(N)
确定
取消
帮助(H)

图 8－5　“回归”分析对话框

在该对话框中所要输入的主要内容包括：

（1）Y 值输入区域。在此输入对因变量数据区域的引用。该区域必须由单列数据组成。

（2）X 值输入区域。在此输入对自变量数据区域的引用。Microsoft Excel 将对此区域中的自变量从左到右按升序排列。自变量的个数最多为 16 个。

(3) 标志。如果输入区域的第一行和第一列中包含标志项，请选中此复选框；如果在输入区域中没有标志项，请清除此复选框，Microsoft Excel 将在输出表中自动生成适宜的数据标志。

(4) 置信度。如果需要在汇总输出表（SUMMARY OUTPUT）中包含附加的置信度信息，请选中此复选框，然后在右侧的编辑框中，输入所要使用的置信度。如果为95%，则可省略。

(5) 常数为零。如果要强制回归线通过原点（即回归模型中不包含截距项β_0)，请选中此复选框。

(6) 输出区域。在此输入对输出表左上角单元格的引用。汇总输出表至少需要有7列的宽度，包含的内容有方差分析表（ANOVA 表）、回归系数、Y 的估计值标准误差、R^2 值、观察值个数（样本容量），以及各回归系数的标准误差等。

(7) 新工作表。单击此选项，可在当前工作簿中插入新工作表，并由新工作表 A1 单元格开始粘贴计算结果。如果需要给新工作表命名，请在右侧的编辑框中输入名称。

(8) 新工作簿。单击此选项，可创建一个新工作簿，并在新工作簿中的新工作表中粘贴计算结果。

(9) 残差。如果需要以残差输出表的形式查看残差，请选中此复选框。

(10) 标准残差。如果需要在残差输出表中包含标准残差（标准残差等于残差除以残差的标准差），请选中此复选框。

(11) 残差图。如果需要生成一张图表，绘制每个自变量及其残差，请选中此复选框。

(12) 线形拟合图。如果需要为预测值和观察值生成一个图表，请选中此复选框。

(13) 正态概率图。如果需要绘制正态概率图，请选中此复选框。

在输入“回归”分析对话框的内容后，按下“确定”按钮，Excel 即进行回归分析的计算，并按用户设定的选项输出计算结果。

3. 选择若干个随机变量，观测或收集随机变量的一组数据备用。

4. 启动 Excel，并加载 Excel“分析工具库”。

三、实验步骤

1. 将所准备的包含若干随机变量的数据，按如图 8－6 格式输入电子表格：

	A	B	C	D	E	F	H
1	序号	Y	X_0	X_1	X_2	X_3	
2	1	398	1	298	29	40	
3	2	424	1	315	36	44	
4	3	463	1	345	46	50	
5	4	545	1	395	62	63	
6	5	602	1	428	71	72	
7	6	686	1	511	71	76	
8	7	709	1	517	79	80	
9	8	784	1	544	104	98	
10	9	922	1	590	149	134	
11	10	1221	1	781	211	154	
12	11	1578	1	997	287	196	
13	12	1926	1	1193	372	248	
14	13	2090	1	1268	438	282	
15	14	2162	1	1237	499	303	
16	15	2210	1	1180	564	334	
17	16	2253	1	1125	489	515	
18	17	2366	1	1165	533	534	
19	18	2476	1	1168	587	572	
20							

图 8－6　线性回归分析数据

2. 使用 Excel 提供的 MINVERSE（）、MMULT（）和 TRANSPOSE（）函数，计算线性回归模型的回归系数：

$$\hat{\beta}=(X^TX)^{-1}X^TY$$

（1）求转置矩阵 X^T。本例中，选择一组 4 行 18 列单元格，例如 A20 : R23，输入以下公式：

＝TRANSPOSE（C2 : F19）

（2）计算矩阵乘法 X^TX 和 X^TY。本例中，分别选择一组 4 行 4 列单元格（例如，A24 : D27）和 4 行 1 列单元格（例如，E24 : E27），输入以下公式：

＝MMULT（A20 : R23，C2 : F19）

＝MMULT（A20 : R23，B2 : B19）

（3）求矩阵 X^TX 的逆矩阵，即（X^TX）$^{-1}$。本例中，选择一组 4 行 4 列单元格（例如，A28 : D31），输入以下公式：

＝MINVERSE（A20 : R23，C2 : F19）

(4) 计算$\hat{\beta}=(X^TX)^{-1}X^TY$的值。本例中，选择一组 4 行 1 列单元格（例如，A32:A35)，输入以下公式：

= MMULT（A28:D31，A20:R23，B2:B19）

(5) 直接计算回归系数。将以上步骤合并起来，选择一组 4 行 1 列单元格，输入一个公式，直接计算$\hat{\beta}=(X^TX)^{-1}X^TY$的值。

3. 使用 Excel 提供的 LINEST（）函数，计算线性回归模型的回归系数；

针对本例，可选择一组 5 行 4 列的单元格，输入以下公式进行线性回归分析：

= LINEST（B2:B19，D2:F19，TRUE，TRUE)

= LINEST（B2:B19，D2:F19，FALSE，TRUE)

= LINEST（B2:B19，D2:F19，TRUE，FALSE)

= LINEST（B2:B19，D2:F19，FALSE，FALSE)

请注意比较各公式计算的结果。

4. 使用 Excel 提供的“回归”分析工具，计算线性回归模型的回归系数；

(1) 启动“回归”分析工具；

(2) 按要求回答“回归”分析对话框的问题；

(3) 获得回归分析报告。

5. 对于自己准备的数据，利用 Excel 的“回归”分析工具进行回归分析。

四、实验总结

1. 回归分析是研究一个因变量或被解释变量与另一个或多个自变量或解释变量之间的统计关系的数学方法。利用回归分析方法，可以对具有因果关系的变量之间的关系进行测定与描述，确定其数学表达式，以便用于对因变量的变化进行估计与预测；

2. 利用 Excel 提供的 MINVERSE（）、MMULT（）和 TRANSPOSE（）函数，可进行线性回归分析；

3. 利用 Excel 提供的 LINEST（）函数，可进行线性回归分析，并可提供相关的统计指标，以对回归模型进行必要的统计检验；

4. 利用 Excel 提供的“回归”分析工具，可进行线性回归分析，并可提供丰富的统计分析信息，以对回归模型进行多方面的检验。

五、思考题

1. 用 Excel 提供的 MINVERSE（）、MMULT（）和 TRANSPOSE（）函数，

进行线性回归分析有何优缺点？

2. 用 Excel 提供的 LINEST（）函数，进行线性回归分析有何优缺点？

3. 用 Excel 提供的“回归”分析工具，进行线性回归分析有何优缺点？

4. 写出本实验所得到的线性回归模型，并计算当 $X_1=1000$，$X_2=500$，$X_3=600$ 时，Y 的估计值。

提示：如果使用 Excel 的“回归”分析工具，模型的回归系数在输出报告的第 3 部分（回归系数）表中的“Coefficients”栏下。

实验三：非线性回归分析

一、实验目的与要求

1. 能够根据相关理论和样本数据设计非线性回归模型；

2. 熟练掌握非线性回归模型的线性化技术；

3. 熟练掌握 Excel 环境下观测数据的转换技术；

4. 能够利用转换后的样本数据，采用线性回归方法正确地估计转换后的新模型参数；

5. 能够利用转换后的新模型的回归参数，获得或计算出原模型的回归参数。

二、实验准备

1. 掌握 Excel 提供的数据转换相关函数 LN（）和 EXP（）等函数的功能及语法规则。

（1）LN（）函数。

功能：返回一个数的自然对数。自然对数以常数项 e（2.71828182845904）为底。

格式：LN（number）

参数：Number 是用于计算其自然对数的正实数。

说明：LN（）函数是 EXP（）函数的反函数。

（2）EXP（）函数。

功能：返回 e 的 n 次幂。常数 e 是自然对数的底数。EXP（）函数是 LN（）函数的反函数。

格式：EXP（number）

参数：Number 为底数 e 的指数。

说明：若要计算以其他常数为底的幂，请使用指数操作符（^）。

2. 选择若干个随机变量，观测或收集随机变量的一组数据备用。

3. 启动 Excel，并加载 Excel“分析工具库”。

三、实验步骤

1. 将所准备的包含若干随机变量的数据输入电子表格。

例 8.1：现收集到某行业 10 个企业生产总值及资本、劳动投入的样本数据如表 8－1 所示。试建立该行业的 C－D 形式生产函数模型。

表 8－1　　企业生产投入与产出样本数据

序号	Y（总产值）	K（资本）	L（劳动）
1	264	169	290
2	298	181	318
3	235	160	254
4	318	187	341
5	304	184	327
6	289	178	311
7	271	172	295
8	273	175	296
9	310	195	274
10	352	203	350

2. 使用 Excel 公式和有关函数对原始数据进行转换。

设生产函数回归模型为：

$$Y = AK^{\alpha}L^{\beta}e^{u}$$

对原模型两边取对数，得到

$$LnY = LnA + \alpha LnK + \beta LnL + u$$

并令

$$Q = LnY;\ A_0 = LnA;\ X_1 = LnK;\ X_2 = LnL$$

则原模型可变为：

$$Q = A_0 + \alpha X_1 + \beta X_2 + u$$

对变换后的新模型，利用新定义的变量，使用 Excel 的 LN（）函数，将原样本数据转换为如图 8－7 所示的新样本数据。

在图 8－7 中，E2、F2 和 G2 单元格的公式分别为：

E2：=LN(B2)

F2：=LN(C2)

G2：=LN(D2)

其他单元格的公式可以通过复制这几个单元格公式来输入。

	A	B	C	D	E	F	G	H
1	序号	Y	K	L	Q	X_1	X_2	
2	1	264	169	290	5.5759	5.1299	5.6699	
3	2	298	181	318	5.6971	5.1985	5.7621	
4	3	235	160	254	5.4596	5.0752	5.5373	
5	4	318	187	341	5.7621	5.2311	5.8319	
6	5	304	184	327	5.7170	5.2149	5.7900	
7	6	289	178	311	5.6664	5.1818	5.7398	
8	7	271	172	295	5.6021	5.1475	5.6870	
9	8	273	175	296	5.6095	5.1648	5.6904	
10	9	310	195	274	5.7366	5.2730	5.6131	
11	10	352	203	350	5.8636	5.3132	5.8579	
12								

图 8－7　样本数据的转换

3. 使用 Excel 提供的“回归”分析工具，计算转换后的线性回归模型的回归系数。

4. 利用转换后的新模型的回归参数，获得或计算出原模型的回归参数。

注意：利用 Excel 的 EXP（）函数，根据所求得的转换后新模型的回归系数 A_0，计算原模型中的参数 A。

5. 对于自己准备的数据，设计适当的回归模型，然后进行非线性模型的线性化处理，并利用“回归”分析工具进行非线性回归分析。

四、实验总结

1. 非线性回归分析的基本方法是将非线性回归模型转化为线性回归模型的形式，然后利用线性回归分析方法，求得模型中的回归系数；

2. 将非线性模型线性化的常用方法有变量代换和数学变换两种方法；

3. 利用转换后的新模型经回归分析获得回归系数后，有些回归系数与原模型的回归系数完全相同，可直接用于原模型；有些回归系数与原模型的回归系数不一致，此时需要经过适当的数学计算，得出原模型的回归参数；

4. 对于自己准备的数据，利用 Excel 的“回归”分析工具进行非线性回归分析；

5. 绘制散点图有助于选择合适的非线性模型形式。

五、思考题

1. 举例说明，设计非线性回归模型的主要依据是什么？

2. 将非线性模型线性化的常用方法有哪些？如何将下列非线性函数线性化？

（1）指数函数：

$$Y = ae^{bX}$$

（2）幂函数：

$$Y = aX^b$$

（3）双曲线函数：

$$\frac{1}{Y} = a + \frac{b}{X}$$

（4）对数函数：

$$Y = a + b\lg X$$

（5）S 形曲线：

$$Y = \frac{1}{a + be^{-X}}$$

3. 在哪些情况下，需要将转换后的新模型的回归系数经过适当的数学计算，求得原模型的回归参数？

4. 对例 8.1 进行非线性回归分析所得到的 C – D 生产函数是怎样的？

5. 对表 8 – 2 所示的时间序列进行预测和误差分析：

表 8 – 2　　　时间序列数据

t	1	2	3	4	5	6	7	8	9	10	11	12
Y	1212	1321	1278	1341	1257	1287	1189	1111	1145	1150	1298	1331

（1）绘制以上时间序列数据的散点图。

提示： 选择数据单元格区域后，启动"图表向导"工具，在"图表类型"选项卡中，选择"XY 散点图"，按下"完成"按钮即可。

（2）以散点图为依据，以 Y 为被解释变量，以 t 为解释变量，并选择一个适当阶的多项式作为回归模型，进行数据变换和回归分析。

例如，可采用：

$$Y_t = b_0 + b_1 t + b_2 t^2 + b_3 t^3 + e_t$$

（3）利用估计得到的回归模型，计算出当 $t = 13$ 时，Y 的估计值，并与第七实验单元实验综合思考题第 7 题的相关试验结果进行比较分析。

（4）计算出多项式回归模型的预测误差，并与第七实验单元实验综合思考题第 7 题的含有线性趋势的指数平滑模型的预测误差进行比较分析。

（5）以上分析结果对选择预测方法和模型有何启示？

实验四：模型的统计检验

一、实验目的与要求

1. 理解模型统计检验的重要意义；

2. 理解“回归”分析工具所提供的输出报告中各项指标的含义及其相互关系；

3. 能够正确理解 R^2 的定义及其统计意义；

4. 能够利用 FINV（）函数对回归模型进行总体检验；

5. 能够利用 TINV（）函数对回归系数进行显著性检验；

6. 能够熟练利用相关统计指标和辅助方法对回归模型的优劣进行统计检验。

二、实验准备

1. 理解“回归”分析工具所提供的输出报告中各项指标的含义及其相互关系。

为了判断回归模型的优劣，可以利用 Excel“回归”分析工具提供的输出报告中的相关统计量对模型进行统计检验。“回归”分析工具提供的基本输出报告包括以下 3 个部分（见图 8－8，为方便读者掌握有关指标的定义和指标之间的相互关系，图中给出了部分指标的 Excel 计算公式，可供阅读时参考）：

（1）回归统计。回归统计部分包括多元相关系数（也称复相关系数，“Multiple R”）、可决系数 R^2（“R Square”，也称为拟合优度）、调整后的可决系数（“Adjusted R Square”）、回归标准差（“标准误差”）以及样本个数（“观测值”）。

	A	B	C	D	E	F	G	H
1	SUMMARY OUTPUT							
2								
3	回归统计							
4	Multiple R	0.999960				=SQRT(C12/C14)		
5	R Square	0.999920				=C12/C14		
6	Adjusted R Square	0.999902				=1-(C13/B13)/(C14/B14)		
7	标准误差	7.792530				=SQRT(D13)		
8	观测值	18						
9				=C13/B13	=D12/D13	=FDIST(E12,B12,B13)		
10	方差分析							
11		df	SS	MS	F	Significance F		
12	回归分析	3	10561963	3520654	57978.4	6.8729E-29		
13	残差	14	850.13	60.72				
14	总计	17	10562813					
15								
16		Coefficients	标准误差	t Stat	P-value	Lower 95%	Upper 95%	
17	Intercept	6.3213	7.5506	0.84	0.4165	-9.8731	22.5158	
18	X1	1.0339	0.0197	52.43	1.80E-17	0.9916	1.0762	
19	X2	1.1306	0.0521	21.71	3.53E-12	1.0189	1.2423	
20	X3	1.0371	0.0333	31.10	2.53E-14	0.9656	1.1087	
21						=B19-TINV(0.05,B13)*C19		
22				=B20/C20		=B19+TINV(0.05,B13)*C19		
23						=TDIST(D19,B13,2)		
24								

图 8-8　回归分析计算结果

R^2 是可以由解释变量解释的平方和在总平方和中所占的比重，其值在 0 到 1 之间。R^2 等于 0 意味着解释变量完全不能解释被解释变量的变化；R^2 等于 1 意味着解释变量完全解释了被解释变量的变化。

（2）方差分析。方差分析是对 Y 的离差平方和（“SS”）的分析，包括总离差平方和（“总计”，通常记为 TSS）、有解释的平方和（“回归分析”，通常记为 ESS）、剩余平方和（“残差”，通常记为 RSS）；各平方和的自由度（“df”）；均方（即按自由度平均的平方和，“MS”）以及由此计算出的 F 统计量（即两个均方之比，F）和相应的显著水平（“Significance F”）。

要计算 F 统计量的临界值，可使用 FINV（）函数。

（3）回归系数。回归系数部分包括回归模型的回归系数（“Coefficients”），即截距（“Intercept”）和斜率的估计值以及它们的估计标准误差（“标准误差”）、t 统计量（“t Stat”）、大小双边拖尾概率值（“P-value”），以及一定概率保证的估计值的上下限值（系统默认为“Upper 95%”和“Lower 95%”）。

要计算 t 统计量的临界值，可使用 TINV（）函数。

2. 掌握 Excel 提供的 FINV（）、TINV（）等函数的功能及格式。

（1）FINV（）函数。

功能：返回 F 概率分布的反函数值。如果 p = FDIST(x，…)，则 FINV(p，…) = x。如果已给定概率值，则 FINV（）使用 FDIST（x，degrees_freedom1，degrees_freedom2）= probability，求解数值 x。

格式：= FINV（probability，degrees_freedom1，degrees_freedom2）

参数：

①Probability 为与 F 累积分布相关的概率值。若要返回 F 的临界值，可用显著水平参数作为函数 FINV（）的 probability 参数。

②Degrees_freedom1 为分子自由度。

③Degrees_freedom2 为分母自由度。

说明：

①如果任何参数都为非数值型，则函数 FINV（）返回错误值#VALUE!。

②如果 probability <0 或 probability >1，函数 FINV（）返回错误值#NUM!。

③如果 degrees_freedom1 或 degrees_freedom2 不是整数，将被截尾取整。

④如果 degrees_freedom1 <1 或 degrees_freedom1 ≥10^10，函数 FINV（）返回错误值#NUM!。

⑤如果 degrees_freedom2 <1 或 degrees_freedom2 ≥10^10，函数 FINV（）返回错误值#NUM!。

（2）TINV（）等函数。

功能：返回作为概率和自由度函数的 t 分布的临界值。如果已给定概率值，则 TINV（）使用 TDIST（x，degrees_freedom，2）= probability，求解数值 x。

格式：= TINV（probability，degrees_freedom）

参数：

①Probability 为对应于双尾 t 分布的概率。单尾 t 值可通过用两倍概率替换概率而求得。

②Degrees_freedom 为分布的自由度数值。

说明：

①如果任一参数为非数值型，函数 TINV（）返回错误值#VALUE!。

②如果 probability <0 或 probability >1，函 TINV（）返回错误值#NUM!。

③如果 degrees_freedom 不是整数，将被截尾取整。

④如果 degrees_freedom <1，函数 TINV（）返回错误值#NUM!。

⑤TINV（）返回 t 值，P(｜X｜ >t) = probability，其中 X 为服从 t 分布的随

机变量，且 P(| X | > t) = P(X < - t or X > t)。

3. 选择若干个随机变量，观测或收集随机变量的一组数据备用。

4. 启动 Excel，并加载 Excel“分析工具库”。

三、实验步骤

1. 输入原始数据。

根据理论和经验分析，影响粮食生产（Y）的主要因素有：农业化肥施用量（X_1）；粮食播种面积（X_2）；成灾面积（X_3）；农业机械总动力（X_4）；农业劳动力（X_5）。有关数据资料如表 8 - 3 所示。

表 8 - 3　　中国粮食生产与相关投入数据

年份	粮食产量（万吨）Y	化肥使用量（万吨）X_1	粮食播种面积（千公顷）X_2	成灾面积（千公顷）X_3	农机总动力（万千瓦）X_4	农业劳动力（万人）X_5
1983	38728.0	1659.8	114047.0	34710.0	18022.1	31645.1
1984	40731.0	1739.8	112884.0	31890.0	19497.2	31685.0
1985	37911.0	1775.8	108845.0	44370.0	20912.5	30351.5
1986	39151.0	1930.6	110933.0	47140.0	22950.0	30467.9
1987	40298.0	1999.3	111268.0	42090.0	24836.0	30870.0
1988	39408.0	2141.5	110123.0	50870.0	26575.0	31455.7
1989	40755.0	2357.1	112205.0	46990.0	28067.0	32440.5
1990	44624.0	2590.3	113466.0	38470.0	28707.7	33336.4
1991	43529.0	2805.1	112314.0	55470.0	29388.6	34186.3
1992	44265.8	2930.2	110560.0	51330.0	30308.4	34037.0
1993	45648.8	3151.9	110509.0	48830.0	31816.6	33258.2
1994	44510.0	3317.9	109544.0	55040.0	33744.0	32690.0
1995	46662.0	3593.7	110060.0	45874.0	36118.1	32334.5
1996	50453.5	3827.8	112548.0	46989.0	38546.9	32260.4
1997	49417.0	3980.7	112912.0	53429.0	42015.6	32434.9
1998	51229.5	4083.7	113787.0	50145.0	45208.0	32626.4
1999	50839.0	4124.3	113161.0	49981.0	48996.1	32911.8
2000	46218.0	4146.4	108463.0	54688.0	52573.6	32997.5
2001	45263.7	4253.8	106080.0	52215.0	55172.1	32451.0
2002	45705.8	4339.4	103891.0	47120.0	57929.9	31991.0
2003	43070.0	4411.6	99410.0	54386.0	60386.5	31260.0
2004	46947.0	4636.8	101606.0	37106.0	64140.9	30596.0
2005	48402.2	4766.2	104278.4	38818.2	68549.4	29975.5

2. 进行回归分析。

假设回归模型设计为：

$$Y = b_0 + b_1 X_1 + b_2 X_2 + b_3 X_3 + b_4 X_4 + b_5 X_5 + u$$

利用表 8－3 的数据，进行回归分析。

3. 计算 F 和 t 统计量的临界值。

利用 FINV（）和 TINV（）函数，计算显著性水平为 0.05 时的 F 统计量和 t 统计量的临界值，并利用回归分析输出报告的相关数据指标，进行模型的统计检验。并对以下问题作出判断：

（1）回归模型总体上能否成立？

计算 F 统计量的临界值。对本例而言，可输入以下公式：

＝FINV（0.05，5，17）

（2）回归模型中的每一个参数是否显著地不为零？

计算 t 统计量的临界值。对本例而言，可输入以下公式：

＝TINV（0.05，17）

（3）根据回归系数的符号判断，回归模型中的每一个参数是否符合常理（或人们的预期）？

4. 选择合适的模型。

利用表 8－1 的数据，对下列回归模型分别进行回归分析：

$$Y = b_0 + b_1 X_1 + u$$

$$Y = b_0 + b_1 X_1 + b_2 X_2 + u$$

$$Y = b_0 + b_1 X_1 + b_2 X_2 + b_3 X_3 + u$$

$$Y = b_0 + b_1 X_1 + b_2 X_2 + b_3 X_3 + b_4 X_4 + u$$

$$Y = b_0 + b_1 X_1 + b_2 X_2 + b_3 X_3 + b_5 X_5 + u$$

根据相关经济理论和模型统计检验结果，选择合适的回归分析模型，以便进行相关问题的分析。

5. 对于自己准备的数据，设计符合经济原理的回归模型，然后进行回归分析，并对回归模型进行统计检验。

四、实验总结

1. 回归模型的可靠与否取决于很多因素，包括模型设计的合理性和样本数据的可靠性。

2. 为了判断模型是否可用于预测和其他方面的分析，可以利用 Excel 回归分析输出报告中的相关统计量进行统计检验。其中，R^2、t 统计量、F 统计量是重要的统计指标。

3. 对回归模型的残差进行分析，也是判断模型是否有效的一种重要辅助分析方法。

五、思考题

1. 为什么要对回归模型进行统计检验？

2. 判断回归模型优劣的主要统计指标有哪些？它们的确切含义是什么？

3. 在对用于预测的模型和用于结构分析的模型进行统计检验时，应注意哪些问题？

4. 利用“相关系数”工具，对本实验中的粮食产量（Y）、农业化肥施用量（X_1）；粮食播种面积（X_2）；成灾面积（X_3）；农业机械总动力（X_4）；农业劳动力（X_5）等进行相关分析，观察各变量之间的相关性，并判断这种相关性对回归分析结果的影响。

5. 下面表 8－4～表 8－6 是 Excel 线性回归分析的输出报告：

表 8－4　回归统计

回归统计	
Multiple R	0.9964
R Square	①
Adjusted R Square	0.9920
标准误差	1.4142
观测值	21

表 8－5　方差分析

方差分析					
	df	SS	MS	F	Significance F
回归分析	2	4964.00	2482.00	④	5.20E－20
残差	18	②	③		
总计	20	5000.00			

表 8－6　回归系数及其统计量

	Coefficients	标准误差	t Stat	P-value	Lower 95%	Upper 95%
Intercept	⑤	49.00	－2.00	0.0608	－223.96	27.96
X_1	1.05	0.61	1.72	0.1023	－0.52	2.62
X_2	0.64	0.20	⑥	0.0050	0.13	1.15

（1）表中有若干由数字序号标示的指标缺省。请根据输出报告所提供的相关信息，计算表中缺省的指标：

①=

②=

③=

④=

⑤=

⑥=

（2）如何计算各回归系数的P值（P-value）?

（3）如何根据给定的显著性水平，计算各回归系数的置信区间?

综合思考题

1. 相关分析和回归分析有何异同？在实际应用过程中，应如何配合使用？

2. Excel提供了多种回归分析方法，如何根据具体情况采用合适的方法？

3. 对回归模型进行统计检验的主要目的是什么？检验的主要内容是什么？

4. 就预测目的而言，与时间序列分析方法相比，回归分析方法有何优缺点？如何用回归分析方法来对时间序列数据进行分析？这样做有什么好处？可能会引起什么新问题？

5. 根据对自己准备的有关回归分析问题的实验和研究情况，撰写一份综合实验报告或管理科学研究报告。

第九实验单元

模拟分析

▷ 实验一：随机参数生成
▷ 实验二：模拟分析的基本步骤
▷ 实验三："模拟运算表"工具
▷ 实验四：RiskSim 软件

实 验 目 的

1. 理解模拟分析在管理决策分析中的重要性；

2. 掌握建立管理系统模拟模型的基本技术和方法；

3. 能够熟练地使用 Excel 函数，生成服从特定分布的随机参数，并建立电子表格模拟模型；

4. 能够用 Excel“模拟运算表”工具进行模拟分析；

5. 熟练掌握 RiskSim 软件的使用操作技术；

6. 能够运用模拟分析方法研究和解决现实问题。

知 识 要 点

一、模拟分析的重要性

模拟（Simulation）也称仿真，是指在试验条件下现实系统的再现。模拟的思想由来已久，象棋就是模仿古代战争的一种游戏。随着科学技术的不断发展，模拟已成为管理科学研究的一种重要方法和手段。这是因为：

1. 在社会经济领域里，由于直接试验的结果具有不可逆性，因此，在很多情况下不能够采用直接试验的方法来研究现实管理系统，在这种情况下，模拟就成为唯一可行的管理科学研究方法。

2. 对于一些充满着不确定性因素的复杂的管理系统，尽管可以通过建立有关问题的数学模型来进行间接研究，但有很多模型却无法用常规的数学方法来求解，在这种情况下，模拟是更为可行的研究方法。

3. 模拟具有时间压缩的特点，与直接试验方法相比，其研究周期短，且投入的人力、物力和财力相对较少，因此，模拟是一种经济有效的管理科学研究方法。

二、模拟分析的作用

在管理科学研究中，模拟分析具有十分广泛的用途。在解决诸如排队问题、库存问题等含有大量随机因素的问题中，模拟分析方法更具优越性。模拟分析的作用主要包括：

1. 功能测试。在建立一个真实系统之前，必须对于假定系统的行为作出预测和评价，考察系统的功能是否与预期一致。

2. 方案比较。在建立真实系统之前，通过模拟分析，可以比较各种备选方案，以便从中选择令人满意的方案。

3. 完善系统。在真实系统已经建立和运行的前提下，可以通过模拟分析，观察在改变某些系统参数的情况下系统的行为和绩效的变化，从而不断改进和完善系统。

三、模拟模型的特点

模拟模型是模拟分析的工具。模拟模型的主要特点是：

1. 建立模拟模型的主要目的不是用于寻求最优解。模拟模型本身并不能提供最优解，只能通过模拟分析，对系统在各种假设条件（或备择方案）下的运行情况及绩效进行分析、比较和评估，然后在此基础上进行决策（见图9－1）。

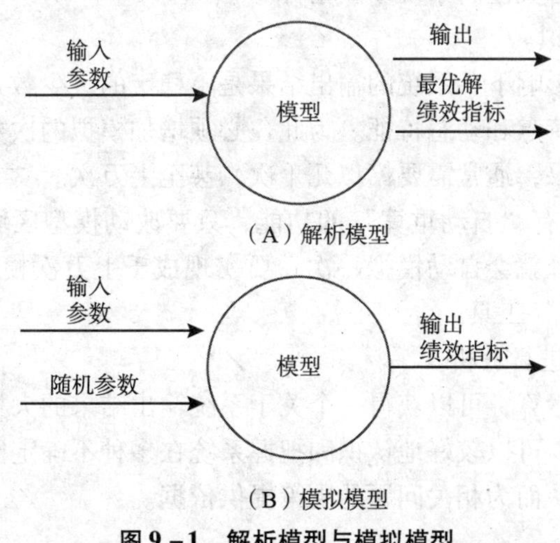

图9－1　解析模型与模拟模型

2. 模拟模型关注系统的详细运行。模拟分析的重点是研究系统的动态运行情况，以及一个时期的结果对下一个时期的影响。因此，模拟模型实际上是一种动态模型，模拟分析也是一种动态分析。

3. 模拟模型中包含随机因素。模拟模型中的参数有两种：一种是确定的参数；另一种是随机参数。随机参数是由计算机系统自动生成的随机数，用于模仿现实中的不确定性情况的出现及其影响。

四、模拟分析的基本步骤

1. 建立模拟模型。

模拟模型一般包括 3 个组成部分：

（1）输入部分。在电子表格中，由给定模型输入参数的单元格组成。确定性参数直接输入单元格；随机参数的输入通过计算机系统生成随机数来实现。Excel 提供了 RAND（）和 RANDBETWEEN（）这两个随机数生成函数，利用这两个函数和其他一些函数相配合，可以生成服从特定分布的随机参数。

（2）主体部分。在电子表格中，由描述系统构成要素的变量及其相互关系的单元格组成，这些单元格均直接或间接地与输入单元格相联系，并决定模型的输出结果。

（3）输出部分。在电子表格中，由给出模型计算结果的单元格组成，模型计算结果通常是决策者关注的系统绩效指标。

2. 进行多次模拟。

在随机因素的影响下，系统的输出结果是不稳定的。少数几次试验，也很难表现出系统的真实特点和动态特征。为此，必须增加模拟的次数。为了获得比较稳定可靠的分析结果，通常需要模拟几千次，甚至上万次。

注意：Excel 具有“自动重算”的功能，只要改动模型区域以外的任意一个单元格的内容，系统就会自动模拟一次。要实现成千上万次模拟，可以利用 Excel 的“模拟运算表”工具。

3. 对模拟结果进行分析。

经过多次模拟运算，可以获得一个关于系统输出结果的大样本。通过对这个样本进行统计分析，可以较好地认识和把握系统在多种不确定因素影响下的基本行为特征和绩效，从而为相关问题的决策提供依据。

五、模拟分析常用的 Excel 函数

1. RAND（）函数。

功能：返回大于等于 0 及小于 1 的一个服从均匀分布的随机数。

格式：=RAND（）

2. RANDBETWEEN（）函数。

功能：返回位于两个指定整数之间（包含两个指定的整数）的一个服从均匀分布的随机整数。

格式：=RANDBETWEEN（bottom，top）

参数：Bottom 为函数返回的最小整数；

Top 为函数返回的最大整数。

说明：如果该函数不可用（即返回错误值#NAME?），则需要运行“安装”程序来加载“分析工具库”。安装完毕之后，必须通过“工具”菜单中的“加载宏”命令，在“加载宏”对话框中选择并启动“分析工具库”。

3. NORMINV（）函数。

功能：返回指定平均值和标准差的正态累积分布函数的反函数。

格式：=NORMINV（probability，mean，standard_dev）

参数：Probability 为正态分布的累积概率值；

Mean 为分布的平均值；

Standard_dev 为分布的标准差。

4. HLOOKUP（）函数。

功能：在表格或数值数组的首行查找指定的数值，并由此返回表格或数组当前列中指定行处的数值。

格式：HLOOKUP（lookup_value，table_array，row_index_num，range_lookup）

参数：

（1）Lookup_value 为需要在数据表第一行中进行查找的数值，可以为数值、引用或文本字符串。

（2）Table_array 为需要在其中查找数据的数据表。可以使用对区域或区域名称的引用。Table_array 的第一行的数值可以为文本、数字或逻辑值。如果 range_lookup 为 TRUE，则 table_array 的第一行的数值必须按升序排列：…－2，－1，0，1，2，…，A－Z，FALSE，TRUE；否则，函数将不能给出正确的数值。如果 range_lookup 为 FALSE，则 table_array 不必进行排序。

（3）Row_index_num 为 table_array 中待返回的匹配值的行序号。Row_index_num 为 1 时，返回 table_array 第一行的数值，row_index_num 为 2 时，返回 table_array 第二行的数值，余此类推。如果 row_index_num 小于 1，函数 HLOOKUP（）返回错误值#VALUE!；如果 row_index_num 大于 table-array 的行数，函数 HLOOKUP（）返回错误值#REF!。

（4）Range_lookup 为一逻辑值，指明函数查找时是精确匹配，还是近似匹配。如果为 TRUE 或省略，则返回近似匹配值。也就是说，如果找不到精确匹配值，则返回小于 lookup_value 的最大数值。如果 range_value 为 FALSE，函数将查找精确匹配值，如果找不到，则返回错误值#N/A!。

5. VLOOKUP（）函数。

功能：在表格或数值数组的首列查找指定的数值，并由此返回表格或数组当前行中指定列处的数值。

格式：VLOOKUP（lookup_value，table_array，col_index_num，range_lookup）

参数：Lookup_value 为需要在数组第一列中查找的数值。

Table_array 为需要在其中查找数据的数据表。

Col_index_num 为 table_array 中待返回的匹配值的列序号。

Range_lookup 为一逻辑值，指明函数查找时是精确匹配还是近似匹配。

6. POISSON（）函数。

功能：返回服从泊松分布的概率。

格式：POISSON（x，mean，cumulative）

参数：

（1）X 为事件数。

（2）Mean 为期望值。

（3）Cumulative 为一逻辑值，确定所返回的概率分布形式。如果 cumulative 为 TRUE，函数 POISSON（）返回泊松累积分布概率，即，随机事件发生的次数在 0 到 x 之间（包含 0 和 x）；如果为 FALSE，则返回泊松概率密度函数值，即，随机事件发生的次数恰好为 x 的概率。

说明：

（1）如果 x 不为整数，将被截尾取整。

（2）如果 x 或 mean 为非数值型，函数 POISSON（）返回错误值#VALUE!。

（3）如果 x<0，函数 POISSON（）返回错误值#NUM!。

（4）如果 mean≤0，函数 POISSON（）返回错误值#NUM!。

六、RiskSim 软件

用 Excel 的函数和“模拟运算表”工具进行模拟分析虽然可行，但毕竟有些不便。近年来，出现了许多为在电子表格环境下进行模拟分析而开发的软件。RiskSim 就是一种专门用于蒙特卡罗（Monte Carlo）模拟分析的可加载（add-in）Excel 软件（文件名为 RiskSim. XLA）。该软件提供了 9 个专用的随机参数生成函数，可以帮助用户十分方便地建立模拟模型。

启动 Excel 之后，双击 RiskSim. XLA 文件名即可加载该软件。加载成功后，Excel“工具”菜单下将出现“Risk Simulation...”命令。选择该命令即可运行 RiskSim 软件。运行该软件后，系统能够自动进行模拟，并生成内容比较丰富的模拟结果和统计分析报告。报告的主要内容包括：模拟数值结果、数值频率分布表、频率分布直方图、累积概率图等。

RiskSim 提供的 9 个随机参数生成函数是：

1. RANDBINOMIAL（）函数。

功能：产生服从二项式分布的随机数。

格式：=RANDBINOMIAL（trials，probability_s）

参数：trials = 独立试验次数（n）；

probability_s = 每次试验成功的概率（p）。

2. RANDCUMULATIVE（）函数。

功能：产生服从分段线性累计分布的随机数。

格式：=RANDCUMULATIVE（value_cumulative_table）

参数：value_cumulative_table 为包含两列数值的数据表，可以是单元格区域或已命名的单元格区域的名称，其中，左边一列为数值，右边一列为数值所对应的累计概率。

3. RANDDISCRETE（）函数。

功能：产生服从离散分布的随机数。

格式：=RANDDISCRETE（value_discrete_table）

参数：value_discrete_table 为包含两列数值的数据表，可以是单元格区域或已命名的单元格区域的名称，其中，左边一列为数值，右边一列为数值所对应的概率。

4. RANDEXPONENTIAL（）函数。

功能：产生服从指数分布的随机数。

格式：=RANDEXPONENTIAL（lambda）

参数：lambda = 单位时间出现次数的平均数（λ）。

5. RANDINTEGER（）函数。

功能：产生两个整数之间服从均匀分布的随机整数。

格式：=RANDINTEGER（bottom，top）

参数：bottom = 最小整数；

top = 最大整数。

6. RANDNORMAL（）函数。

功能：产生服从正态分布的随机数。

格式：=RANDNORMAL（mean，standard_dev）

参数：mean = 正态分布的平均数（μ）；

standard_dev = 正态分布的标准差（σ）。

7. RANDPOISSON（）函数。

功能：产生服从泊松分布的随机数。

格式：=RANDPOISSON（mean）

参数：mean = 单位时间内出现次数的平均数。

8. RANDTRIANGULAR（）函数。

功能：产生服从三角分布的随机数。

格式：=RANDTRIANGULAR（minimum，most_likely，maximum）

参数：minimum = 最小值；

most_likely = 最可能值；

maximum = 最大值。

9. RANDUNIFORM（）函数。

功能：产生两个指定数值之间服从均匀分布的随机数。

格式：=RANDUNIFORM（minimum，maximum）

参数：minimum = 最小值；

maximum = 最大值。

实验一：随机参数生成

一、实验目的与要求

1. 充分认识随机因素在管理决策领域的普遍性；

2. 理解随机变量的统计性质及主要概率分布；

3. 能够熟练地使用 Excel 函数，生成服从特定分布的随机参数，以便为建立模拟模型做准备。

二、实验准备

1. 掌握 Excel 提供的 RAND（）和 RANDBETWEEN（）这两个随机数生成函数以及其他一些模拟分析常用函数的功能和语法规则；

2. 选择一个或若干个随机变量，观测或收集随机变量的一组数据备用；

3. 启动 Excel，并加载“分析工具库”。

三、实验步骤

1. 使用 RANDBETWEEN（）函数生成服从均匀分布的离散随机数。

（1）用 RANDBETWEEN（）函数模拟抛掷硬币。

用 RANDBETWEEN（）函数生成随机数 0 或 1，并用 0 表示反面朝上，用 1 表示正面朝上。

在工作表的 B2 和 C2 单元格中输入以下公式：

B2：= RANDBETWEEN(0，1)

C2：= IF(B2 = 0，“反面”，“正面”)

公式输入完毕后，观察两个单元格的内容。然后，任意选择另一个单元格，并多次随意输入数据，观察 B2 和 C2 两个单元格内容的变化情况。

注意：如果该函数不存在，需要运行“安装”程序来加载“分析工具库”。安装完毕之后，必须通过“工具”菜单中的“加载宏”命令，在“加载宏”对话框中选择并启动“分析工具库”。

（2）用一个公式模拟抛掷硬币。

在 C4 单元格（也可以任意选择一个单元格）输入以下公式：

= IF(RANDBETWEEN(0，1) = 0，“反面”，“正面”)

公式输入完毕后，观察该单元格的内容。然后，任意选择另一个单元格，并多次随意输入数据，观察 C4 单元格内容的变化情况。

将 C4 单元格的公式复制到 C5∶C23 单元格，模拟抛掷硬币 20 次。

（3）用 RANDBETWEEN（）函数生成一组服从均匀分布的随机数。

现假设需要生成一组 0 到 0.9 之间（包括 0 和 0.9）服从均匀分布的 20 个离散随机数，可先在 B2 单元格输入以下公式：

= RANDBETWEEN(0，9)/10

然后，将该公式复制到 B3：B21 单元格，生成结果见图 9－3。

2. 使用 RAND（）函数生成服从均匀分布的随机数。

（1）用 RAND（）函数生成服从均匀分布的 0 到 1 之间的随机数。

任选一个单元格输入以下公式：

=RAND（）

然后，任意选择另一个单元格，并多次随意输入数据，观察公式“=RAND（）”所在单元格内容的变化情况。

（2）用 RAND（）函数生成服从均匀分布的特定数值之间的随机数。

若要生成 a 与 b 之间的随机数，可输入如下公式：

=a+RAND（）*（b－a）

现输入以下两个公式，以分别生成 4～9 和 20～90 之间服从均匀分布的随机数：

=4+RAND（）*5

=20+RAND（）*70

在公式所在单元格之外任意选择一个单元格，并多次随意输入数据，观察以上两个公式所在单元格内容的变化情况。

3. 使用 NORMINV（）函数生成服从正态分布的随机数。

（1）用 NORMINV（）函数返回特定累积概率条件下服从标准正态分布的数值。

任选一个单元格输入以下公式：

=NORMINV（0.5，0，1）

然后，将公式中的概率参数 0.5 在 0 到 1 之间多次改动，观察该公式所返回数值的变化情况。

（2）用 NORMINV（）函数生成服从标准正态分布的随机数。

任选一个单元格输入以下公式：

=NORMINV（RAND（），0，1）

然后，在公式所在单元格之外任意选择一个单元格，并多次随意输入数据，或者将公式复制到多个单元格，观察公式所在单元格内容的变化情况。

（3）用 NORMINV（）函数生成服从特定正态分布的随机数。

若要生成服从平均数为 μ，标准差为 σ 的正态分布的随机数，可输入如下公式：

=NORMINV（RAND（），μ，σ）

现输入以下公式，以生成服从平均数为 75，标准差为 8 的正态分布的随机数：

=NORMINV（RAND（），75，8）

在公式所在单元格之外任意选择一个单元格，并多次随意输入数据，或者将公式复制到多个单元格，观察公式所在单元格内容的变化情况。

4. 使用 VLOOKUP（）函数和 HLOOKUP（）函数生成服从特定分布的离散随机数。

（1）输入随机变量分布表。在电子表格中输入一个服从特定分布的随机变量分布表，如图 9－2 所示：

	A	B	C	D	E	F
1	概率表					
2	概率	累积概率	数值			
3	0.3	0.0	1			
4	0.5	0.3	2			
5	0.2	0.8	3			
6		1.0	4			
7						

图 9－2　生成服从特定分布的随机数

（2）按概率返回随机数。任选一个数据表格以外的单元格（如 G7），输入下列公式，并观察所返回的数值：

=VLOOKUP（0.2，B3:C6，2）

=VLOOKUP（0.3，B3:C6，2）

=VLOOKUP（0.4，B3:C6，2）

=VLOOKUP（0.8，B3:C6，2）

=VLOOKUP（0.9，B3:C6，2）

（3）用 RAND（）函数返回随机数。在表格以外，任选一个单元格输入下列公式：

=VLOOKUP（RAND（），B3:C6，2）

然后，在公式所在单元格之外任意选择一个单元格，并多次随意输入数据，观察公式所在单元格内容的变化情况。

（4）用 HLOOKUP（）函数重复上述实验。将累积概率和随机数值按行排列，然后使用 HLOOKUP（）函数，重复上述实验。

5. 使用 POISSON（）函数生成服从泊松分布的随机数。

（1）用 POISSON（）函数生成累积概率分布表。在单元格 C2:C26 中分别依次输入数值 0 到 24，然后在 B2 单元格中输入公式：

=POISSON（C2，10，TRUE）

该公式用于计算服从期望值为 10 的泊松分布累积概率。将该公式复制到 B3:B26单元格，生成结果见图 9－3。

	A	B	C	D	E
1	泊松分布累积概率表				
2		0.0000	0		
3		0.0005	1		
4		0.0028	2		
5		0.0103	3		
…	…	…	…	…	…
21		0.9965	19		
22		0.9984	20		
23		0.9993	21		
24		0.9997	22		
25		0.9999	23		
26		1.0000	24		
27					

图 9－3 生成服从泊松分布的随机数

（2）用 VLOOKUP（）函数生成服从特定期望值的泊松分布随机数。在表格以外，任选一个单元格输入下列公式：

=VLOOKUP（RAND（），B2:C26，2）

然后，在公式所在单元格之外任意选择一个单元格，并多次随意输入数据，观察公式所在单元格内容的变化情况。

注意：本例中泊松分布的期望值为 10。

四、实验总结

1. 模拟模型与其他模型之间的明显不同之处是它包含随机因素。随机因素可以用随机变量来描述，而随机变量的取值可以由 Excel 函数生成。

2. 利用 Excel 所提供的 RAND（）和 RANDBETWEEN（）这两个随机数生

成函数以及相关的其他函数，可以生成服从特定分布的随机数。

五、思考题

1. RAND（）和 RANDBETWEEN（）这两个函数在功能上有何不同？它们所生成的随机数在统计上有何共同特点？

2. 如果在某一单元格中输入以下公式：

=NORMINV（0.5，80，9）

其数值结果将是多少？为什么？

3. VLOOKUP（）和 HLOOKUP（）函数在功能上有何异同？

4. 对自己预先准备的随机变量的概率分布进行分析，并用适当的方法生成服从符合数据分布特征的随机数。

实验二：模拟分析的基本步骤

一、实验目的与要求

1. 掌握模拟分析的本质及基本步骤；
2. 能够正确选择函数生成随机输入参数，并能够正确选定系统绩效指标；
3. 能够正确建立模拟模型；
4. 能够正确进行模拟实验；
5. 能够对模拟结果进行初步的统计分析，并提出相关决策建议。

二、实验准备

1. 掌握 Excel 提供的 RAND（）和 RANDBETWEEN（）这两个随机数生成函数以及其他一些模拟分析常用函数的功能和格式。

2. 理解本实验所要分析的案例，并预先设计模拟方案，写出生成随机数的公式。

例 9.1：某超市对需要称重出售的商品标价只精确到人民币“角”，即只保留一位小数。如果按照销售价格和实际重量计算每件商品价格小数点后的“分”不为零，则采用“四舍五入”的方法进行舍入处理。例如，如果计算所得的价格为 3.55 元，则标价为 3.60 元；如果为 3.54 元，则标为 3.50 元。试分析这一定价规则对消费者是否公平？

3. 启动 Excel，并加载“分析工具库”。

三、实验步骤

1. 建立模拟模型。

在 B3、C3 和 D3 单元格中，分别输入下列公式（见图 9－4）：

＝RANDBETWEEN（0，99）/100

＝ROUND（B3，1）

＝B3－C3

上述 3 个单元格实际上就是一个简单的模拟模型。B3 单元格为模型的输入部分，它模拟超市每件商品计算所得价格（即消费者应支付额）的小数部分，本例中为 0.43；C3 单元格为模型主体部分，对价格小数点后的第二位进行四舍五入处理，本例中舍入结果为 0.4；D3 单元格为模型的输出部分，是消费者应支付额和实际支付额之差，本例中为 0.03，表示消费者因这一定价规则而受益的金额。

	A	B	C	D	E	F
1	四舍五入定价规则					
2		应支付额	实际支付额	差额		
3		0.43	0.4	0.03		
4						
5						

图 9－4　四舍五入定价规则模拟

2. 进行多次模拟。

一次或少数几次模拟不能够反映出系统的稳定特征，需要进行多次模拟。为此，可将 B3、C3 和 D3 单元格中的公式向下方单元格复制 99 次，这样即可进行 100 次模拟（见图 9－5。注意：图中省略了许多行）。

3. 进行统计分析。

利用 SUM（）、AVERAGE（）等函数可以对模拟结果进行基本统计分析。对本例，在 B102、C102 和 D102 单元格中分别输入以下公式：

＝SUM（B2:B101）

＝SUM（C2:C101）

＝SUM（D2:D101）

	A	B	C	D	E	F	G
1	四舍五入定价规则						
2		应支付额	实际支付额	差额			
3		0.43	0.4	0.03			
4		0.48	0.5	–0.02			
5		0.73	0.7	0.03			
6		0.82	0.8	0.02			
7		0.41	0.4	0.01			
8		0.61	0.6	0.01			
…	…	…	…	…	…	…	…
98		0.96	1.0	–0.04			
99		0.65	0.7	–0.05			
100		0.50	0.5	0.00			
101		0.31	0.3	0.01			
102							

图 9－5　四舍五入定价规则模拟分析

可计算出消费者应支付的小数部分总额、实际支付总额和差额。由于模拟的次数为 100 次，平均数极易计算。

四、实验总结

1. 模拟模型一般包括三个组成部分：

（1）输入部分。在电子表格中，由给定模型输入参数的单元格组成。确定性参数直接输入单元格；随机参数的输入通过计算机系统生成随机数来实现。Excel提供了 RAND（）和 RANDBETWEEN（）这两个随机数生成函数，利用这两个函数和其他一些函数相配合，可以生成服从特定分布的随机参数。

（2）主体部分。在电子表格中，由描述系统构成要素的变量及其相互关系的单元格组成，这些单元格均直接或间接地与输入单元格相联系，并决定模型的输出结果。

（3）输出部分。在电子表格中，由给出模型计算结果的单元格组成，模型计算结果通常是决策者关注的系统绩效指标。

2. 模拟分析的基本步骤是：

（1）建立模拟模型。

（2）进行多次模拟。

在随机因素的影响下，系统的输出结果是不稳定的。少数几次试验，也很难表现出系统的真实特点和动态特征。为此，必须增加模拟的次数。为了获得比较稳定可靠的分析结果，通常需要模拟几千次，甚至上万次。

Excel 具有“自动重算”的功能，只要改动模型区域以外的任意一个单元格的内容，系统就会自动模拟一次。要实现成千上万次模拟，可以利用 Excel 的“模拟运算表”工具。

(3) 对模拟结果进行分析。

经过多次模拟运算，可以获得一个关于系统输出结果的大样本。通过对这个样本进行统计分析，可以较好地认识和把握系统在多种不确定因素影响下的基本行为特征和绩效，从而为相关问题的决策提供依据。

五、思考题

1. 对于特定的系统，为什么要进行多次模拟？

2. 模拟的次数主要取决于哪些因素？

3. 对模拟结果进行分析的常用统计分析指标有哪些？对于不同性质的具体决策问题，如何选择合适的统计分析指标？

4. 根据模拟分析结果，对“四舍五入”定价规则进行评述。

5. 对于“四舍五入”的定价规则，能否用一般数学方法来进行分析？如何分析？

实验三：“模拟运算表”工具

一、实验目的与要求

1. 熟练掌握模拟分析的基本步骤；

2. 能够正确选择函数生成随机输入参数，能够正确选定系统绩效指标；

3. 能够正确建立模拟模型；

4. 能够利用“模拟运算表”工具进行模拟实验；

5. 能够对模拟结果进行初步的统计分析，并提出相关决策建议。

二、实验准备

1. 熟练掌握 Excel 提供的 RAND ( ) 和 RANDBETWEEN ( ) 这两个随机数

生成函数以及其他一些模拟分析常用函数的功能和格式。

2. 掌握模拟运算表的建立方法。

3. 理解本实验所要分析的案例，并预先设计模拟模型和模拟方案，写出生成随机参数的公式。

例 9.2：项目风险分析。某公司拟新建一个项目生产一种新产品。该项目的生命周期为 3 年，第 1 年的固定成本为 300 万元，第 2 年和第 3 年均为每年 100 万元。项目所面临的不确定性因素包括市场容量、销售价格和单位变动成本。具体来说：

（1）市场容量。第 1 年能够销售多少件产品不能确定，但预测结果是销售量服从平均数为 200 万件，标准差为 60 万件的正态分布。并且，第 2 年的销售量将在第 1 年的基础上增加 20%；第 3 年的销售量将在第 2 年的基础上下降 50%。

（2）销售价格。产品的销售价格服从表 9－1 所示的离散分布。

表 9－1　　销售价格的概率分布

概　率	价格（元/件）
0.3	4.00
0.5	5.00
0.2	6.00

（3）单位变动成本。产品的单位变动成本在每件 2～4 元之间，即服从最小值为 2，最大值为 4 的均匀分布。

试对该项目的盈亏情况进行模拟分析，并进行风险评估。

4. 启动 Excel，并加载“分析工具库”。

三、实验步骤

1. 建立模拟模型。

（1）建立一个静态的收入—利润计算表。假设第 1 年的销售量为 200 万件，销售价格为每件 5 元，单位变动成本为每件 3 元，并建立一个利润计算表（见图 9－6）。表中的公式如图 9－7 所示。

（2）将随机参数引入模拟模型。在 E6 和 E7 单元格中分别输入以下公式：

=2 +2 * RAND（）

= NORMINV（RAND（），2，0.6）

这两个公式分别生成成本和第 1 年销售量的随机参数。

	A	B	C	D	E	F	G	H
1		项目风险分析						
2								
3								
4				不确定性因素				
5		价格（元/件）			5.00			
6		成本（元/件）			3.00			
7		第1年销售量（百万件）			2.00			
8								
9				收入—利润表（百万元）				
10				第一年	第二年	第三年	总计	
11		销售量		2.00	2.40	1.20		
12		销售额		10.00	12.00	6.00		
13		变动成本		6.00	7.20	3.60		
14		固定成本		3.00	1.00	1.00		
15		利润		1.00	3.80	1.40	6.20	
16								

图9－6　项目利润表

	A	B	C	D	E	F	G	H
4				不确定性因素				
5		价格（元/件）			5.00			
6		成本（元/件）			3.00			
7		第1年销售量（百万件）			2.00			
8								
9					收入—利润表（百万元）			
10				第一年	第二年	第三年	总计	
11		销售量		=E7	=1.2*D11	=0.5*E11		
12		销售额		=D11*E5	=E11*E5	=F11*E5		
13		变动成本		=D11*E6	=E11*E6	=F11*E6		
14		固定成本		3	1	1		
15		利润		=D12–D13-D14	=E12–E13–E14	=F12–F13–F14	=D15+E15+F15	
16								

图9－7　项目利润表中的公式

为了生成价格的随机参数，需要建立一个价格查找表（见图9－8）。

在E5单元格中输入以下公式，即可生成价格的随机参数：

＝VLOOKUP（RAND（），C19：D22，2）

	A	B	C	D	E	F
17		价格查找表				
18		概率	累积概率	价格		
19		0.3	0.00	4.00		
20		0.5	0.30	5.00		
21		0.2	0.80	6.00		
22			1.00	7.00		
23						

图 9－8　模型中的价格查找表

完整的模拟模型如图 9－9 所示。由于 Excel 电子表格具有“自动重算”的功能，因此，只要随便改动模型区域以外的任意一个单元格的内容，系统就会自动模拟一次。

	A	B	C	D	E	F	G	H
1	项目风险分析							
2								
3								
4		不确定性因素						
5		价格（元/件）			5.00			
6		成本（元/件）			2.64			
7		第1年销售量（百万件）			2.25			
8								
9		收入—利润表（百万元）						
10				第一年	第二年	第三年	总计	
11		销售量		2.25	2.70	1.35		
12		销售额		11.27	13.52	6.76		
13		变动成本		5.96	7.15	3.57		
14		固定成本		3.00	1.00	1.00		
15		利润		2.31	5.37	2.19	9.86	
16								
17		价格查找表						
18		概率	累积概率	价格				
19		0.3	0.00	4.00				
20		0.5	0.30	5.00				
21		0.2	0.80	6.00				
22			1.00	7.00				
23								

图 9－9　项目风险模拟模型

2. 用模拟运算表进行多次模拟。

（1）确定模拟次数。假设确定的模拟次数为1000，则需要生成一个1—1000的序列。此时，可选择一个单元格，如I4，输入数值1，并再次选中I4单元格。然后，利用Excel的“填充序列”功能，生成一个按列排放的1—1000的序列。

（2）确定输出单元格。本例的输出单元格为G15，即3年的利润总额。因此，在J4单元格输入公式：

=G15

（3）进行多次模拟。选中单元格区域I4:J1003，启动并运行“模拟运算表”工具（见图9-10。注意：图中省略了许多单元格）。需要注意的是，由于模型的参数是由系统生成的随机数，不需要输入其他新数据，因此，在“模拟运算表”对话框的“输入引用列的单元格”编辑框中，可输入模型所在单元格区域以外的任一单元格。

3. 对模拟结果进行统计分析。

（1）利用AVERAGE（）、STDEV（）等函数可以对模拟结果进行基本统计分析。对本例，可在任意空白单元格中分别输入以下公式以计算项目盈利水平的期望值和标准差：

=AVERAGE（J4:J1003）

=STDEV（J4:J1003）

（2）生成累计概率图。将模拟所获得样本数据复制到工作表某一区域。

注意：只复制数据，粘贴时，采用“选择性粘贴”，并在弹出的对话框中选择“数值”选项；然后进行排序（升序或者降序）；再用生成数据序列的方法，在相邻一列产生一个表示特定事件（盈利水平不低于或不高于，这取决于排序的方法）概率的序列（例如，如果模拟的次数为1000次，则每一次模拟的数值结果出现的概率为千分之一，等差序列的初始值和步长也为千分之一）；最后利用相关数据，生成累计概率图（见图9-11和图9-12）。

四、实验总结

1. 建立描述系统结构的静态模型是模拟分析的基础。在建立起静态模型的基础上，可以利用Excel的RAND（）、RANDBETWEEN（）和NORMINV（）等相关函数，引入随机参数，以建立模拟模型。

2. 在随机因素的影响下，系统的输出结果是不稳定的。少数几次试验，也很难表现出系统的真实特点和动态特征。为此，必须增加模拟的次数。为了获得比较稳定可靠的分析结果，通常需要模拟几千次，甚至上万次。Excel具有“自动重算”的功能，只要改动模型区域以外的任意一个单元格的内容，系统就会自动模拟一次。要实现成千上万次模拟，可以利用Excel的“模拟运算表”工具。

3. 对多次模拟运算所获得的大样本，可以利用Excel的AVERAGE（）和STDEV（）等函数进行统计分析，以更好地认识和把握系统在多种不确定因素影响下的基本行为特征和绩效，从而为相关问题的决策提供依据。

4. 累计概率图可以直观反映特定事件的概率，对决策者判断决策风险的大小，具有重要意义。

	A	B	C	D	E	F	G	H	I	J	K
1		项目风险分析									
2											
3									模拟结果		
4		不确定性因素							1	9.86	
5		价格（元/件）			5.00				2	1.48	
6		成本（元/件）			2.64				3	9.51	
7		第1年销售量（百万件）			2.25				4	14.43	
8									5	6.07	
9		收入－利润表（百万元）							6	8.24	
10				第一年	第二年	第三年	总计		7	2.82	
11		销售量		2.25	2.70	1.35			8	7.26	
12		销售额		11.27	13.52	6.76			9	4.85	
13		变动成本		5.96	7.15	3.57			10	−4.85	
14		固定成本		3.00	1.00	1.00			11	−3.47	
15		利润		2.31	5.37	2.19	9.86		12	1.92	
16									13	5.63	
17		价格查找表							14	13.76	
18		概率	累积概率	价格					15	13.50	
19		0.3	0.00	4.00					16	10.67	
20		0.5	0.30	5.00					17	1.79	
21		0.2	0.80	6.00					18	−2.27	
22			1.00	7.00					19	20.54	
23									20	22.34	
…	…	…	…	…	…	…	…	…	…	…	…
1002									999	7.56	
1003									1000	2.35	
1004											

图9－10　项目风险模拟结果

	H	I	J	K	L	M	N
1							
2		模拟结果			概率（≥利润水平）		
3					利润水平	累积概率	
4		1	6.53		29.55	0.001	
5		2	6.98		29.00	0.002	
6		3	16.61		28.41	0.003	
7		4	19.39		28.31	0.004	
…	…	…	…	…	…	…	…
1001		998	5.32		–4.86	0.998	
1002		999	10.94		–4.91	0.999	
1003		1000	4.89		–4.94	1.000	
1004							

图 9－11　模拟结果排序与累计概率序列

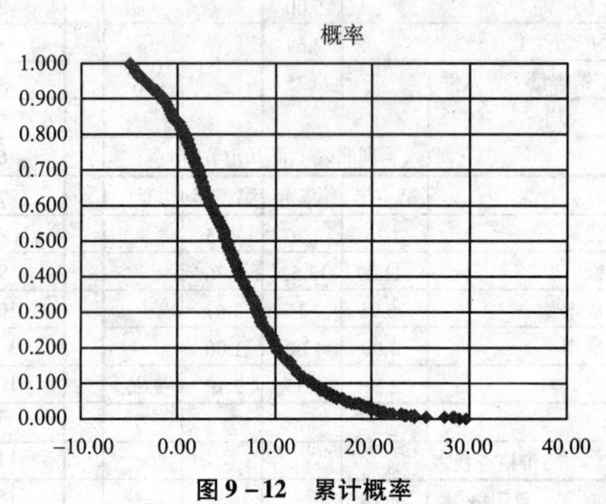

图 9－12　累计概率

五、思考题

1. 根据模拟结果，回答下列问题：

（1）如果以项目在 3 年的生命周期内不亏损作为项目成功的标准，问该项目获得成功的概率有多大？

（2）项目获得利润不低于 1000 万元的概率有多大？

（3）项目盈利水平的期望值和标准差分别是多少？

2. 如果模拟次数为 5000 次，在产生累计概率序列时，其初始值和步长分别是多少？

3. 为什么使用模拟运算表可以实现多次模拟？

4. 对实验二中的“四舍五入”定价规则，使用模拟运算表进行2000次模拟，并对结果进行分析。

实验四：RiskSim软件

一、实验目的与要求

1. 熟练掌握RiskSim软件的使用操作方法；

2. 熟练掌握RiskSim提供的9个随机数生成函数的功能和格式；

3. 能够正确建立模拟模型；

4. 能够用RiskSim软件进行模拟实验；

5. 能够理解RiskSim软件所提供的模拟分析报告，并提出相关决策建议。

二、实验准备

1. 熟练掌握RiskSim提供的9个随机数生成函数的功能和格式；

2. 掌握RiskSim软件的使用操作方法；

3. 理解本实验所要分析的案例（例9.2），并预先设计模拟模型和模拟方案，写出生成随机参数的公式；

4. 启动Excel，并加载RiskSim软件。

三、实验步骤

1. 建立模拟模型。

（1）建立一个静态的收入—利润计算表。建立一个静态的收入—利润计算表（与实验三方法相同）。然后，建立一个价格查找表（见图9-13）。

（2）将随机参数引入模拟模型。在E5、E6和E7单元格中分别输入以下公式：

=RANDDISCRETE（G5:H7）

=RANDUNIFORM（2，4）

=RANDNORMAL（2，0.6）

上述3个公式分别生成价格、成本和第1年销售量的随机参数。

	A	B	C	D	E	F	G	H	I
1		项目风险分析							
2									
3							价格查找表		
4			不确定性因素				价格	概率	
5		价格（元/件）			5.00		4	0.3	
6		成本（元/件）			3.00		5	0.5	
7		第1年销售量（百万件）			2.00		6	0.2	
8									
9				收入－利润表（百万元）					
10				第一年	第二年	第三年	总计		
11		销售量		2.00	2.40	1.20			
12		销售额		10.00	12.00	6.00			
13		变动成本		6.00	7.20	3.60			
14		固定成本		3.00	1.00	1.00			
15		利润		1.00	3.80	1.40	6.20		
16									

图 9－13　模拟模型

注意：上述公式所使用的函数由 RiskSim 软件提供，因此，必须保证 RiskSim 软件已经加载。至此，一个完整的模拟模型建立完毕。

2. 运行 RiskSim 软件进行模拟分析

（1）运行 RiskSim 软件。选择"工具"菜单下的"Risk Simulation..."命令启动软件。此时，系统弹出"Risk Simulation"对话框（见图 9－14）。

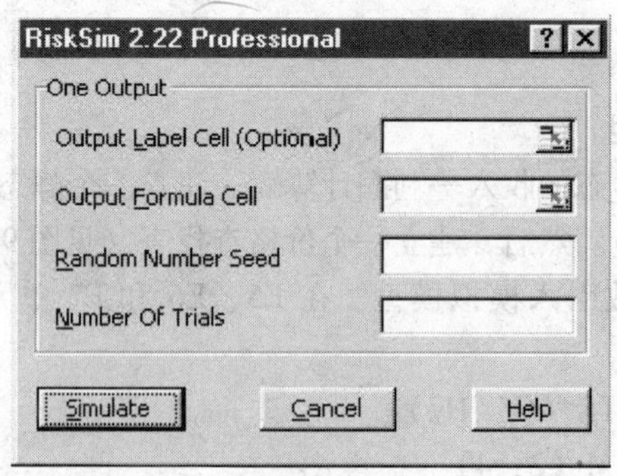

图 9－14　Risk Simulation 对话框

（2）输入模型参数。在“Risk Simulation”对话框中应定义模型的输出标签（Output Label Cell，本例中为B15，即“利润”）、输出公式单元格（Output Formula Cell，本例中为G15）、随机数种子（Random Number Seed）、模拟次数（Number of Trials，本例选择5000次）等。

（3）模拟并输出结果。按下“Simulation”按钮后，RiskSim即开始进行模拟，并会自动生成模拟分析结果报告。报告的主要内容包括：设定次数的模拟数值结果（见图9－15）、数值频率分布表、频率分布直方图（见图9－16）、累积概率图（见图9－17）。

注意：为简洁起见，图9－15中省略了绝大多数行。

	A	B	C	D	E	F
1			Sorted Data	Cumul.Prob		
2	1	−2.63	−5.20	0.9999		
3	2	1.89	−4.99	0.9997		
4	3	6.55	−4.98	0.9995		
……	…	…	…	…	…	…
903	902	14.95	−0.01	0.8197		
904	903	13.43	−0.01	0.8195		
905	904	−1.50	−0.01	0.8193		
906	905	−2.03	0.00	0.8191		
907	906	23.54	0.00	0.8189		
……	…	…	…	…	…	…
3829	3828	10.96	9.99	0.2345		
3830	3829	10.64	10.00	0.2343		
3831	3830	2.00	10.00	0.2341		
3832	3831	6.26	10.01	0.2339		
……	…	…	…	…	…	…
4999	4998	3.28	29.54	0.0005		
5000	4999	−4.20	29.89	0.0003		
5001	5000	−3.70	30.90	1E−04		
5002						

图9－15　模拟数值结果

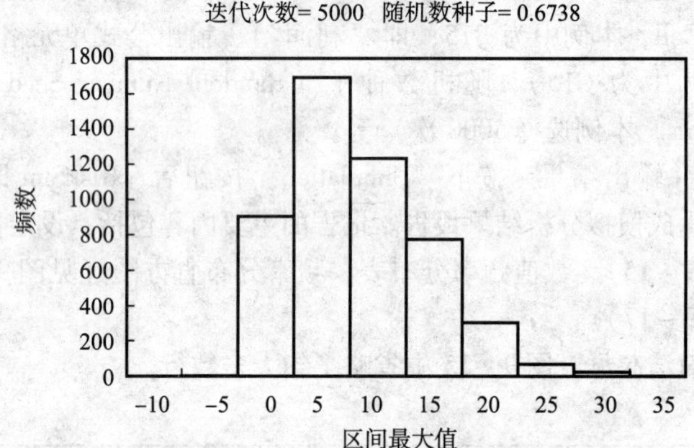

图 9－16　频率分布直方图

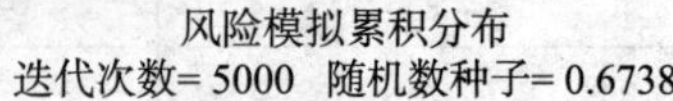

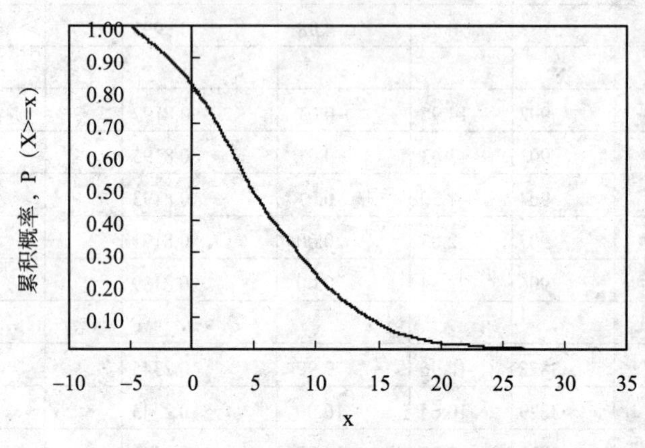

图 9－17　累积概率图

四、实验总结

1. 模拟是指在试验条件下现实系统的再现。模拟分析已经成为管理科学研究的一种经济有效的重要方法和手段，在很多情况下，甚至是唯一可行的研究方法。

2. 在管理科学研究中，模拟分析具有十分广泛的用途。其主要作用包括功能测试、方案比较和完善系统。

3. 建立模拟模型的主要目的不是用于寻求最优解，而是通过模拟，在对备择方案进行分析、比较和评估的基础上，进行决策。模拟模型包含随机因素，更加关注系统的动态运行特征。

4. 模拟分析的基本步骤包括建立模拟模型、进行模拟和分析模拟结果。Excel的“模拟运算表”工具和 RiskSim 软件是在电子表格环境下进行模拟分析的常用工具。

五、思考题

1. 根据模拟输出报告，回答下列问题：

（1）如果以项目在 3 年的生命周期内不亏损作为项目成功的标准，问该项目失败的概率有多大？

（2）项目获得利润低于 1000 万元的概率有多大？

2. 与使用模拟运算表进行模拟分析相比，使用 RiskSim 软件有哪些便利之处？

3. 对实验二中的“四舍五入”定价规则，使用 RiskSim 软件进行 3000 次模拟，并对结果进行分析。

综合思考题

1. 模拟模型有哪些重要特点？

2. 模拟分析有哪几个基本步骤？

3. 模拟分析在管理科学研究中有何特殊作用？

4. 在项目风险性分析中，需要对模拟结果进行哪些数值分析？

5. 根据对自己准备的有关模拟分析问题的实验和研究情况，撰写一份综合实验报告或管理科学研究报告。

主要参考书目

1. ［美］查尔斯·P·博尼尼、沃伦·H·豪斯曼、小哈罗德·比尔曼等著：《管理定量分析》（英文版第9版），机械工业出版社1999年版。

2. ［美］戴维·R·安德森、丹尼斯·J·斯威尼、托马斯·A·威廉斯著：《数据、模型与决策》于淼等译．机械工业出版社2003年版。

3. ［美］迪米特利斯·伯特希马斯、罗伯特·M·弗罗因德著：《数据、模型与决策：管理科学基础》（英文版），中信出版社2002年版。

4. ［美］弗雷德里克·S·希利尔、马克·S·希利尔著：《数据、模型与决策：运用电子表格建模与案例研究》（第2版）任建标译，中国财政经济出版社2005年版。

5. ［美］威尼·L·温斯顿、S.克利斯第安·阿布莱特合著：《管理科学》（英文版），东北财经大学出版社1998年版。

6. 陈飞主编：《管理决策模拟试验》，东北财经大学出版社2008年版。

7. 丁以中、Jennifer·S·Shang主编：《管理科学——运用Spreadsheet建模和求解》，清华大学出版社2003年版。

8. 王益松主编：《管理科学概论》，武汉大学出版社2007年版。

9. 张新国主编：《工商管理实验教程》，中国财政经济出版社2006年版。